禪宗奧旨

【中卷】

曹洞宗偏正五位述要 ①

岳明 著

—前言—

禪宗的宇宙本體是多元多層次的「本體界」，佛性、涅槃都是發生學意義的宇宙本體。絕對本體指謂與人無關的客觀存在的精神性宇宙本體，乃是終極的精神性宇宙本體。屬於「無人無佛無眾生」時存在的宇宙本體。曹洞宗謂之：「夜明簾外主」、「主中主」。筆者謂之「究竟涅槃」。準此究竟涅槃可謂無人時客觀存在的與人無關的宇宙本體。人出現後究竟涅槃「化身」為清淨涅槃能夠以「禪定意識」存在於人的心內。此謂清淨涅槃或無漏涅槃。「兩段」涅槃同質。清淨涅槃是人可以修證到其間的宇宙本體。作為人的禪定境界清淨涅槃也有主觀意涵。「絕對本體」超越「清淨涅槃」，人力無法造到。究竟涅槃是「人」所無法企及無法證入的終極境界。這是禪師在肉體死亡後經過涅槃再昇華進入的終極境界。曹洞宗謂之「夜明簾外主」，投子義青禪師頌「兼中到」云：「偏正遙絕兼中到，了然一氣大極前」。此「大極前」即「無極」。絕對本體作為「無極」而「不落偏正方」。禪師謂「一有多種二無兩般」（三祖《信心銘》）。「萬法歸一」而「一有多種」。禪宗多元多層次的宇宙本體概念，從「主中主」（絕對本體）、「主中賓」（涅槃本體）乃至「賓中主」（佛性本體）的關係可以用「隱山公案」加以解說。學佛者必須理解禪宗多元多層次的宇宙本體結構，才能理解洞山大師「契如如」的宗旨。

曹洞宗以偏正五位表徵修證者的禪定境界。以黑表正，以白表偏。正位，意謂無漏涅槃、無漏滅盡定、清淨涅槃。皆是「理」（本體），禪師又以「君」、「父」、「王」比喻清淨涅槃。正位指清淨涅槃即是無漏滅盡定。偏位指不在妙覺佛位（清淨涅槃）的禪定意識。宇宙萬法以及人對於世界的認識皆是「偏」。我們要指出，「萬法歸一」的「一」乃是「一有多種」。禪宗的「空界」即本體界並非單一的存在，而是多元多層次的結構。絕對本體意謂客觀存在的宇宙本體。絕對本體不甘寂滅要「無中生有」。「時湧無風匝匝波」（為霖道霈頌「兼中到」）。偏正五位最後「兼中到」不僅證入涅槃，而要經過涅槃契合客觀存在的絕對本體。這表明我們的宇宙處於永恆輪迴，即使宇宙滅亡，宇宙也會重新發生。絕對本體可以說是終極的精神性造物主。

佛教講「萬法歸一」的「一」具有宇宙本體的意義。在中國傳統哲學中，「宇宙本體」卻是多元多層次的結構。中國傳統宇宙觀認為太古時期宇宙一片混沌。後來鑿開混沌之竅才有天地玄黃之分。中國人對於宇宙本體的思考可謂深刻而精緻。老子說「道生一、一生二」，儒家周敦頤說「無極生太極，太極生兩儀」。如此類推則有天地萬物。我們要問：「萬法歸一，一歸何處？」禪宗的「一」作為宇宙本體，禪師故此說「一有多種」（三祖《信心銘》），然而這些「一」在本質上都是同質的。《大涅槃經》表明首楞嚴大定的定心即是佛性，這是「用中法身」，佛性在禪師心內建立世界，而「理體法身」指謂清淨涅槃。清淨涅槃生成佛性。鼓山元賢禪師謂「絕對本體」為「理之本體」。《洞上古轍》云「理之本體。不涉於用者。名主中主」。關於涅槃與佛性，萬松老人云「鏡雖明而有背面」。意謂佛性本體如同鏡面呈現萬法，其本身也由涅槃本體（「背面」即鏡體）所成。我們說佛性建立世界，實際上，涅槃與佛性「前釋迦後彌勒」合成的「佛真法身」共同合作生成世界。即謂鏡體鏡面合作呈現萬法。

曹洞宗偏正五位的「正中偏」意謂學人對「涅槃本體」有所了悟。「偏中正」已經脫離三界。到此

「一切處不明」而「迷頭認影」。此境尚未進入「正中來」。「正中來一位有三」。初始次第謂「涅槃前一色」，「內守幽閒」、「純清絕點」，到此「尤有法塵分別影事」。須「打破鏡」進入有漏涅槃。我們謂之「涅槃境界」即「空界」。有漏涅槃謂「心月孤圓」、「光境俱亡復是何物？」又謂「清光照眼似迷家」，到此「明白轉身還墮位」。萬松老人說：「天地黯黑如一錠墨相似，正是衲僧脫胎換骨的時節」，禪師謂之「蒼龍蛻骨」、「玄豹變文」。證入有漏涅槃要「澄源湛水尚棹孤舟」，「死水不藏龍」。到達「尊貴正位」卻「不居正位」（南泉老人）。「鶴不停機飛渡寒煙」。「絕後復蘇欺君不得」意謂不得「僭居君位」。故此轉身退位出離涅槃證得首楞嚴大定即佛性。此即「見性成佛」。佛性定心經歷涅槃「大冶紅爐」的烹煉出世顯現世界。菩薩證得佛性後還要入廛垂手普度眾生。此時定心「金針往復來」，進入「金針雙鎖玉線貫通」，純熟後「鉤鎖連環首尾相接」。捏聚時放開，放開時捏聚。「正當十五日」證入「正偏兼帶」境界。涅槃佛性混居一身。「前釋迦後彌勒」成就「佛真法身」。「無著文殊公案」謂此境界「凡聖同居龍蛇混雜」。正偏兼帶有兩個次第。若金針不來不去則是理事無礙法界，此即菩薩日常境界。若涅槃佛性混融一體不分彼此，則證入事事無礙法界。到此證得一心三觀，即中道，即一切種智。

我們在中冊依據曹洞宗偏正五位前三位進行解說。輔以「小五位」以及宏智正覺「四轉靈機」加以解說。重點在「正中來」。「枯木岩前岔路多」，進入「正中來」確有迷路重重。「荊棘林中下腳易，夜明簾外轉身難」（宏智正覺）。對修證者而言，千萬不要沉空滯寂，迷戀涅槃境界。「坐卻白雲終不妙」。即使證到涅槃正位，也要知道「尊貴之人不居尊貴之位」。「寶殿無人空侍立」，到此「子歸就父」剎那轉身退位。宏智正覺云「明月蘆華未得如。清光自照本來虛。十方坐斷須拈帽。一色功圓要放鋤。轉背石人歸位後。抬頭玉馬過關初」形容有漏涅槃，不戴寶華冠，脫卻尊貴脂。脫胎換骨識陰盡。「石人歸位」進入涅槃正位，須臾「玉馬過關」即佛性出世。此際鶴不停機轉身退位，否則「死水淹殺」。禪師謂之「鬼窟裡作活計」，點額而回不成佛果。必須百尺竿頭更進一步，證得「十方大地是全身」，「枯木生花冰河發燄」方可驗證是否證入涅槃正位與清淨涅槃同質化。「密移一步玄路轉，無限風光大地春」。佛性出世建立世界，即「見性成佛」。「透法身」以後還要繼續修證。大乘菩薩入廛垂手行菩薩道。佛性出世開始定心往復，久之「鉤鎖連環」證得正偏兼帶。

「粗中之細，人牛不見處正是月明時」形容有漏涅槃，到此已經泯滅粗中之細。「細中之細，今年貧錐也無」形容無漏涅槃。泯滅一切細心妄識。「去年貧」也好，「今年貧」也好，絕非鈴木大拙所謂「譬喻他（香嚴智閑）的貧窮方面，說得比較直接」。他並且引申說：「因此之故，一物不畜，身無長物，甚至連功德與智慧也不顧惜，這才成了佛徒生活的理想境致。」我們對鈴木只能說「非公境界」。「世界禪者」名喧宇宙，卻連基本禪理都不懂。「無心」只是成佛前的境界。圓悟克勤說「莫謂無心便是道，無心還隔一重關」。可惜鈴木卻以「無心」作為禪者的極則寫書流傳，可謂貽害無窮。研究禪宗的人沒有任何禪定工夫，卻以大師、高僧自居，甚至連依文解義都不會，真是可悲可歎。

本書解釋曹洞宗「偏正五位」之「正中偏」、「偏中正」以及「正中來」。其中「正中來」最重要也最玄妙。為霖道霈說「正中來一位有三。前半則轉功而猶未就位。只是一色境界」。「正中來」初始次第不是「有漏涅槃」而是「內守幽閒」、「純清絕點真常流注」的境界。筆者謂之「涅槃前一色」。「小五位」第一句稱「大功才轉，借位誕生」，意指「誕生王子」即有漏涅槃。我們解釋「大功」為「打破鏡」

之功。為霖道霈說「轉功而猶未就位」正確。

「小五位」第二句說「一色既消，方名尊貴」，意謂進入尊貴之「正位」。下一句說「細中移足。鶴出銀籠」，則大有疑問。前此既入「正位」（尊貴），何來「鶴出銀籠」？曹洞宗以「銀籠」、「雪屋」比喻有漏涅槃，白色偏位。絕對不會以「銀籠」形容「正位」（全黑謂正）。鼓山元賢謂「一色若消。正尊貴之位也」。即到「涅槃正位」。前此「一色若消方名尊貴」表示已入正位。對「細中移足。鶴出銀籠」有疑問。若從「正位」轉身退位，不能說「鶴出銀籠」。宏智正覺云「而洗開夜色。銀籠鶴出。而飛渡寒煙」。此中有「兩步」，「銀籠鶴出」謂脫離有漏涅槃，「飛渡寒煙」意謂進入正位而不居，「飛渡正位」轉身退位證得佛性。「夜色」即謂「光境俱亡」的有漏涅槃。「而洗開夜色。銀籠鶴出」形容脫離有漏涅槃。「而飛渡寒煙」形容「鶴不停機」飛越「涅槃正位」。此乃正解。

「月巢鶴作千年夢。雪屋人迷一色功」形容有漏涅槃。鶴出銀籠意味從有漏涅槃脫胎換骨證入涅槃正位而不居正位，不滯涅槃死水。「踏破澄潭月，穿開碧落天」，從涅槃正位轉身退位鶴不停機證入首楞嚴大定。一步密移飛渡涅槃則佛性出世，此謂「透法身」。這是「正中來」最重要的機竅，容不得絲毫錯誤。筆者不得不指出小五位解說含混之處。

天童正覺「四轉靈機」比「小五位」更準確解釋「正中來」。可惜鼓山元賢注解仍有錯誤。第一句「未轉靈機。了忘擔荷」形容正中來初始次第，可謂確切地形容「內守幽閒」。鼓山元賢謂「此正轉大功而至一色。但坐在一色中。所謂月巢鶴作千年夢。雪屋人迷一色功也」。鼓山元賢誤為有漏涅槃，可謂大錯。第二句「機雖轉紐。印末成文」。鼓山元賢謂「一色既消。如機轉紐。但尚守尊貴」。「機雖轉紐」

表示作功，「打破鏡」之功。從「涅槃前一色」進入有漏涅槃。到此「墮黯黯青青之處」（見宏智正覺論述），「印未成文」表明尚在有漏涅槃。「一色既消如機轉紐。但尚守尊貴」，到此尚未證入「正位」，「尚守尊貴」無從談起。宏智正覺表明「機雖轉紐。印未成文」指有漏涅槃。是謂「黯黯青青處」。宏智正覺（《廣錄》）云：

師云。出門是草。涉芊芊莽莽之閒。葉落知秋。墮黯黯青青之處。到者裡。須體取機雖轉紐印未成文處始得。

宏智正覺表明「機雖轉紐印未成文」正是有漏涅槃。到此「蒼龍退骨」（脫胎換骨）證入無漏涅槃，剎那轉身退位佛性出世。即謂「印已成文」。

鼓山元賢弟子為霖道霈禪師著有「四今時」，其中「既入正位而坐在尊貴。是界外今時」。若認真計較，「既入正位而坐在尊貴」者其實「坐在死水」。因為「尊貴之人不居尊貴之位」。自以為坐在尊貴地位者正在「鬼窟裡作活計」。我們不認為為霖道霈描述有誤，只能說「正中來」的境界奧秘難明。學人只能「言外明旨」。「四今時」講「盡卻究竟今時」，「坐斷上頭無貴位。卻來岩谷掛煙蘿。沉沉古井深千丈。時湧無風匝匝波。」很好地描述禪宗「契合絕對本體」的最後意旨。為霖道霈禪師比鼓山元賢更加通達禪宗要旨。

我們在中冊解釋了「黃龍三關」（黃龍慧南）、「十玄談」（同安察）、「四今時」（為霖道霈）、「三一色」（宏智正覺）以及臨濟宗「四料揀」。這些都是禪宗的重要文獻。這些文獻以及我們引述的禪師語錄年代久遠，原文原版已經難以核對。其中有雜糅改竄、誤印誤傳等。我們只能根據「旨在言外」的原則就其禪宗修證的理路予以解說。筆者掌握的原則就在於忠於禪宗理路。至於個別字句，就無法深究。

筆者難免錯誤，敬請識家指正。

岳明

禪宗奧旨 中 ——曹洞宗偏正五位述要①目錄

曹洞宗偏正五位述要

曹洞宗「偏正五位」比較系統地對禪者修證成佛的次第作出描述。我們以曹洞宗「偏正五位」為主要線索，參以「四轉靈機」、「小五位」以及「四今時」等，輔助解說禪宗修證的路徑以及修證的次第，以此為基礎解釋禪宗的修證成佛過程。禪宗以禪定為宗。曹洞宗偏正五位對修證次第有系統描述。禪宗主張不立文字，然而我們不能不以文字來闡釋禪宗思想。文字無法準確地描述禪定境界的「實證體悟」。「偏正五位」僅是人的「強言」。禪定境界很難以語言解釋清楚。禪師不得已強下名言。以偏正五位表述禪定次第。我們首先要解釋「正位」，否則「正中偏」、「偏中正」都無法理解。筆者不嫌囉嗦重複解釋重要概念。禪宗意旨在於為生死解脫而契合終極的宇宙絕對本體。曹洞宗偏正五位的「兼中到」意旨在此。禪宗的宇宙本體是多元多層次的結構。《信心銘》說「一有多種二無兩般」。曹洞宗的「主中主」、「夜明簾外主」指謂與人無關客觀存在的精神性絕對本體。類似「無極」或「道」。我們稱為「究竟涅槃」。鼓山元賢頌「兼中到」使用這一名稱。我們在本書以此表徵「絕對本體」。禪者說「這一個、那一個、更一個」，意指「佛性本體、涅槃本體、絕對本體」。究竟涅槃是無人無佛無世界時存在的宇宙本體。學禪者首先要理解禪宗宇宙觀是多元多層次結構。禪者最終要契合的精神性宇宙絕對本體。筆者試以語言文字解讀禪宗理路，這不能代替禪定的修證。注意，本書行文中以【】加注筆者注釋，此為方便讀者。

人類對宇宙本源的追問和思索是人類精神所呈現的終極關懷。從根本上說，宇宙的本源問題，不但關係人類在這個世界上如何安身立命，也直接關係人類對於死後世界的思考與關懷。人類的宗教信仰發源於對於此世與彼岸的深刻思考。禪宗思想體系內的「大道」（馬祖道一）不是哲學概念，也不是簡單的「存在者」，而是一切「存在者」的來源、根本因，也是「萬法歸一」的宇宙本體的本體，我們稱為絕對本體。**絕對本體是超越的絕對必然的存在**，是一個精神性的「實在」。絕對本體是客觀獨立的精神性宇宙本體，與人毫無關係。人若證入「清淨涅槃」即意味禪定意識與絕對本體同質化。而人死後禪定意識最終契合於絕對本體。洞山所說「方始契如如」即是此意。

什麼是「佛」？法身佛非人非神而是菩薩大定的禪定意識，禪定意識又稱為「定心」。在原始佛教的典籍裡，例如阿含類經典以及其他經典裡，已經使用了「定心」、「清淨心」、「自性清淨心」這樣的稱呼。佛教傳到中國以後，佛教、禪宗大師常說「心體」、「妙體」等，指的即是「佛」。六祖《**壇經**》**說**「**即佛乃定**」、馬祖道一說「**即心即佛**」，**皆表明佛即是大定定心**。「心體」是「獨頭意識」。涅槃、佛性皆是獨立存在的意識實體。涅槃兼具主觀性與客觀性。清淨涅槃即是妙覺、釋迦、法身佛，首楞嚴大定即是彌勒、等覺，也可稱為法身佛。本書裡「如來藏」特指首楞嚴定心、佛性，不包括涅槃。

一、曹洞宗偏正五位的正偏

曹洞宗以偏正五位表徵修證者的禪定境界。以黑表正，以白表偏。正位意指清淨涅槃即涅槃本體。佛性本體皆是「理」，禪師又以「君」、「父」比喻涅槃正位。正位指清淨涅槃（《成唯識論》）。就正定而言即是無漏九次第定，也稱為「無漏滅盡定」、涅槃正位。定心經歷涅槃生成首楞嚴佛性。偏位指未能證入清淨涅槃的禪定意識，而人對於世界的一切認識、了解皆是「偏」。我們要指出**「萬法歸一」的「一」**是**「一有多種，二無兩般」**（**《信心銘》**），**表明禪宗的「空界」並非單一的存在，而是一個多元多層次的宇宙本體結構**。絕對本體乃是客觀存在的終極的宇宙本體。曹洞宗稱為「夜明簾外主」（「主中主」）。謂之「夜明簾外主，不涉偏正方」。究竟涅槃永恆存在與人無關。人出現後究竟涅槃可以作為禪定意識（無漏滅盡定）存在「心內」。這就與人有關。

曹洞宗提出「夜明簾外主」以及「主中主」，指絕對本體。此即「兼中到」（「偏正五位」）的最終意旨，即在於契合「絕對本體」。「絕對本體」是不生不滅的客觀存在的宇宙本體，**鼓山元賢（《洞上古轍》）謂「理之本體。不涉於用者。名主中主」**，此非人力可以造到，乃是與人無關的客觀存在。類似「無極」或「道」。「道生一，一生二」、「無極而太極」或可比擬「絕對本體」。對此設定名目都含有人類的「偏見」，故只能「強名之」。**現代有些哲學家不懂人類理性對「終極存在」需要「敬而遠之」**。正位是清淨涅槃，涅槃可以分成兩段來說明。在「人天地」出現前即謂客觀存在的究竟涅槃。究竟涅槃與人無關也非人力能夠「造到」。人天地出現後，涅槃作為禪定意識存在。

「主中主」、「夜明簾外主，不落偏正方」指謂客觀存在的絕對本體，「不落正偏」即主中主。鼓山元賢謂之「理之本體」。六祖說「葉落歸根，來時無口」，指死後契合絕對本體。主中主與人無關。涅槃與「主中主」就精神性的存在而言同質。涅槃生成佛性本體。涅槃是人可以修證的境界。隱山公案中隱山比喻絕對本體。「人天地」未有前涅槃可謂絕對本體。我們稱為究竟涅槃。佛性是首楞嚴定心，禪者「死」後定心經過涅槃契合絕對本體。我們稱涅槃為「聖」而稱佛性為「凡」，曹洞宗「主中主」即絕對本體。涅槃是「主中賓」而佛性是「賓中主」。曹洞宗謂涅槃為「王」為「父」，佛性為「臣」為「子」。兩者非一非二。涅槃本體以「兩種形式」存在。無人無佛時涅槃作為精神性宇宙絕對本體存在，不生不滅而稱為「究竟涅槃」。人出現後，涅槃可以作為「無漏滅盡定」的禪定意識存在於人。這樣，我們說涅槃具有主客觀存在的性質。故此涅槃可以分為「兩段」視之。

為霖道霈云：「學道之士先須究明萬法生起根本。根本若明入道自然無惑。」佛既然是精神性世界（「三界虛偽」）的宇宙本體，學佛者必須理解禪宗的宇宙本體「一有多種二無兩般」，乃是多元多層次的「本體界」。學人要明白究竟涅槃、涅槃與佛性的關係。這些難以理解。筆者不嫌繁瑣重複將盡力闡釋。

二、萬法歸一，一歸何處？一有多種，二無兩般

禪宗的宇宙本體是多元多層次的「本體界」，佛性、涅槃，以及絕對本體都是宇宙本體。絕對本體指謂與人無關的客觀存在的精神性宇宙本體，乃是絕對的精神性宇宙本體。曹洞宗謂之：「夜明簾外主」、「主中主」。禪師在肉體死後經過涅槃最終契合於絕對本體。究竟涅槃是客觀存在的與人無關的宇宙本體，是「空劫以前威音那畔」混沌未分無人無佛時期的「宇宙本源」。涅槃是人可以修證造到其間的宇宙本體。作為人的禪定境界涅槃也有主觀意涵。「絕對本體」超越「清淨涅槃」，人力無法造到。就精神性存在而言兩者實質相同。絕對本體是「人」所無法企及無法直接證入的終極境界。這是禪師在肉體死亡後經過涅槃再昇華進入的終極境界。曹洞宗謂之「夜明簾外主」，投子義青禪師頌「兼中到」云：「偏正遙絕兼中到，了然一氣大極前」。此「大極」即「無極」。絕對本體作為「無極」而「不落偏正方」。禪師謂「一有多種二無兩般」（三祖《信心銘》）。「萬法歸一」而「一有多種」。禪宗的多元多層次宇宙本體概念，從「主中主」（絕對本體）、「主中賓」（涅槃本體）乃至「賓中主」（佛性本體）可以用「**隱山公案**」加以解說。隱山和尚比喻絕對本體。學佛者必須理解禪宗多元多層次的宇宙本體結構，才能理解「契如如」的宗旨。

禪師證得正偏兼帶境界，「前釋迦後彌勒」成為「佛真法身」，留待解説。

三、隱山公案　洞山賓主

【公案】《請益錄》第二十五則洞山賓主

舉洞山問隱山（此回蹉過。他後難逢）。如何是主中主（這話）。隱云。長年不出戶（出也）。洞云。如何是主中賓（特來參見和尚）。隱云。青山覆白雲（去離不得）。洞云。賓主相去幾何（一有多種）。隱云。長江水上波（二無兩般）。洞云。賓主相見。有何言說（兩口同一舌）。隱云。清風拂白月（不動唇皮善舉揚）。天童拈云。主也雲藏頂相（仰望不及）。賓也雪壓眉稜（父少兒子老。舉世所不信）。相去也門司有限（王入深宮。臣歸私室）。言說也玉振金聲（他日如何舉似人）。我此四句。且道與隱山是同是別（因修者易。創立者難）。叢林具眼者試請辨看（有名不在鐫頑石）。

師云。潭州龍山禪師。參馬祖。得道。隱潭州龍山。無人知者。山行迷路。或到之。一僧至。隱問自何而來。僧曰。某老宿處來。隱曰。老宿有何言句。僧曰。他云。說則千句萬句。不說則一字也無。隱曰。恁麼則蠅子放卵也。僧作拜。隱打之。洞山悟本。與密師伯到山前。見流水中有菜葉。撥草行六七里。忽見隱在庵前。便問此山無路。闍黎輩向何處來。洞曰。無路且置。和尚自何而入。隱曰。我不從雲水來。洞曰。和尚住此山多少時也。隱曰。春秋不涉。洞曰。此山先住。和尚先住。隱曰。不知。洞曰。何謂不知。隱曰。我不從人天來。洞山良久。方問此話。隱山答畢。又問和尚見個什麼道理。便住此山。隱曰。我見兩個泥牛鬥入海。直到如今無消息【涅槃佛性】。隱因有頌示之曰。三間茅屋從來住。一道神光萬境閒。莫把是非來辯我。浮生穿鑿不相關【與人無關】。隱自是焚庵。遁入深山幽寂之處。不知所在。猶自號隱山焉。無盡燈。主中主。作賓中主。為對下句主中賓。然失洞上四賓主血脈。僧問洞山如何是主中主。山云。闍黎自道取。僧曰。某道得底是客中主。如何是主中主。山曰。與麼道則易。相續也大難。故天童作主中主。與答辭長年不出戶。不失血脈【絕對本體】。洞問如何是主中賓【涅槃】。隱云。青山覆白雲。洞山嘗云。青山白雲父。白雲青山兒。白雲終日倚。青山總不知。洞云。賓主相去幾何。待相去即向你道【賓主謂涅槃佛性。刀斧斫不開】。隱云。長江水上波。正與法界觀中海波喻合【波不離水水不離波】。或問恁麼則禪不出教意。向道教還出得禪意麼。或曰。禪教相去幾何。恰道長江水上波。何得忘卻。洞問賓主相見。萬松道。還有眼麼。有何言說。還有口麼。隱云。清風拂白月。且道是何章句。賓向主說。則清風拂白月。主向賓言。則白月照清風。此猶是主中賓。賓中主邊事【涅槃與佛性】。若是主中主。賓中賓。了沒交涉。天童拈道。主也雲藏頂相。且道與前青山覆白雲。還相濫不【不同】。前句先山後雲。若作青山起白雲。意更穩順【青山謂涅槃，「生成」白雲即佛性】。今言覆者。好雲無事不離山也。天童云雲藏頂相。不必是山。投子青頌云。無見頂露雲攢急。既是無見頂相。明主邊事。更用雲攢。明主中主也。洞山道。道無心合人。人無心合道【人無心才合道】。欲識個中意。一老一不老。雪壓眉稜。

主中賓也【涅槃】。天童道。絲綸降。號令分。寰中天子。塞外將軍。中外君臣。各安其分。門司有限也。或謂玉振金聲【傳言送語人，玉振金聲謂佛性代替涅槃發聲】。梵音深妙也。你且道清風拂白月。有多少音響。竹林海巨川頌風鈴云。銅唇鐵舌太尖新。樓角懸來不記春。言外百千三昧法。因風說與個中人。且道他道甚來。善學柳下惠。終不師其跡。天童四句與隱山何別。更聽風鈴。仔細分辨【這個公案解釋絕對本體、涅槃本體與佛性本體】。

【按】隱山比喻主中主，絕對本體。「長年不出戶」。「我不從雲水來」；「我不從人天來」表明與人世無關。「浮生穿鑿不相關」。「我見兩個泥牛鬥入海。直到如今無消息」以「兩個泥牛鬥」指謂佛性與涅槃，這些表明隱山（主中主）的絕對超越性。

【按】我不從雲水來、我不從人天來，春秋不涉表明無空間、無時間。與人無涉。

【按】「兩個泥牛鬥入海。直到如今無消息」。比喻涅槃本體與佛性本體，表明超越的精神性本體存在，主中主謂之「祖父從來不出門」（南泉普願）。

【按】「賓主相去幾何」。問主中賓（涅槃）與賓中主（佛性）的關係。此句開始不涉及主中主即絕對本體。絕對本體與人無關獨立世外。與涅槃與佛性無關。

【按】「主也雲藏頂相。且道與前青山覆白雲。還相濫不」。萬松老人設問，強調兩者不同。雲藏頂相謂主中主（絕對本體）。青山覆白雲乃主中賓（涅槃本體）。有時禪師也以「青山覆白雲」比喻主中主。「無見頂」則指主中主。本書以「究竟涅槃」表徵主中主，在無人無佛時存在。此謂客觀存在與人無關的絕對本體。人出現後，涅槃作為禪定意識存在於人心內。這樣我們可以視涅槃為兩段，究竟涅槃於人無關客觀存在。清淨涅槃（有漏涅槃）可作為滅盡定的定心存在。清淨涅槃與究竟涅槃同質。禪師滅度，定心融入涅槃後最終契合究竟涅槃。

【按】「長江水上波」，即水與波的體用、理事關係，指涅槃與佛性關係。涅槃生成佛性。佛性是呈現世界的本體，以佛性比喻現象界。水喻本體，波比喻現象。

【按】「隱云。青山覆白雲。洞山嘗云。青山白雲父。白雲青山兒。白雲終日倚。青山總不知」，萬松老人揭示涅槃與佛性「父子不離」（刀斧斫不開）的關係。

【按】主中賓謂涅槃，賓中主謂佛性。以「青山白雲」形容。賓主不涉及主中主。

【按】「若是主中主。賓中賓。了沒交涉」。意謂絕對本體與人間沒有賓主關係。

【按】「賓主相去幾何（一有多種）」（三祖《信心銘》）。賓主皆是「一」，賓主謂涅槃與佛性。萬松老人評曰「待相去即向你道」，意謂涅槃佛性父子不離，刀斧斫不開。為霖道霈評曰「是一是二？」。從「青山覆白雲」開始，問題轉為涅槃與佛性關係。萬松老人表明：「洞山嘗云。青山白雲父。白雲青山兒。白雲終日倚。青山總不知。」青山謂涅槃，白雲謂佛性。這是曹洞宗常用的比喻。涅槃生成佛性謂父。涅槃佛性父子關係。此謂定心經歷涅槃生成佛性。

【按】王即涅槃，臣即佛性，臣退位朝君，臣即儲君。非指王，王指空王，輪王，涅槃。青山白雲即謂涅槃與佛性。父子關係。「君臣互換」。

【按】玉振金聲比喻菩薩凡聖分離。佛性為涅槃發聲。父少，青山謂涅槃本體，兒子老，佛性大定意識也會隨禪者肉體死亡而泯滅，而最終契合主中主。

萬松老人云：青山覆白雲，不如青山起白雲，因為青山白雲父，白雲青山兒。青山即涅槃，白雲謂首楞嚴禪定意識即佛性。兩者本質相同，屬於體用關係。涅槃生成佛性。定心經歷涅槃烹練而成首楞嚴大定。佛性出世。賓主相見，有何言說，宏智正覺云：言說也玉振金聲。表明菩薩也是傳言送語人。「兩口共一舌」指菩薩只有一個舌頭，涅槃與佛性共有。

【按】兼中到形容禪師死後最終歸宿，指明禪宗生死解脫的根本旨趣在於契合絕對本體。因此研究兼中到是非常重要的。兼中到的境界即契合「絕對本體」。我們稱為究竟涅槃。

【按】隱山比喻主中主。即絕對本體。

【按】**為霖道霈點評此公案，「此山無路」表明絕對本體與人無涉，也無法直接證入。**「老宿」（絕對本體）表明「不從雲水來」也「不從佛位來」，從「空」而來即顯示超越一切甚至「佛位」（涅槃）。**「我見兩個泥牛鬥入海」謂涅槃與佛性，這是以「絕對本體」角度才能表述的超越性。「家破人亡後。遍界絕行蹤」**謂定心經過涅槃後出世成為佛性，「藏身處無蹤跡」。

【按】「如何是主中主。老宿曰長年不出戶（從來一雙足。曾不到人間。）」強調絕對本體與人無涉，南泉普願說「祖父從來不出門」也是此意。「賓主相見」謂主中賓（涅槃）與賓中主（佛性）的體用關係，見萬松老人解釋。

此公案以寓言形式暗喻隱山即是「主中主」，非人力可到。主中主比喻絕對本體。主中賓比喻涅槃，賓中主比喻佛性意識。賓中賓則謂凡夫意識。隱山喻為主中主、終極的絕對本體，而涅槃與佛性喻為「兩個泥牛入海」。隱山「不從雲水來」、**「不從人天來（亦不從佛位來）」**表明隱山比喻永恆存在的絕對本體。**「此山無路」**表明人無法直接證入絕對本體。**我們反覆論證絕對本體，實因很少有人理解馬祖道一「體會大道」的意旨，更因其在禪宗生死解脫的道路上具有極其重要的意義。究竟涅槃在空劫前無人無佛時的存在，即謂絕對本體，具有客觀存在的性質。人出現後涅槃作為無漏滅盡定的禪定意識，具有主觀存在的性質。兩者不同卻是同質的精神性存在。闡釋涅槃與絕對本體的關係很不容易，筆者有個比喻，究竟涅槃與涅槃是同質的精神性存在。無人無佛時涅槃如同大氣而自在存在，人出現後涅槃可以作為人的禪定意識存在於人心內。猶如空氣在容器裡。人的肉體（皮囊）遷化則大定定心進入涅槃再融入究竟涅槃，「如水歸水如空歸空」**。所謂「契如如」

曹洞宗以偏正五位表徵修證者的禪定境界。以黑表正，以白表偏。正位，意謂無漏涅槃、無漏滅盡定、清淨涅槃。皆是「理」（本體），禪師又以「君」、「父」、「王」比喻清淨涅槃。正位指清淨涅槃、即無漏九次第定、無漏滅盡定，也稱為「妙覺佛定」。偏位指不在清淨涅槃的禪定意識。宇宙萬法以及人對於世界的認識皆是「偏」。絕對本體意謂客觀存在的宇宙本體。曹洞宗稱為「夜明簾外主」或「主中主」。本書稱為究竟涅槃。主中主即超越涅槃的客觀存在的絕對本體。絕對本體與人無關也非人力能夠「造到」。絕對本體要「無中生有」。「時湧無風匝匝波」（為霖道霈頌「兼中到」）。偏正五位最後「兼中到」不僅證入涅槃，而要經過涅槃契合絕對本體。這表明我們的宇宙處於永恆輪迴，即使宇宙滅亡，宇宙也會重新發生。絕對本體是終極的精神性的宇宙本體。

禪宗講「萬法歸一」的「一」具有宇宙本體的意義。在西方哲學中「宇宙本體」本身即具有終極的意

涵。而在中國傳統哲學中，「宇宙本體」卻是多元多層次的結構。中國傳統宇宙觀認為太古時期宇宙一片混沌。後來鑿開混沌之竅才有天地玄黃之分。中國人對於宇宙本體的思考可謂深刻而精緻。老子說「道生一、一生二」，儒家周敦頤說「無極生太極，太極生兩儀」。如此類推則有天地萬物。我們要問：「萬法歸一，一歸何處」？禪宗的「一」作為宇宙本體，既可以指謂阿賴耶識，也可以指謂真心佛性，甚至指謂宇宙絕對本體。禪師故此說「一有多種」（三祖《信心銘》），然而這些「一」在本質上都是同質的。《大涅槃經》表明首楞嚴大定的定心即是佛性，這是「用中法身」，佛性在禪師心內建立世界，而「理體法身」指謂清淨涅槃。清淨涅槃生成佛性。鼓山元賢禪師謂「絕對本體」為「理之本體」。《洞上古轍》云「理之本體。不涉於用者。名主中主」。即絕對本體。關於涅槃與佛性，**萬松老人云「鏡雖明而有背面」**。**意謂佛性本體如同明鏡鏡面呈現萬法，其本身也由涅槃本體（「背面」即鏡體）所成**。「一有多種二無兩般」，表明中國禪宗對於宇宙本體的理解是多層次的，並不是簡單地將宇宙本體視為「一體」而已。涅槃是「明鏡之背面」，乃是「理體法身」；而首楞嚴大定則如同鏡面呈現萬法乃是「用中法身」。涅槃是「全用即體芳叢不豔」的寂滅境界，而首楞嚴大定是「全體即用枯木生花」的境界。涅槃佛性就精神性存在而言兩者實質相同，只有微細差別。證得首楞嚴大定佛性出世即「凡聖分離」。宏智正覺說「**帝命旁分**」。

中國傳統哲學的宇宙本體並不是「單純」的「一」，而是多元多層次的結構。老子《道德經》講「道生一、一生二、二生三、三生萬物」。《太極圖說》云「無極而太極，太極生兩儀」。中國傳統哲學宇宙論的本體是多元多層次的結構，並非西方哲學的「一」。宏智正覺說：「**真空不空。妙有不有。是萬象生**

成之根。即二儀造化之母。」他所指「真空」不是「頑空」而是禪宗所說的「實際理地」。「理地」在禪宗來說意味「本體界」。即「萬法歸一」的「一」。這個「一」能生起顯現經驗世界的萬法。禪宗的本體界與西方哲學的宇宙本體根本不同。西哲的「宇宙本體」僅有理論的意義，只是哲學概念。禪宗的宇宙本體例如涅槃、佛性皆是人能夠證入的「禪定意識」。我們在此闡述禪宗宇宙本體的多元多層次結構。從純粹客觀存在的絕對本體，到人能夠證入的涅槃本體以及首楞嚴大定的定心（佛性本體）皆有「宇宙本體」的意涵。

投子義青《頌古》（一百則）【《請益錄》洞山賓主】：

無見頂露雲攢急（覷著即瞎）。劫外靈枝不帶春（三光不照處。別有好思量）。那邊不坐空王殿（無漏國中留不住）。爭肯耘田向日輪（月華影裡見應難）。

萬松老人云：「投子青頌云。無見頂露雲攢急。既是無見頂相。明主邊事。更用雲攢。明主中主也。」主中主即謂絕對本體。如來出世說：「天上天下唯我獨尊」。須知這不是世尊狂妄而是形容「宇宙本體」。佛出世成為菩薩，禪師說：如來也是傳言送語人。所謂「金聲玉振」、「一人傳虛萬人傳實」、「兩口共一舌」皆形容菩薩，奉「如來」的「正令」在人間行菩薩道。鹽官齊安說「一個棺材兩個死屍」，此謂「正偏兼帶」。肉體「棺材」裡含有涅槃、佛性。

鼓山元賢解釋曹洞宗賓主：

四賓主者。主。即正。即體。即理。賓。即偏。即用。即事。理之本體。不涉於用者。名主中主。喻如帝王深居九重之內也。親從體發出用者。名主中賓。喻如臣相奉命而出者也。在用中之體。名賓中主。如鬧市裡天子也。用與體乖。全未有主。名賓中賓。喻如化外之民。無主之客也。

鼓山元賢所謂「理之本體。不涉於用者。名主中主」，指絕對本體。謂之究竟涅槃。

圓悟克勤云：

大道絕遮攔。其誰趣向。虛空無背面。何處雕鐫。迥出威音王。高超毗盧頂。直得絕塵絕跡離相離句。海口莫能宣。佛眼覷不見。

大道虛玄天地先。昆蟲草木悉陶埏。神功已極三千界。睿算仍過億萬年。

洞山良价道：「道無心合人。人無心合道。欲識個中意。一老一不老。」此明大道與人無涉。超越偏正、是非、陰陽、有無等人間的觀念。道無意與人相涉而人要「無心」才合道。絕對本體（「道」）「蕭然獨立」與人無關。老子云：「有物混成，先天地生，寂兮寥兮，獨立而不改，周行而不怠，可以為天地母，吾不知其名，強字之曰『道』。」絕對本體與「大道」概念相似。故此馬祖道一要學人「體會大道」。對道家而言，「道」是概念，對禪宗而言，「道」即「絕對本體」，是無人無佛時存在的究竟涅槃，「究竟涅槃」即是「那時」的絕對本體。人出現後能夠證到「涅槃」。禪者肉體死後經過涅槃與絕對本體契合為一。這是實證修習的生死解脫。禪宗宗旨在於契合客觀的宇宙本體進入永恆。

《寶篋論》云：

> 明正位須向未有法身佛以前，未有虛空以前，未有真如以前，未有法界以前體取。法身是光。摩訶般若是光。光未發時作麼生會。

此處「正位」指絕對本體。曹洞宗「正位」指謂清淨涅槃。

投子義青云：

> 此一辦大眾還知來處麼。非天地所產。非陰陽所成。威音以前不落諸位。燃燈之後七佛傳來。直至曹溪分派大夏。

這裡指涅槃，強調「**非天地所產。非陰陽所成**」，具有與人無關的客觀存在的特質。涅槃可以是超越人間的精神性存在。涅槃是通向絕對本體的橋梁。

《寶鏡三昧注》鼓山元賢（《洞上古轍》）云：

> 潛行密用。如愚若魯。但能相續。名主中主。此四句。明君父之事。位極尊貴。本無作用之可見。而實為萬化之樞紐。故曰潛行密用。**雖有照體之獨懸。而實無知覺之分別。故曰。如愚若魯。**又此體常自如是。相續不斷。非有動靜之殊。顯晦之異。故名之為主中主。若有動靜之殊。顯晦之異。則是賓中主。非主中主也。

【按】主中主、**夜明簾外主指絕對本體**。明「**祖父之事**」。無漏涅槃即賓中主。

【按】究竟涅槃在無人無佛時具有客觀存在性質，人出現後謂清淨涅槃。

【按】**此體謂絕對本體也**，乃是「夜明簾外主，不落偏正方」，即主中主。

「**又此體常自如是。相續不斷。非有動靜之殊。顯晦之異。故名之為主中主。**」所謂「不涉於用」，謂之「理之本體」。與涅槃同質，卻是人力無法造到的客觀存在的精神性本體。所謂「大道」。禪師要有信仰才能證入絕對本體。

古轍云：

曹洞宗禪師云：切忌未生時。

道貫古今。豈局未生。**若只認著父母未生前一段空寂境界。以為自己。豈不見同安察云。**迢迢空劫勿能收。**作此見者。乃墮空落外之流。故切忌之。**

「**父母未生前一段空寂境界**」指謂涅槃。禪師教導學人往往以此為喻。不過，這裡指出，終極的絕對本體超越涅槃，「迢迢空劫勿能收」。故此「道貫古今。豈局未生」。表明宇宙本體不可局限於涅槃。要「體會大道」並契合大道。

涅槃本體萬千劫來並無變異。如來藏佛性乃是定心經歷涅槃「烹煉」與涅槃同質化轉身退位證得，即首楞嚴大定定心。首楞嚴大定也稱為「金剛喻定」。大定的「定心」也稱為如來藏。這在早期阿含類經典中有詳細描述。這即是「金剛心」。佛教認為眾生人人皆有佛性。然而佛性卻如同「摩尼珠」一樣被紅塵所污染覆蓋。經過修證佛性出世。早期佛教阿含類經典中也稱「定心」或「自性清淨心」。首楞嚴大定意識（佛性）與涅槃本體皆是精神性存在，兩者同質。

禪宗說的「性」、「自性」、「空」盡皆指謂生成萬法的宇宙本體。佛性本體、涅槃本體與絕對本體雖有差別卻同質。萬松老人對佛性與涅槃的差別謂之「不道同，只是無別」。禪定意識必須經過涅槃然後轉身退位證得首楞嚴大定，這個過程即「生成佛性」。人人具有佛性，經歷涅槃消除妄識，人可以「見性成佛」。我們要說明，就「體」而言，佛性、涅槃與客觀存在的絕對本體同質。而就「用」而言則「毫釐有差天地懸隔」。佛性是直接生成顯現萬法的第一因宇宙本體。**「三界唯心萬法唯識」，佛性是眾生世界的發生學宇宙本體**。

佛性（首楞嚴大定定心）是呈現萬法的第一因直接因的宇宙本體，這即是《大涅槃經》所說的「首楞嚴大定」的禪定意識（「佛性」）。首楞嚴大定乃是定心經歷「脫胎換骨」與「清淨涅槃」同質化後轉身退位而證得，「清淨涅槃」生成首楞嚴佛性，涅槃謂「理體法身」。

雪岩祖欽禪師云：**「有物先天地。以拂子打圓相。無形本寂寥。道什麼。能為萬象主。不逐四時凋。話作兩橛。」**此話一語雙關。**「有物先天地」**釋為涅槃。**涅槃生成佛性，「能為」**即生成之義。「萬象主」指佛性。宏智正覺云：**「所以古人道。有物先天地。無形本寂寥。能為萬象主。不逐四時凋。且道是個什麼。良久云。鯨香海水盡。露出珊瑚枝。」**此處「鯨香海水盡」形容泯滅妄識進入涅槃，**「露出珊瑚枝」**形容佛性顯現。佛性乃是第一因發生學意義的宇宙本體。一切事相皆是「佛性」所直接發生呈現。「佛性之父」意謂涅槃產生佛性。**「珊瑚枝枝撐著月」**則謂「正偏兼帶」。

四、涅槃正位

涅槃正位即無漏滅盡定或謂清淨涅槃。我們將「偏中正」、「正中來」的三個次第以及佛性稱為法身境界。涅槃謂「理體法身」。**涅槃並不顯現萬法卻生成佛性。佛性直接生成萬法**。佛教認為世界「唯識所變」。精神性的世界必然由精神性的宇宙本體所變現生成。所謂「**佛」即是精神性宇宙本體**。我們也用「道」或「無極」來表述絕對本體。絕對本體與人無關而自在存在。涅槃與佛性作為禪定意識與絕對本體同質，禪者肉體滅度後其禪定意識「契如如」即契合絕對本體。禪者「身滅影不滅」進入永恆。究竟涅槃作為「空劫以前」、無人無佛時即存在的絕對本體。人出現後涅槃也作為人能夠修證到的「無漏滅盡定」的禪定境界，生成佛性本體乃至建立世界。禪者修證在於證入涅槃「子歸就父」即定心與清淨涅槃同質化。佛菩薩的修證過程也要保持與涅槃同質化。即所謂「回爐烹煉」。佛性出世菩薩大定定心在涅槃與佛性（首楞嚴）往復變換。「無須鎖子兩頭搖」（石霜慶諸）。在「機輪兩頭走」（圓悟克勤）的過程中，菩薩反觀佛性成就世界的過程，即體驗「自性能生萬法」。菩薩觀照驗證佛性「建立世界」。菩薩死後定心契合絕對本體進入永恆解脫生死輪迴。這是人類最卓越的終極關懷。

正位指清淨涅槃，《涅槃經》「**是大涅槃，即是諸佛甚深禪定**」（《現病品》）。故知涅槃是甚深禪定境界。其性相為「寂滅」。涅槃在無人無佛前的存在即謂客觀的絕對本體。謂之究竟涅槃。人出現後經過禪定可以證入涅槃，這樣涅槃與人建立關係。涅槃是無漏滅盡定的定心。我們不能僅以「禪定意識」理解「涅槃」。涅槃兼具主觀、客觀性質。**涅槃既是主觀性也是客觀性的精神性存在**。所謂**空劫之前、混沌**

未分、無佛無眾生、象帝之先、七佛之前，無山河大地時涅槃即存在，「那時」的涅槃是客觀性存在的絕對本體。謂之究竟涅槃。《請益錄》云：「萬松嘗道。混沌未分時。還有天地人不。父母未生時。還有己身不。心念未起時。還有迷悟凡聖不。」無佛無人時「究竟涅槃」作為絕對本體存在。人出現後在大定中「證到」涅槃，涅槃作為無漏滅盡定的禪定意識存在，成為與人有關的主觀性存在。這是兩種不同的存在。兩段涅槃作為精神性存在同質卻有不同性質。絕對本體謂「祖父從來不出門」。

「偏正五位」之正位即清淨涅槃，正位雖正卻偏，意謂本體與現象的關係是相即相成，互相以對方的存在為自己存在的條件。因此只要談到本體，必然有現象，這是一對不可分離的範疇。正位蘊含偏位，正中有偏、「真中有偽」，這是正位、宇宙本體的特質，本體必然含蘊生成現象的種子而後生成現象界。「露柱懷胎」、「蚌含明月」、「正中有偏」可謂天使其然。就曹洞宗辯證法的回互而言，「正必含偏」實屬「法爾如是」。正位即涅槃本體雖然寂而不動，卻必然有所作用。所謂「性海無風，金波自湧」。「露柱懷胎」意謂涅槃必然孕育佛性，而涅槃絕對必然地「無中生有」地生成佛性。而佛性建立世界。這是不依人的意志而存在的「大道」。「法爾如是」也。

《請益錄》（萬松老人）云：「人境俱奪。要與長沙光未發時相見。」此謂涅槃本體。「人境俱奪」形容清淨涅槃，來自「臨濟四料揀」。混沌未分無佛無眾生時究竟涅槃是精神性絕對本體（非物質性），並不依倚人的存在而存在。佛教認為世界是精神性的存在。萬法唯識意謂精神性宇宙本體生成世界。人出現後能夠證入涅槃，佛性乃定心經歷涅槃所生成。佛性即首楞嚴禪定意識。佛性建立世界僅是禪者個體的心內世界，具有主觀色彩。

禪定意識經歷脱胎換骨識陰盡證入涅槃正位，子歸就父剎那間轉身退位證得首楞嚴大定即謂佛性出世。故云涅槃生成佛性，佛性作為第一因宇宙本體直接呈現現象界。此謂無風起浪，無中生有。禪師云：「性海無風，金波自湧」，禪宗宇宙論是「性起」即佛性本體生成現象界，「緣起性空」的解釋是「真如不守自性，隨緣而成萬法」。慧能説「自性能生萬法」。涅槃生成佛性，佛性（「自性」）是第一因宇宙本體，直接生成現象界。學者必須理解禪宗與六祖的宇宙論。這是禪宗思想的核心。生死解脱在於契合宇宙本體。

「正位本來無言説」。正雖正卻偏，偏雖偏卻圓。「正位」含蘊人的了悟理解，而人對於事物有所認識皆屬於偏，「喚作如如早已變了也」（南泉普願）。人出現後經過禪定修證可以證入涅槃境界（「涅槃本體」），此是無漏滅盡定的定心。馬祖道一説「即心即佛」意義在此。由於涅槃兼具主觀性與客觀性，作為「空劫以前」的宇宙本體，不能僅以人的「禪定意識」理解涅槃。馬祖道一要人「體會大道」，即認識絕對本體。人解脱生死進入永恆的唯一途徑是「契合本體」（「契如如」），「身滅影不滅」契入宇宙本體解脱生死。

中國禪宗自誕生起，就以大無畏的精神宣稱禪宗是「教外別傳」。其宗旨即表明中國禪宗與佛教「教義」有別。中國禪師通過自己的禪定實證經驗，在幽微奧妙的意識科學中經歷千難萬險闖出一條修證成佛的理路與實證本體的經驗。一千多年來萬千人經由此路得道成佛。這些禪師在禪定中都經歷相同的境界。這猶如現代科學的成果必須能夠在實驗室條件下反覆證明才可獲得驗證。因此我們認為禪宗的禪定經驗絕對不是某人的「神秘的宗教體驗」。禪宗的禪定實證是可以由成千上萬的修證者反覆驗證而證明的意識科學。這是西方人至今毫無所知的領域。菩薩肉體死後，佛性作為禪定意識融入涅槃，最終證入「主中主」。曹洞宗提出「夜明簾外主，不落偏正方」的概念來表徵客觀存在的絕對本體。絕對本體超越個人主觀修證的境界。「主中主」與「夜明簾外主」意思相同。曹洞宗禪師以不同的名稱來賦予兩者截然不同的意涵。凡夫人人面臨死亡最終必然死亡。這是人的宿命。成佛禪師在生前證入妙覺佛位，證入那伽定。所謂「得的人，終日閒閒的」。禪師肉體滅亡，其禪定意識經歷涅槃後契合於絕對本體。神秀謂「身滅影不滅」。曹洞宗以「夜明簾外排班早」形容禪師肉體死亡而登基就位成為「夜明簾外主」。六祖《壇經》云「來時無口」、「楊柳為官」表明禪者肉體遷化後契合宇宙本體。「乘願再來」不會以「人的面目」而作為宇宙本體呈現山河大地森羅萬象。

涅槃絕非虛無，「真空不空」是無相之有，是勝義有，非世間萬法之幻有。《大毗婆沙論》說：「不說實有現有等言，斯有何義？謂涅槃體寂滅離相，想名言說所不及故。」**涅槃是無漏滅盡定的定心。有時禪者以「空」來指代涅槃。「空」絕對不是虛無，而是指謂生成萬法的本體，是謂「不與萬法為侶」**。

本書以「涅槃」、「法身」、「正位」、「妙覺」、「家」稱呼「涅槃正位」。曹洞宗形容涅槃正位謂「萬年松徑雪深覆。一帶峰巒雲更遮」。「須知正位無言說」表明「涅槃正位」乃是難以描述的宇宙本體。言說也只是「強言」而已。涅槃境界「常樂我淨」，「常」是恆常不變、樂是禪定之樂、我是大我即本體、淨是清淨無染。「清淨涅槃」在曹洞宗稱為「主中賓」（「主中主」即絕對本體）。我們簡稱為涅槃或「正位」。「正位」無法全面認知，當人們思考、表述「正位」時已經含有「人的認知」，這就有「偏」的色彩。

涅槃正位是人可以親證「造到」的禪定境界。而涅槃正位**乃是虛位、學位**，**禪者證入卻不能留戀此境**。**南泉普願說「不居正位」**。這意味正位（空王殿）只有君父之位而無君父之人，此境只是虛位以待。修證者證入涅槃猶如經過寶殿而不滯留。《從容錄》云，「王山法祖和尚云。既有尊貴之位。須明尊貴底人。須知尊貴底人，不處尊貴之位。」禪者進入涅槃正位，要「鶴不停機」轉身退位證得首楞嚴，即謂「佛性出世」。涅槃正位也被稱為「佛未出世」。就理事而言涅槃是「實際理地」，也稱涅槃本體。作為「理體法身」涅槃的功用在生成佛性。

「無盡燈」云：

昔洞山和尚且設五位開示宗要。**正位空也。偏位假也**……今此五位法者。為使見性者隨究深意而成大眼目大法王質設之。豈其平常法哉。茲所謂空假真性異名也。自性本體廓然清淨無物可名。強名謂空。**自性體中隨差別法無物不現。強名謂假**。

《請益錄》（**萬松老人**）云：

師云。湖南長沙招賢大師。上堂云。我常向汝諸人道。三世諸佛。共盡法界眾生。是摩訶般若光。光未發時。汝等諸人向什麼處委。**光未發時。尚無佛無眾生消息。何處得山河國土來**。

涅槃（真如）作為宇宙本體，所謂「真如不守自性隨緣而生萬法」。意在涅槃作為理體法身，「無中生有」生成佛性，佛性建立世界。佛性呈現現象界。混沌初分剎那產生「天地人」即無中生有，**涅槃本體不守自性而成佛性。佛性隨緣而生世界萬法。**人出現後，現象界即可作為佛性本體所產生的世界存在。混沌未開時無人無佛，混沌初開正偏分開，顯現山河大地森羅萬象。萬松老人說「人天地」表明人的意識呈現山河大地。**人出現後才有山河大地。**有個公案說，**「琅玡因長水法師問。經云。清淨本然。云何忽生山河大地。師厲聲曰。清淨本然。云何忽生山河大地。」**兩句「**重複**」的話意在表明「**正偏兼帶**」的「**佛真法身」生成世界。「前釋迦後彌勒」**的「**佛真法身**」**合作生成山河大地**。

禪師進入涅槃滅盡定喻為「懸崖撒手大死一回絕後復蘇欺君不得」，修證者到此境界失去知覺，人的肉體活動暫時停止，包括神經系統的活動。大乘認為還有「第八識執持根身種子」。「暖在」故不死。**「暫時不在如同死人」**。**禪者到此無知無覺，故**涅槃正位無法描述。曹洞宗所謂「正雖正卻偏」含義很深。這並非否定「正位」的存在，否則南泉普願說「不居正位」即無意義。曹洞宗設立偏正五位卻沒有正面描述「正位」，而只是描述「正中偏」，這是因為人們只要對正位有所了悟，有所認識，「正位」即不是真正的「涅槃正位」。何況要用語言文字來形容描述這個正位。換言之，涅槃正位是無法認識無法描述的。當我們談到「正位」的時候，已經含蘊了我們對正位的認識、感知與了悟，而只要涉及思維、概念與感知了悟，「正位」必然帶來「偏」，這是「正」即有「偏」的原理。曹洞宗故有「正雖正卻偏」的理論。光未發時可以指究竟涅槃，此處指清淨涅槃。

「正位」僅是「強言」，其中必然含有「偏」，「正中偏」即由此而來。這個道理不僅對曹洞宗來說，對禪宗思想皆是非常重要的理論。「正偏」是辯證關係。「正」必含偏，「偏」中有正。兩者是「回互」辯證關係。沒有人的參與，涅槃是純粹的「正」，獨立客觀存在。宏智正覺道「陰中之陽。雖生而未兆。寂中之用。雖照而彌虛」。禪定意識證入涅槃「子歸就父」後轉身退位證得佛性。佛性是第一因宇宙本體，「正中有偏」意謂涅槃本體天然地具有生成佛性之義，正偏僅對人具有意義。「正偏」是人所規定所定義的，「正位」含有人的認識，因此「正位」不是純粹的正位而「正中有偏」。這是「正中偏」含義之一《虛堂集》云「半夜髑髏。初驚破夢。三更露柱。偶爾放光。」禪師說「玉兔懷胎」、「蚌含明月」表明涅槃天然孕育佛性。涅槃本體不甘寂滅，時有金波自湧的時候。「涅槃正位」謂之「露柱懷胎」。此謂正中有偏陰中有陽。涅槃本體「暗中書字文彩已彰」。涅槃本體「不守自性」，時時「性海無風金波自湧」。涅槃本體不會安分守己，涅槃天然地具備「無中生有」的性相。「時湧無風匝匝波」。涅槃生成佛性而佛性生成現象界。世界必然地會由佛性（涅槃）呈現出來。法爾如是天使其然。

禪宗對「法身」分為「理體法身」與「用中法身」。兩者是非一非異一體兩面的關係。佛性是修證者首楞嚴大定的定心，具有主觀色彩，佛性不是客觀存在的宇宙本體。佛教承認諸如「佛性」、「共相種子」、「眾生業力」之類。以共相種子來說，沒有共相種子則我們見到的山河大地人見人殊。而阿賴耶識最重要的共相種子即是真如（如來藏佛性）。《華嚴經隨疏演義鈔》（唐大華嚴寺沙門清涼澄觀述）中解說：「**法界則用真如為體。真如即是諸法共相**。」此處真如即是佛性的同義詞。佛性人人具有，「真如」（佛性）作為「諸法共相」的種子識，存在於每個人心內。佛性與涅槃同質，對於心內的真如，我們稱為佛性本體，在人的心內呈現諸法，眾生共同所見的諸法如山河大地，雖云佛性生成，歸根結蒂以涅槃為體，佛性與涅槃同質而「涅槃本體」具有「不變」的性質。如同「眾生業力」不屬於某個人，而是眾生共同的業力，此眾生業力對個人是客觀存在。人所見山河大地森羅萬象，可謂由「他的」真妄和合的阿賴耶識所變現，而大眾所共見的山河大地則是佛性作為「共相種子」變現的。故此清涼澄觀大師說：「**法界則用真如為體。真如即是諸法共相。**」正是由於人人具有的佛性從根本上說是生成現象界的宇宙本體，雖然凡夫的真心受到污染而成阿賴耶識，然而阿賴耶識含蘊的佛性作為現象的主要生成者、現象的本體、**作為共相種子，才使得人人所見的山河大地是大致相同的「現象界」**。真心猶如明鏡的鏡體，無明妄識只是「塵埃」，**阿賴耶識緣起顯現萬法，根本上還是真心佛性的作用**。無明扭曲遮蔽了事物的真相，產生「千差萬別」。禪師說世俗的現象界「捏目生花」虛妄不實。很多學佛者只能認識到「因緣緣起」，他們不懂龍樹的**「因緣所生法，我說即是空」**，這句表明「空」即佛性才是萬法生成的本體。禪宗的宇宙論是「如來藏緣起論」，即「性起論」。所以禪宗歸為「性宗」。「緣起」並不意謂「因緣所起」。「十二因緣緣起」只是對生命現象的解讀，並非對宇宙萬法本源的闡釋。須知「**性空緣起**」才是正道。性空即佛性，佛性即萬法的直接因宇宙本體，隨緣而生萬法。六祖《壇經》云「**何期自性能生萬法**」，自性即佛性。即是萬法生成的本體。這是禪宗宇宙論的基石。「緣」雖然千變萬化，「因」卻在「性」。菩薩在禪定境界中親自驗證佛性本體生成萬法。

佛菩薩所見「萬法皆空」，雲門文偃大師所謂「菩薩當體即空」。「菩薩見色無非觀空」。這裡「空」即謂佛性本體。菩薩在理事無礙法界，在佛眼觀照下，看到虛幻的外相也感應「現象」的佛性本**體，佛性「撒手懸崖下，分身萬象中」**，菩薩的佛性於現象「身先在裡」，**菩薩的佛性本體感應到現象含蘊的本體，乃是「自家人」或謂「萬法與我同體」。既然現象只是菩薩的意識產物，也在菩薩心內。而且**

人人具有佛性。對菩薩來說，千百萬眾生的佛性與自己的佛性乃是同一個佛性本體。故長沙景岑禪師說「千人萬人只是自己一人」。人與人的差別在於阿賴耶識，大致意謂「靈魂」或謂「精魂」。

菩薩肉體死亡以後，他的禪定意識最後進入涅槃。涅槃不能僅僅理解為禪定境界，否則只能屬於某個菩薩。涅槃具有主客觀存在性質，定心在肉體死後經過涅槃最終契合絕對本體。**有形有相的事物都「有生有滅」**。**絕對本體是超越個體生命的不生不滅的永恆存在，此絕對本體是不依賴人的客觀存在的精神性宇宙本體**。禪宗探討萬象的「本體」。因為「佛」就是宇宙本體。菩薩滅度以後，他的佛性定心經過涅槃契合絕對本體進入永恆。菩薩最終契合精神性的宇宙絕對本體。這是禪宗終極關懷的根本意旨。

五、佛性即宇宙萬法之本體

禪宗修習首楞嚴大定（「一行三昧」）。「首楞嚴大定」定心即阿含類經所說的「定心」，早期佛教所說的「自性清淨心」，就是佛性，也稱為自性。

《大涅槃經》云：

> **佛性者即首楞嚴三昧**。性如醍醐。即是一切諸佛之母。以首楞嚴三昧力故。而令諸佛常樂我淨。一切眾生悉有首楞嚴三昧。以不修行故不得見。是故不能得成阿耨多羅三藐三菩提。善男子。**首楞嚴三昧者有五種名。一者首楞嚴三昧。二者般若波羅蜜。三者金剛三昧。四者師子吼三昧。五者佛性**。

得道禪師不得已強下名言。曹洞宗以偏正五位表徵修證者的禪定境界。以黑表正，以白表偏。正位意指清淨涅槃。佛性等皆是「偏」，禪師又以「君」、「父」比喻正位即妙覺佛位。**禪宗說的「性」、「自性」、「空」皆指生成萬法的宇宙本體**。**「理體法身」即指清淨涅槃**，**「用中法身」則指首楞嚴大定的定心即佛性**。就「體」而言，佛性、涅槃與絕對本體同質。就「用」而言則「毫釐有差天地懸隔」。佛性是直接生成顯現萬法的第一因宇宙本體。

曹洞宗提出「夜明簾外主」以及「主中主」，即絕對本體。「兼中到」（「偏正五位」）的最終意旨在於契合「絕對本體」。**鼓山元賢**（**《洞上古轍》**）**云**：「理之本體。不涉於用者。名主中主。」此非人力可以造到，乃是與人無關的客觀存在。絕對本體無法言說，喻為「無極」或「道」。「道生一」、「無極而太極」或可比擬「絕對本體」。對此設定名目都含有人類的「偏見」只能「強名之」。超越涅槃即客觀存在的絕對本體。**佛性本體、涅槃本體與絕對本體同質**。

《涅槃經》云：「**是故如來亦非非幻。如來非定。何以故。如來於此拘尸那城娑羅雙樹間。示現入於般若涅槃故。是故非定**。亦非非定。何以故。常樂我淨故。」經云如來「大身」即宇宙本體義。《起信論》云：「於色究竟處示一切世間最高大身，謂以一念相應慧，無明頓盡，名一切種智，自然而有不思議業，能現十方。利益眾生。」又《宗鏡錄》云：「佛說非身。是名大身。心亦如是。此謂破權歸實會假歸真。譬如金師銷取金方為器用。滅相混融以通大冶。大冶者謂大道。此大道冶中。造化無窮流出萬宗。」可知如來（涅槃）具有宇宙本體的意義。「滅相混融以通大冶」意謂涅槃「滅相混融」通向「大道」，即通向絕對本體。

佛教是徹底的唯心論，佛教主張「三界唯心萬法唯識」，這是研究佛教的起點。禪宗理論都要在唯心的意識形態內才能成立。我們不能離開唯心的意識形態框架來探索禪宗思想。禪宗認為經驗世界是虛妄不實的，禪宗否認客觀存在的物質世界。禪宗認為精神性的宇宙乃是精神性（非物質）的本體所生成顯現出來。「佛」從發生學意義上來說，就是這個精神性的宇宙本體。這個「不生不滅」的佛並不是人格化的神。佛有兩位，即妙覺與等覺。《大涅槃經》云：「佛性者即首楞嚴三昧。性如醍醐。即是一切諸佛之母」。佛性即是首楞嚴大定的「定心」，即「自性清淨心」。這個定心即是等覺佛。妙覺指「無漏滅盡定」的「定心」即涅槃境界的精神性存在。我們稱為「涅槃」。佛性是眾生業力所生的山河大地的「共相種子」。本書提到涅槃即指清淨涅槃，「法身佛」指涅槃。佛性指首楞嚴大定。「法身」指「理體法身」，指謂生成佛性的「涅槃本體」。

宏智正覺云：

> 上堂。**環中協照。消息平沉。方外獨存。幽靈絕待。綿密不漏。寬廓無隅。清虛一亙而理絕名言。圓滿十成也道無稜角。諸禪德。個是諸佛涅槃之宅。眾生安葬之基。一切諸法。自此發生。一切幻緣。從此滅盡。**
>
> 吾家一片田地。清曠瑩明。歷歷自照。虛無緣而靈。寂無思而覺。乃佛祖出沒化現。誕生涅槃之本處也。妙哉人人有之。而不能磨礱明淨。昏昏不覺。為癡覆慧而流也。一念照得破。則超出塵劫。光明清白。三際不得轉變。四相不得流化。**孤耀湛存。亙古今混同異。為一切造化之母。**底處發機。大千俱現。盡是個中影事。的的體取。
>
> 上堂云。九重尊貴位中人。燦燦星圖拱北辰。活計四時調玉燭。家風萬世運金輪。區分群象布淳化。**囊括二儀懷至仁。**算數不能窮壽量。南山蒼翠鎮長春。

宏智正覺表明法身佛即是宇宙本體，宏智正覺說：「一切諸法。自此發生。一切幻緣。從此滅盡」。他指出「為一切造化之母」、「囊括二儀懷至仁」，我們知道中國傳統哲學講「太極生兩儀」，將「太極」視為宇宙本體。這裡宏智正覺將清淨涅槃比作太極。他只是借用這個概念。儒道兩家的太極只是抽象概念，而佛教禪宗卻可以「實證涅槃」。這是根本不同的。涅槃對個體而言即是主觀存在的宇宙本體。我們有專章講述涅槃與佛性的關係，讀者請移步參閱。

佛性即首楞嚴大定的禪定意識，我們稱為「定心」，這是佛教早期阿含類經典的名詞，用來形容「自性清淨心」，這即是「佛性」（《大涅槃經》）。這是修證者個人心內的修證境界，具有主觀色彩。佛性即首楞嚴大定的定心乃是修證者證入清淨涅槃經歷脫胎換骨命根斷的洗練而修證成就的，這是等覺佛位。實質上佛性與清淨涅槃都是精神性的存在，兩者本質相同。佛性對於修證者個人而言具有宇宙本體的性質，可以在心內演繹首楞嚴大定法界。而清淨涅槃則是具有主客觀意涵的宇宙本體。

曹洞宗提出「夜明簾外主」，即是「兼中到」的最終意旨。其意即是「絕對本體」。「絕對本體」是終極的宇宙本體。《華嚴經》卷第五十二云：**「佛子！如來不為菩薩說諸如來究竟涅槃，亦不為彼示現其事。」**因為究竟涅槃無法言說，我們可以比喻為「無極」。對此設定名目都是人類智慧的「偏見」，故此只能「強名之」。這是中國禪宗祖師都明白的道理。

《九帶》【理貫帶】（浮山法遠）云：

夫聲色不到。語路難詮。今古歷然。從來無間。以言顯道。曲為今時。豎拂揚眉。周遮示誨。天然上士。豈受提撕。中下之機。鉤頭取則。投機不妙。過在何人。更或躊躇。轉加鈍置。理貫帶者。理即正位也。其正位中而無一法。空同實際。其實際理地。不受一塵。

宏智正覺云：

師乃云。清淨無相。妙明絕緣。個一片田地子。古今移不得。一切法生也。自是諸法生。了不干它事。一切法滅也。自是諸法滅。了不干它事。從本以來底。元不曾借借。廓大周遍。無所不至。正恁麼時。還有畔岸也無。若有畔岸。即於爾本心。自作界至去也。正無畔岸時。全與虛空合卻。靈然不是空。透頂透底去。中間無一塵。若恁麼也。混融不隔越。個是諸佛出生處。個是山河大地建立處。有情也恁麼地出生。無情也恁麼地建立。所以道。情與無情共一體。處處皆同真法界。到恁麼時。山是個時山。水是個時水。

涅槃非第一因宇宙本體。涅槃功用在生成佛性。禪定意識「脫體其間過一遍」即「大冶紅爐」，進入涅槃時將妄識無明泯滅乾淨。轉身退位證得首楞嚴大定。

《從容錄》道悟看病（萬松老人）云：

若存也渠本非無（唯言遍天下）。至虛也渠本非有（不見一纖毫）。不滅而生（虛若谷神常不死）。不亡而壽（道先象帝自長生）。全超威音之前（舒不到頭）。獨步劫空之後（卷不到尾）。

「涅槃的存在」即「非無非有」、「不滅不亡」。涅槃是超越的精神性存在。

《從容錄》萬松老人云：

全超威音之前。先天而未成已成。獨步劫空之後。後天而既壞不壞。成平也。天蓋地擎。運轉也。烏飛兔走。此喚作全體作用攝用歸體。靜為天地本。動合聖賢心。還會這般說話麼。

> 撥開妙淨圓明眼。識取吉祥安樂人。
> 道有，通身無影像。道無。遍界不曾藏。

以上形容宇宙本體。菩薩證得首楞嚴大定後，其定心在涅槃與佛性之間往復優游的境界，是謂「金針往復來」。禪師所謂「妙體本來無處所，通身那更有蹤由」。《金剛經》所說：「應無所住而生其心」。禪宗菩薩的「定心」即是無住處境界。禪師說「**牢籠不肯住，呼喚不回頭，祖師不安排，至今無處所**」。菩薩定境並非涅槃。佛性出世後定心「無須鎖子兩頭搖」，定心在涅槃與佛性之間往來優游。「**妙體本來無處所，通身那更有蹤由**」。定心「**瞻之在前忽焉在後**」。

禪師以水晶宮、光明殿、夜明簾外、威音那畔等指謂無漏涅槃。涅槃作為具有客觀色彩的精神性存在有一個標準，即「無念」、「無心」，「妄識消融」。雖然有這個客觀標準，卻無人知道修證者的「無念」境界是否真實。有漏涅槃也證得「無念」、「不見一色」。另一方面，涅槃既是個人能夠證入的禪定境界，必然具有主觀色彩（意蘊）。**眾生證入此境須驗知證入清淨涅槃**。**禪宗不能以是否證入涅槃來驗證「成佛」，而說「枯木生花始與他合」**。即是否轉身退位證得首楞嚴佛性來驗證。佛性出世枯木生花冰河發燄，是謂世界建立。

禪師的修證畢竟是禪師內心的境界。涅槃是滅盡定的境界。禪師肉體滅度後不能稱涅槃為禪定意識，**禪師的涅槃定心不會隨肉體煙消火散**。成佛的意旨在於死後禪師的禪定意識進入涅槃，然後契合客觀的宇宙絕對本體進入永恆。「末後句」意謂，菩薩在正偏兼帶境界，涅槃佛性混居一身同生共死，佛性作為禪定意識，禪師遷化佛性融入涅槃本體，涅槃不生不滅，故謂「同條生不同條死」。我們不計繁瑣反覆解釋絕對本體、涅槃本體與佛性本體。不但因其重要，也因為當代學人對其理解甚少。「這一個，那一個，更一個」之間關係奧妙難言。進一步，**涅槃佛性混居一身成就「佛真法身」**。**意謂在「金針雙鎖」乃至「鉤鎖連環」後證得正偏兼帶**。**這是極其重要的菩薩境界**。由此證入理事無礙法界與事事無礙法界。遺憾的是，當代幾乎無人理解這個境界。以圓悟克勤的「開悟詩」為例，高僧學者皆視為「豔詩」並且加以嘲諷。眾人不懂這是「正偏兼帶」的境界。傅大士云「**夜夜抱佛眠**」即是此謂。**若定心不來不去則證得理事無礙法界。若涅槃佛性混融一體不分彼此，「徹底光明成一段」（宏智正覺），則是事事無礙法界。到此證得「一心三觀」即大乘中道。證得一切種智**。

正偏兼帶乃是成佛之關鍵境界。某公自謂圓悟克勤的「同參」，可惜他根本不懂圓悟克勤的「開悟詩」。此公只會在經文裡「尋章摘句」大言欺人。他所有注解的公案都是胡說妄語。我們反覆解釋禪宗的宇宙論。這是與成佛息息相關的理路。禪宗的「**佛真法身**」即「**前釋迦後彌勒**」，萬松老人解釋涅槃如鏡體，佛性是鏡面。鏡體鏡面合作而生成山河大地。禪師說「**釋迦彌勒猶是他奴**」即謂此「**佛真法身**」。虎丘紹隆以此為「第一月」。「前釋迦後彌勒」無以名之，是故馬祖道一謂「非心非佛」。禪宗的宇宙本體是多元多層次的結構。《信心銘》說「一有多種二無兩般」。弄清禪宗的宇宙本體之間關係非常重要。馬祖道一所謂「大道」，按照南泉普願的解說，「不是心不是佛不是物」的大道即空劫以前無人無佛混沌未分之時的宇宙絕對本體。本書謂之「究竟涅槃」。這是鼓山元賢頌「兼中到」所用到的詞彙。

六、曹洞宗偏正五位簡釋

禪師脫離「偏中正」向上證得「涅槃前一色」，此乃筆者所稱，以示有別於「正位前一色」。此境「內守幽閒」、「純清絕點真常流注」，要「打破鏡」、絕後復蘇證入「萬里無寸草」的有漏涅槃，到此「清光照眼似迷家」卻非到家。還要脫胎換骨命根斷，滅卻粗細妄識達致識陰盡，證入涅槃正位卻「不居正位」轉身退位，此謂「絕後復蘇欺君不得」。尊貴之人不居尊貴之位，證得首楞嚴佛性，然後入廛垂手普度眾生，進入「如來逆流」的菩薩境界在人間行菩薩道。

「正中來」的修證非常奧妙。正中來境界含蘊**涅槃前一色、有漏涅槃以及清淨涅槃三個次第**。正位比喻無漏涅槃。初悟涅槃本體的存在，謂之「正中偏」。出離三界證入「偏中正」，偏中正「迷頭認影」，尚未進入「空界」即「本體界」。**進入「偏中正」**「一切處不明」、「面前有物」，**由此要「死一遍了驀地蘇息」**（真歇清了）。**進入「正中來」的境界**，先入涅槃前一色，即「正中來」的初始境界。此時「純清絕點真常流注」、「內守幽閒不見一色」。妄識未泯故要「小死一回絕後復蘇」、「打破鏡」證入有漏涅槃。到有漏涅槃還要「脫胎換骨」，「細中之細，今年貧錐也無」意謂泯滅細中之細妄識。消融「細中之細」的「補特伽羅」、「細心」。「脫卻貼體衫子」比喻徹底消融妄識進入正位。有漏涅槃在《十玄談》謂此「正位前一色」。此謂「黯黯青青處」，「獨守寒岩異草青，坐卻白雲終不妙」。盤山寶積云「心月孤圓光吞萬象，光境俱亡復是何物」。萬松老人謂：「天地黯黑如一錠墨相似。喚作衲僧奪胎換骨轉身一路。」禪者進入「有漏涅槃」。「一色消盡方名尊貴」，到此脫胎換骨命根斷。定心與無漏涅槃同質化，此即「子歸就父」。證入正位而「不居正位」（南泉普願）。要「鶴不停機飛渡寒煙」，「踏破澄潭月，穿開碧落天」。定心進入涅槃正位剎那轉身出離涅槃，**宏智正覺云「子退步而就父。臣轉身以合君」**，**「子歸就父」意謂定心與無漏涅槃同質化**。「轉身就父無標的，拈卻花冠不得名。」**到此泯除細中之細證入「正位」而不居，子歸就父立刻轉身退位**證得首楞嚴佛性。佛性出世建立世界。此謂「枯木生花始與他合」，**佛性出世建立世界，到此驗證與無漏涅槃同質化的真實性**。「正中來」要轉身再轉身，**「小五位」對此闡釋詳盡**。

定心「經歷涅槃」生成佛性。「不入驚人浪，難得稱意魚」。佛性即直接因宇宙本體。佛性出世建立世界即「正中來」最後的次第。首楞嚴包含海印三昧，海印三昧建立世界《楞嚴經》「我若按指」）。鼓山元賢頌「正中來」謂「隔塵埃」，意謂佛性出世初始時菩薩「心中世界」與眾生世界尚未重合。菩薩證得首楞嚴佛性所建立世界還是心內世界，與眾生業力所成的世界不同，菩薩還要進一步證得正偏兼帶理事無礙才能世法佛法打成一片。

「正中來」最後佛性出世進入「兼中至」，菩薩見性成佛入廛垂手。佛性大機大用，進入活潑潑的「動態定境」，大定意識在涅槃與佛性（首楞嚴）之間往復變換，稱為**「金針往復來」**（自得慧暉）。在金針往復的情形下，禪定意識時時進入涅槃，也時時進入首楞嚴。禪定意識進入涅槃則清淨寂然不見一色，禪定意識進入首楞嚴則「建立世界」。禪師入廛垂手進入紅塵世界，大定定心在涅槃佛性兩邊往復。入息不居陰界，出息不染眾緣。進入涅槃不居正位，不坐萬年床，進入佛性顯現的現象界則「迴脫根塵」。菩薩的定心是變動的。定心既不能滯留涅槃正位，也不可留戀紅塵世間。「百花叢裡過，一葉不沾身」，指定心不能受到污染，是謂「正不坐正偏不垂偏」。禪師說「妙體本來無處所，通身何更有蹤由」，定心不滯中間與兩頭。菩薩大定定心「如珠走盤。如盤走珠。轉轆轆活潑潑。了無住著」（瞎堂慧遠），「如珠走盤。不撥自轉。二六時中。折旋俯仰」（密庵咸傑），《碧巖錄》（圓悟克勤）曰：「雪竇道：機輪曾未轉，轉必兩頭走。」所謂「機輪曾未轉，轉必兩頭走」，即謂金針往復。經過「金針往復來」後進入「金針雙鎖」。純熟後進入「鉤鎖連環首尾相接」。定境時時變換圓融無礙乃至「鉤鎖連環」。禪宗講究「月船不犯東西岸，始知船工用意良」（宏智正覺）、定心「隨流得妙」、定心「牢籠不肯住，呼喚不回頭，祖師不安排，至今無處所」（玄沙禪師）。定心不滯任何定境而活潑潑地機輪轉動。經過「金針往復」證得「鉤鎖連環」。由此證到正偏兼帶，即「最玄最妙」境界（《指月錄》）。

菩薩定心在涅槃與首楞嚴兩邊往復，即「金針雙鎖玉線貫通」。定心無形無相亦無住處，「瞻之在前忽焉在後」。夾山善會禪師說「藏身處沒蹤跡，沒蹤跡處莫藏身」，《金剛經》說「應無所住而生其心」，即謂大定定心隨流得妙。經過修證金針往復至「金針雙鎖玉線貫通」，涅槃佛性有時「分身兩下」，有時不分彼此。從「鉤鎖連環首尾相接」進一步進入「正偏兼帶」。涅槃佛性混居一身。所謂「前釋迦後彌勒」。到此若金針不來不往即到理事無礙法界。若涅槃佛性混融一體非彼非此，則進入事事無礙法界，證得「一心三觀」，一切種智。

曹洞宗偏正五位的「兼中到」，闡明禪宗最終意旨即契合「大道」。馬祖道一要學人「體會大道」。宏智正覺禪師頌云：「夜明簾外排班早，空王殿上絕知音」，其意表示禪師死後先入涅槃卻不住在涅槃。「夜明簾外排班早」意味死後禪師的禪定意識契合絕對本體（究竟涅槃）。排班祝賀「夜明簾外主」登基就位。投子義青頌云：「**偏正遙絕兼中到**，了然一氣**大極前**」。大極即太極。大極前即「無極」。禪宗認為終極的宇宙本體即是「大道」。這是「空劫前無人無佛」即已存在的絕對本體，我們謂之「究竟涅槃」。「了然一氣**大極前**」即究竟涅槃。兼中到意謂禪者死後，定心契合究竟涅槃契合宇宙絕對本體而進入永恆。

人對具有「大道」意涵的究竟涅槃的認知是有限的。這個宇宙本體並不是人類能夠全面理解的，即使我們賦予其某種名相，例如「究竟涅槃」或者「如如」一類，也必然帶有人的認識的片面性，南泉普願禪師說：「喚作如如，早是變了也。」這即表明人無法徹底地了知涅槃本體。另一方面，就精神性的存在而言，佛性本體與禪定修證的無漏滅盡定（清淨涅槃）完全同質，正是在這個意義上，禪者能夠經過禪定修證證入涅槃。這當然是一個極其艱辛苦奧的過程。

「正中偏」表徵人對涅槃本體有了初步認識。**人對產生萬法的宇宙本體有所「初悟」**（**鼓山元賢**）。**「涅槃正位」本來是無法認識無法言說的「自在之物」**。**人類對此有所認識有所解釋必然落入「偏」，也就是攙入人類的認識、感知等，而人的認知是有局限的，故謂「正中偏」**。**此謂**初悟涅槃的存在。禪者修證四禪八定，經「非想非非想」出離三界證入「偏中正」，偏中正境界「迷頭認影」、「一切處不明」，已經在朦朧中遇到「古鏡」卻不認識，尚未進入「空界」。出離三界進入「偏中正」是「跳出三界外」的超越。「偏中正」處於「一切處不明」、「迷頭認影」的次第。到此**要「死一遍了驀地蘇息」**（真歇清了）。由此證入「空界」（「正中來」）。

進入「正中來」先入「涅槃前一色」，即「正中來」的初始境界。此時「純清絕點真常流注」、「內守幽閒不見一色」。「打破鏡」證到有漏涅槃，還要脫胎換骨識陰盡，到此定心與無漏涅槃同質化，此即「子歸就父」。「細中之細，今年貧錐也無」意謂泯滅細中之細妄識與清淨涅槃同質化。定心證入正位而「不居正位」（南泉普願）。定心進入涅槃正位剎那轉身出離涅槃，**宏智正覺云「子退步而就父。臣轉身以合君」，到此證入「正位」而不居正位，轉身退位**證得首楞嚴佛性。佛性出世建立世界。此謂「枯木生花始與他合」。**佛性出世建立世界。到此驗證與無漏涅槃同質化的真實性。這個「三轉身」極其重要，進入「正中來」要轉身再轉身，對此我們要反覆講述**。

禪者進入涅槃「不居正位」，「鶴不停機」轉身退位證入首楞嚴大定。「首楞嚴大定」的禪定意識即是阿含類經典所說的「**自性清淨心**」，就是佛性。定心經歷脫胎換骨識陰盡證入「清淨涅槃」，然後轉身證得首楞嚴大定，入廛垂手普度眾生。在此意義上我們說涅槃產生佛性。兩者父子關係。涅槃作用即生成佛性故謂理體法身。佛性即「用中法身」。佛性是第一因宇宙本體。「佛性」也稱為自性、如來藏等。《壇經》說「自性能生萬法」即謂佛性建立世界，佛性是「子」而涅槃為「父」。禪宗以「青山」比喻涅槃，以「白雲」比喻大定定心。

學人多不理解「即佛乃定」（**定心**）、**不理解「一有多種」、不理解「凡聖分離」、不理解「定心往復」、不理解「正偏兼帶」**。菩薩境界裡禪定意識在涅槃與佛性之間「金針往復」，即禪定意識在涅槃佛性之間往復優游，此謂「無須鎖子兩頭搖」。「鉤鎖連環」後證入「正偏兼帶」境界。若定心不來不去即是理事無礙的境界。金針雙鎖的目的是保持佛性的清淨無染，保持與涅槃同質化。臨濟義玄禪師以「吹毛用了急須磨」形容佛性這柄金剛寶劍進入紅塵也要時時回歸涅槃保持清淨無染。此謂「保任」。禪師肉體一旦死亡，其禪定意識最終契合於絕對本體，如此達到解脫生死輪迴進入永恆，此即禪宗成佛的根本旨歸。

「正位」本來是「強言」。**人類對此有所認識有所解釋必然落入「偏」。人的認知是有局限的。故謂**「正中偏」。丹霞子淳和尚曰：「夫黑白未分。難為彼此。玄黃之後。方位自他。」**象徵人類對涅槃本體有了初步認識。禪師說「須知正位無言說」，一切說法只是「強言」**。

《寶鏡三昧圖》說：

> 向上一竅。千聖不傳。隨義悉檀。故形文彩。**此在儒乘謂之太極。本不可名。強名太極。本不可狀。強作此相。**凡兩儀四象以至六十四卦。皆從此相生。此相從無相生。無相無生無不生。今論此相。入我法中有種種名。華嚴名此為**一真法界**。法華名此為一實相。涅槃名此為秘密藏。**六道眾生具此昧此。為第八阿賴耶識。名如來藏性。三世諸佛轉此證此。為第九庵摩羅識。名大圓鏡智。**歷代祖師悟此傳此。為最上秘密宗旨。名寶鏡三昧。一切教乘為能詮。此為所詮。一切宗乘為能標指。此為所標指。然此中卻無能所。無名相。無言句。所謂混沌未分。黑白未兆。參玄上人當先了此。

以上是各種名相。儒道兩家的「太極」或「無極」只是抽象概念，而禪宗卻可以「實證涅槃」。這是根本不同的。究竟涅槃具有客觀存在的意蘊。**究竟涅槃超越清淨涅槃，指謂客觀存在的絕對本體，**有「無極」或「道」意蘊。「此相從無相生」可謂「無極而太極」，「無極」、「道」是超越經驗世界的存在。

涅槃是人可以親證「造到」的禪定境界。涅槃正位**乃是虛位、學位，禪師不能留戀此境。南泉普願說**：「不居正位」，表明正位只是虛位以待。禪者進入涅槃「子歸就父」與涅槃同質化後轉身退位證得首楞嚴佛性，即謂「佛性出世」。《從容錄》云，「**王山法祖和尚云。既有尊貴之位。須明尊貴底人。須知尊貴底人。不處尊貴之位。方明尊貴。不落階級**」。須知「**寶殿無人空侍立**」、**到祖父寶殿不可久居。在證入無漏滅盡定時，定心子歸就父即與清淨涅槃同質化**。

《**雜阿含經**》說：「**出息入息名為身行，有覺有觀名為口行，想思名為意行**」。**進入滅盡定生命活動基本停止。如**《**大毗婆沙論**》「**滅盡定滅極細心心所故得**」。**禪師說**「**細中之細，今年貧錐也無**」，**表明涅槃境界阿賴耶識細心、補特伽羅等徹底消融**。「**暫時不在如同死人**」。入滅盡定者沒有呼吸、沒有思維，但仍然保持壽暖。慧遠在《**沙門不敬王者論求宗不順化**》中說：「反本求宗者，不以生累其神；超落塵封者，不以情累其生。不以情累其生，則生可滅；**不以生累其神，則神可冥**。冥神絕境，故謂之泥洹。」**表明涅槃處於無形的寂滅狀態**。東晉僧肇的《**涅槃無名論**》云：「泥曰、泥洹、涅槃，此三名前後異出，蓋是楚夏不同耳。云涅槃，音正也……秦言無為，亦名滅度。無為者，取乎虛無寂寞，妙絕於有為。滅度者，言其大患永滅，超，度四流。」認為涅槃既無生死，寂寥虛曠，是無名相的，謂之「涅槃無名」。僧肇還說：「因背涅槃，故名吾我，已捨吾我，故名涅槃」；「聖無有無之知，則無心於內；法無有無之相，則無數於外。於外無數，於內無心，**彼此寂滅，物我冥一，泊爾無朕，乃曰涅槃。**」**此處注意「無朕」意謂泯滅自我意識。外無六根六識，內無自我意識。**

圓悟克勤云：

外不見有一切境界。內不見有自己。上不見有諸聖。下不見有凡愚。淨裸裸赤灑灑。一念不生桶底剔脫。豈不是心空。到個裡還容棒喝麼。還容玄妙理性麼。還容彼我是非麼。但能上無攀仰下絕己躬。外不見大地山河內不立聞見覺知。直下擺脫情識一念不生。證本地風光。見本來面目。

禪者脫胎換骨證入涅槃正位，「本來無一物」的涅槃定境性相空寂一念不生。「證本地風光。見本來面目」**即此謂也。涅槃是**「真空妙有」**的精神性實體。涅槃是超越絕待的，是人在生前能證到的終極定境。作為「理體法身」**，涅槃本體**「露柱懷胎」**、**「蚌含明月」**，涅槃正位「正中有偏」，**本身含蘊「偏」，涅槃正位作為佛性本體之本體，必然在某個時刻生出佛性以至建立世界。**

涅槃正位是尊貴境界卻不可滯留在此。「正位一色」（宏智正覺）形容已到涅槃正位卻點額而回滯留涅槃（落在法身邊），所謂「鬼窟裡作活計」、「死水淹殺」。證入涅槃正位子歸就父剎那間轉身退位證得佛性。**「子歸就父」意謂禪定意識與無漏涅槃同質化**。是否真正證入涅槃，是否「全身入理」還要由後果驗證。禪師說**「枯木生花始與他合」**。要看禪者能否轉身退位證得佛性，佛性出世建立世界。如此才可驗證。經歷涅槃佛性出世，佛性出世建立世界。此謂「枯木生花始與他合」。意謂經歷涅槃的洗禮，**大定定心與涅槃同質化，所謂「子全身而就父」**。**大定定心與清淨涅槃同質化才能最終契合絕對本體。**

佛性出世即「見性成佛」。菩薩利用「故我」的肉體在人間活動。讀者須知，**佛、菩薩指謂「大定定**

心」。**佛非指人**。佛性出世建立世界，即「第二門頭」入廛垂手。「定心」在涅槃與佛性之間往復，由「金針雙鎖玉線貫通」而「鉤鎖連環」。菩薩經過修證進入理事無礙法界，「世法佛法打成一片」。即「色不異空空不異色」。大定定心具有特殊感知系統。佛眼「見處不同」。《楞嚴經》所述「爍伽羅眼」即是首楞嚴大定定心所有特殊「法眼」。故此禪師說「快快擢瞎娘生眼」。又謂之「黑豆換了眼睛」。「**山河與大地，獨露法王身**」，森羅萬象百草頭上，「**萬象之中獨露身**」，菩薩所見萬法「處處皆真」。「**菩薩見色無非觀空**」。菩薩大定定心可見萬法，只是「**影流萬象心鏡空**」（宏智正覺），「如印印空」而已。《壇經》云：「**善知識，真如自性起念，六根雖有見聞覺知，不染萬境，而真性常自在。故經云：能善分別諸法相，於第一義而不動。**」菩薩意根久滅，六根互用。**見相不生癡愛業**，故而不受染污更不會執著現象而生妄識。禪者證得首楞嚴佛性，佛性建立世界。此時正眼豁開可見萬法卻不「著相」，定心在紅塵世界「**百花叢裡過，一葉不沾身**」。

禪定意識進入「涅槃前一色」。小死一回絕後復蘇證入有漏涅槃。到此「**清光照眼似迷家**」，尚未真正到家（正位）。盤山寶積說：「光境俱亡復是何物？」萬松老人說：「天地黯黑，如一錠墨相似，正是衲僧脫胎換骨轉身一路。」這是成佛的要害時節。禪者到此脫胎換骨泯除妄識，即泯滅「細中之細」而「識陰盡」。進入涅槃正位要「鶴不停機」，不居正位轉身退位證得首楞嚴大定，佛性出世建立世界。此謂「枯木生花始與他合」。

進入涅槃境界（**含有漏**、**無漏**）。若沉溺於涅槃境界，則只得鈍羅漢，未得佛果，猶是小乘自了漢，非佛正位。所謂得尊貴氣分者即謂**尊貴之人不守尊貴之位**。此謂不居正位，不守空王殿。不守寒岩，不在死水淹殺，不在鬼窟裡作活計。不能淹留在涅槃境界沉空滯寂。禪師云「**莫戀白雲深處坐。切忌寒灰煨殺人**」，**金龍豈守於寒潭**。同安察云：「涅槃城裡尚猶危故須轉也」。「佛祖玄關橫身直過」。鶴不停機一步密移。由涅槃正位轉入首楞嚴佛性之境界。洞山良价《玄中銘》云「**鶴不停機鳳無依倚**」，表明到涅槃正位絕不停留。「**密移一步六門曉，無限風光大地春**」。宏智正覺禪師云「**夜明簾外轉身難**」，**又云**「**而洗開夜色。銀籠鶴出。而飛渡寒煙**」。我們要注意「飛渡寒煙」四字，這是超越涅槃境界的意旨。鶴出銀籠意謂突破涅槃境界進入首楞嚴大定。故謂「**鶴騰霄漢出銀籠**」。表示從有漏涅槃進入涅槃正位不居正位。剎那轉身退位證得首楞嚴大定。禪師識陰盡進入涅槃正位，且要「子歸就父」後轉身退位證入首楞嚴大定。

進入有漏涅槃要脫胎換骨識陰盡。要「全身入理」，「理」即清淨涅槃，即無漏滅盡定。定心到此不居正位剎那轉身退位佛性出世。宏智正覺云「渾一色須轉側。才轉側透關隔」。證得定心與無漏滅盡定同質化。**宏智正覺云**「**子退步而就父。臣轉身以合君**」。「君」即無漏滅盡定。這裡「朝君」、「退位」表明「絕後復蘇欺君不得」，定心不得占據「君位」，「不犯尊嚴」故此轉身退位。「君臨臣位」意謂「**尊貴之人不居尊貴之位**」。定心不居正位轉身退位證得佛性。「玉殿苔生」意謂「寶殿無人」，到正位「**夜明簾外轉身**」，進入正位立刻轉身鶴不停機。「**木馬嘶風過玉關**」。**禪師謂之**「**密移一步見飛龍**」。證入首楞嚴佛性，**枯木生花冰河發燄**。意謂證得首楞嚴佛性建立世界。禪師說：「直須枯木上生花方與他合」，**證得佛性**「**枯木生花**」，**方可驗證是否與清淨涅槃同質化**。

修證者如果執著於涅槃安樂，落入「正位一色」必然「死水淹殺」，「**坐斷十方猶點額**」而不能證得佛果。終究落在法身邊。趙州從諗和尚說「**老僧不在明白裡**」，「**明白轉身還退位**」。意謂不在「有漏涅槃」滯留。這裡「心月孤圓」、「清光照眼」要「**月落後相見**」。脫胎換骨識陰盡，所謂「龍蛻骨」、「豹變文」。意謂泯滅粗細妄識後進入正位。要證「識陰盡」只能以「大定」消磨妄識，謂「旋起旋消」。證入君父正位不可滯留。宏智正覺云「**冰壺清白。借功喚作誕生。玉璽傳家。退位名為王父**」。定心已得君父之實質（同質化）卻不居君父之位，「**輪王不戴寶華冠**」。**脫卻尊貴脂**，泯滅「細中之細」，消除對涅槃安樂之執著法愛。轉身退位進入首楞嚴大定，**此即佛性出世建立世界。這是「正中來」的最後次第**。按照「偏正五位」，轉入「兼中至」。佛性出世建立世界，菩薩入廛垂手普度眾生，此時凡聖分離。「帝命旁分」（宏智正覺）。禪者「權掛垢衣云是佛」。菩薩境界「金針往復來」、「機輪兩邊走」。菩薩繼續修證。定心在涅槃與佛性之間優游無間。「不居中間與兩頭」，此謂「金針雙鎖玉線貫通」。「真金要烹煉」，直到「視佛祖如冤家」。修證者以金剛心漸漸滅除最後一品無明，肉體消亡時，大定定心經過涅槃最後與絕對本體契合為一。

「**子歸就父」指禪定意識與無漏滅盡定同質化。這是極為重要的修證過程**。菩薩的禪定意識（佛性）與涅槃滅盡定實質相同，同安察禪師表明：證入涅槃全身入理時節必須刹那轉身，否則死水淹殺。修證者證入涅槃定心已到「君位」卻要退位稱臣以朝君，證入首楞嚴大定即謂見性成佛。首楞嚴大定的禪定意識即是佛性。佛性出世後，定心在這邊那畔「機輪兩邊走」，故謂「應無所住而生其心」。禪師說「**牢籠不肯住，呼喚不回頭，祖師不安排，至今無處所**」。定心隨流得妙。從「金針雙鎖」乃至「鉤鎖連環」，經過修證菩薩證到「正偏兼帶」境界，此謂「前釋迦後彌勒」。然後進入雙遮雙照，「遮照同時，同時即不立，不立卻同時」。在此基礎上證入「事事無礙法界」。即證一心三觀，中道，證得一切種智。

宏智正覺云：

明月蘆華未得如。清光自照本來虛。十方坐斷須拈帽。一色功圓要放鋤。轉背石人歸位後。抬頭玉馬過關初。塵塵剎剎見身相。方信曹山井覷驢。

「清光自照」指有漏涅槃。「明月蘆華未得如」表明尚未證得「真如」。消融法執法愛。「不戴寶華冠」、「脫卻貼體衫子」。消除「細中之細」妄識，證入清淨涅槃。「轉背石人歸位後。抬頭玉馬過關初」指進入正位卻不居正位，剛歸正位剎那過關出離涅槃，鶴不停機轉身退位證得佛性，佛性建立世界。佛性「撒手懸崖下分身萬象中」，身先在裡，故「塵塵剎剎見身相」。森羅萬象皆成佛道，故云「井覷驢」。

「石人歸位」謂脫胎換骨證入涅槃正位，剎那玉馬過關出離涅槃，證入首楞嚴大定。注意從有漏涅槃脫胎換骨進入「正位」（「歸位」）剎那過關，鶴不停機轉身退位。「石人歸位」立即「玉馬過關」。在此時節不能停留。佛性出世分身萬象，塵塵剎剎皆是「真身」。「萬象之中獨露身」，佛性本體在萬象中顯露，菩薩「見色無非觀空」。大定定心到「正位」而不居，鶴不停機轉身退位。剎那玉馬過關證入首楞嚴大定境界。

「驢覷井、井覷驢」意謂正偏兼帶乃至「理事無礙法界」。菩薩佛眼觀照「見色無非觀空」、「色不異空空不異色」。穿透萬法的外相直接洞察萬法本體。萬法之本體與佛性乃是「一家人」，菩薩的佛性

「撒手懸崖下，分身萬象中」而且「身先在裡」。所謂「佛眼」即「首楞嚴定心」具有「爍伽羅眼」（禪師說「擢瞎娘生眼」），即首楞嚴定心特殊的六根互用之眼。《楞嚴經》所謂「**阿那律陀。無目而見。跋難陀龍。無耳而聽。殑伽神女。非鼻聞香。驕梵缽提。異舌知味。舜若多神。無身覺觸**」。這是菩薩的佛眼。菩薩境界塵塵剎剎無非佛性本體。菩薩經過修證後世法佛法打成一片，菩薩「見色明心」而不必「掃除萬法」、不必「空一切法」。修證到此豁開正眼。須知佛性本體「萬象之中獨露身」，從萬象之中百草頭上，菩薩佛性與現象背後的佛性本體互相感應。體會「六塵不惡，還同正覺」（《信心銘》）。

大定定心剛從正位轉身進入首楞嚴大定，佛性出世。尚未接觸世俗紅塵。此是「正中來」最後境界。禪師謂之「**透法身**」。這個時節突破涅槃證得首楞嚴佛性。大乘菩薩「**度盡無遺影，還他越涅槃**」。禪師由涅槃轉身進入首楞嚴大定尚未接觸塵世，**鼓山元賢頌「隔塵埃」**。佛性建立世界只是禪師「心內世界」，尚未與「眾生現象界」重合。還要經過長期修證到達正偏兼帶理事無礙的境界，才能「世法佛法打成一片」，才能進入「見山是山見水是水」的理事無礙法界。

七、佛性出世建立世界

首楞嚴佛性出世建立世界。**「密移一步玄路轉，無限風光大地春」**。禪師謂之「一人發真歸元，十方虛空錦上添花」。這是「全體即用」的境界。我們要知道涅槃境界乃「萬法泯時全體現」，「全用即體」謂涅槃境界沒有「現象」。所謂「內無六根外無六塵」。而首楞嚴大定（佛性）境界，禪師謂「錦上添花」、「逼塞虛空」、「磕著觸著」意謂佛性建立森羅萬象的現象界。**「定心」在涅槃與佛性之間往復優游，漸漸證入「金針雙鎖玉線貫通」的境界**。

佛性出世即「見性成佛」。菩薩利用「故我」的肉體在人間活動。佛、菩薩指謂「大定定心」。定心具有特殊感知系統。佛眼「見處不同」。《楞嚴經》所述「爍伽羅眼」即是首楞嚴大定定心所有特殊「法眼」。故此禪師說「快快擢瞎娘生眼」，又謂之「黑豆換了眼睛」。森羅萬象百草頭上，「萬象之中獨露身」，菩薩所見萬法「處處皆真」。「菩薩見色無非觀空」。菩薩大定定心可見萬法，是謂**「影流萬象心鏡空」**（宏智正覺）。菩薩經過長期修證，證入「凡聖分離正偏兼帶」。再進一步，定心不動證入理事無礙法界，到此「世法佛法打成一片」。即謂「色不異空空不異色」。青青翠竹皆是法身，郁郁黃花無非般若。

佛性出離涅槃即「凡聖分離」。首楞嚴佛性具有特殊的見聞覺知，涅槃本體「寂而常照」，南泉普願禪師謂之「四臣不昧」意謂涅槃本體具有特殊「見聞覺知」（見《楞嚴經》）。佛性本體即金剛心，首楞嚴定心「六根互用」故具有特殊感知。佛性呈現現象界故有時稱為「凡界意識」。百丈懷海禪師謂「靈光獨曜，迴脫根塵」。佛性出世「**半夜穿雲入市廛，卻著袈裟作主人**」。佛菩薩的主人公即是佛性定心。佛性與涅槃非一非異父子不離。兩者可分可不分。有時合為一體有時「一刀兩斷」。菩薩肉體在人間活動，「頭上養親口裡須餐」（六祖）。趙州謂「頭上清灰二三斗」即謂佛性定心，作為佛菩薩的主人公在人間普度眾生。

「密移一步」意味不滯有漏涅槃，脫胎換骨證入清淨涅槃也不居涅槃正位，轉身退位進入首楞嚴。佛性出世建立世界。這是祖師禪的要旨。**證得首楞嚴佛性出世**，這即是佛性「大機大用」的境界，所謂「全體即用」。定心往復進而「鉤鎖連環」，然後證入正偏兼帶境界。涅槃佛性混融一體證入事事無礙法界。進入因陀羅網，如同百千明鏡互相鑒照，光輝互攝互入，無觀察者也無觀察對象。這個境界裡「驢覷井」、「井覷驢」、「井覷井」。塵塵剎剎皆是佛身，皆是真心佛性。重重無有盡，處處顯真身。塵塵剎剎皆是一個宇宙，無窮無盡。由此證得一心三觀，中道，證得一切種智，證得妙覺佛位，證得那伽定。

菩薩意根久滅，見相不生癡愛業，故此不受染污，更不會執著現象而生妄識。佛性出世建立世界，即「第二門頭」入廛垂手普度眾生。經過長期修證，「世法佛法打成一片」。即到「菩薩見色無非觀空」的理事無礙菩薩境界。菩薩所見萬法「處處皆真」。「洞然全是釋迦身」。菩薩定心可見萬法，現象只是「**借來聊爾了門頭**」（宏智正覺），菩薩意根久滅，見相不受染污，更不會執著現象。「見相不生癡愛業」，影流萬象而無「心動」。

佛性出世建立世界，只是菩薩之內心世界，尚未與眾生現象界符合，此時菩薩**肉眼還有作用**。菩薩借用故我肉體入廛垂手。**要明白菩薩的肉眼與眾生相同，故菩薩知道「山不是山水不是**

水」。菩薩要長期修證進入理事無礙法界，才能「世法佛法打成一片」，「見山是山見水是水」。**菩薩雖然開正眼，肉眼還在作用**。鼓山元賢謂「隔塵埃」，塵埃謂眾生業力的現象界。菩薩內心佛性所成的世界與眾生現象界尚未重合。鼓山元賢說與眾生現象界「隔塵埃」是正確的。

八、曹洞宗偏正五位闡釋

《五位頌》（洞山良价）云：

正中偏。三更初夜月明前。莫怪相逢不相識。隱隱猶懷昔日嫌【初步知有】。

偏中正。失曉老婆逢古鏡。分明覿面更無他。休更迷頭猶認影【一切處不明】。

正中來。無中有路出塵埃。但能不觸當今諱。也勝前朝斷舌才【見小五位】。

兼中至。兩刃交鋒要迴避。好手還同火裡蓮。宛然自有沖天氣【兼帶】。

兼中到。不落有無誰敢和。人人盡欲出常流。折合終歸炭裡坐【夜明簾外主】。

《五位圖說》（鼓山元賢）云：

最上一相。**表黑白未兆之前**。**所謂向上宗乘事也**。學者當先悟此。若未悟此。而說理說事。分體分用。與教下習講者何異。次一相。表黑白既分之後。**所謂正中有偏**。**偏中有正**。**偏正交互之義**。**盡見於是**。中間仍有一虛圈者。表向上事。今亦隱於黑白之間也。又以此偏正交互之義廣之。則成五位。即一成五。合五成一。豈假安排哉。**以黑多白少者**。**為正中偏**。此位正中含偏。故黑多而白少。以白多黑少者。為**偏中正**。此位偏中含正。故白多而黑少。以中黑外白者。為正中來。由前二位造至尊貴位。復不守尊貴。乃轉正向偏。而正不居正。偏出於正。而偏不落偏也。故黑在內而白在外。以全白者。為兼中至。乃正中來之後。妙印當風。縱橫無忌。事理雙照。明暗並用者也。以其全體即用。故其相全白。**以全黑者。為兼中到。乃妙盡功忘。混然無跡。事理雙銷。是非不立者也**。以其全用即體。故其相全黑。前二位相對未兼者也。後二位相對既兼者也。惟**正中來一位無對。是妙挾前後四位**。如五方之中。五常之信。五行之土。皆無對也。前後各二位。中間止一位。兩頭闊。中間狹。故象之為金剛杵。一位才分。五位俱彰。如世間物。才說前。便有後。既有前後。便有左右及中。是一位便有五位。故喻之為莖草味。

《洞山五位頌注》（鼓山元賢注）云：

正中偏。三更初夜月明前。莫怪相逢不相識。隱隱猶懷舊日嫌。

正中偏。就初悟此理時立。理。是正。悟。是偏。**三更初夜。黑而不明**。表理也。然以**月明前顯其黑**。是黑顯時。中便有明。亦猶理必由悟而顯。理顯時。中便有悟也。有理可見。則是悟跡不除。理尚非真。故雖相逢而不相識。猶不免有舊日之嫌。此位師家多作體中發用釋者非是。**以洞山意。是正中便有偏。非正後起偏也**。詳洞曹二頌可辨。

正中偏謂「**初悟此理**」，即對涅槃本體有所覺悟。知道世界由宇宙本體所成。涅槃寂滅無人覺知。若初悟本體，即「正中偏」。

偏中正。失曉老婆逢古鏡。分明覿面別無真。休更迷頭猶認影。

偏中正。就見道後用功時立。功勳。偏也。所奉之理。正也。失曉老婆。表正中之偏。古鏡不明。表偏中之正。此位由奉重之力。所見更親於前。但未能親造此理。則所認亦只在影像之間。故曰迷頭認影。此位師家多作**轉用歸體**釋者非是。以洞山意。是偏中便有正。非偏後歸正也。

正中來。無中有路隔塵埃。但能不觸當今諱。也勝前朝斷舌才。

正中來一位。即是**得法身**。亦即是正位。前半分。是轉功就位。後半分。是轉位就功。中間。即尊貴位也。無中。正位也。有路。來偏也。隔塵埃者。以其內方轉身。**尚未入俗**。**與塵埃隔也**。有作出塵埃者非是。以出字之義。是入塵而後出也。此尊貴位不可犯。犯即屬染污。須善回互。能回互。則從旁敲顯。有語中無語。無語中有語。故勝斷舌才。據曹洞宗旨中載云。隋時有辨士。名李知章。每有辨論。眾皆結舌。故人號之為斷舌才。此位。**後人頌者**。**多用披毛戴角**。**入塵垂手等語**。**皆非**。惟曹山頌云。**未離兜率界**。**烏雞雪上行**。**深得洞上之旨**。後有古德。分此一位為小五位者。最為精密。天童覺有四轉靈機。亦是明此。學者不可不知。

兼中至。兩刃交鋒不須避。好手猶如火裡蓮。宛然自有沖天志。

兼中至。就功位齊彰時立。正既來偏。偏必兼正。作家相見之際。明暗交參。縱奪互用。不涉一毫擬議。自然不至傷鋒犯手。如火裡蓮花。而卒無所損也。此乃他受用三昧。即是透法身。即是大機大用。洞山離三滲漏。臨濟具三玄要。俱不出此。

鼓山元賢謂：「以全白者。為兼中至。乃正中來之後。妙印當風。縱橫無忌。事理雙照。明暗並用者也。以其全體即用。故其相全白」。

兼中到。不落有無誰敢和。人人盡欲出常流。折合還歸炭裡坐。

兼中到。就功位俱隱時立。前兼中至。雖偏正交至。猶有偏正之跡。此則無跡可見。故曰不落有無。**蓋是造道之極。及盡今時。還源合本**。故曰折合還歸炭裡坐。如佛說究竟涅槃義。乃自受用三昧也。既得此三昧。雖大用繁興。總不出此。洞山臨終曰。吾閒名已謝。正明此旨。九峰虔云。塵中雖有隱形術。爭似全身入帝鄉。雲門云。直饒透得法身。放過即不可。仔細檢點將來。有什麼氣息。亦是病意。亦在此也。

以全黑者。為兼中到。乃妙盡功忘。混然無跡。事理雙銷。是非不立者也。以其全用即體。故其相全黑。又，如佛說究竟涅槃義。乃自受用三昧也。

禪者最高級的禪定境界是「那伽定」。「繁興永處那伽定」即「恆納虛空時含法界」。時時在涅槃正位，此即妙覺佛位。九峰虔云「塵中雖有隱形術。爭似全身入帝鄉」**形容那伽定，也形容肉體滅度後大定定心契合涅槃本體。**

九、曹洞宗偏正五位之詳細解說

曹洞宗偏正五位是針對個人修證者的修證境界而言，因此具有主觀色彩。正位指無漏涅槃、涅槃正位、涅槃本體、理體法身。妙覺、真心、真如、如如、清淨涅槃，曹洞宗謂之正位。我們稱本體界為「空界」。禪師謂「威音那畔空劫以前」或簡稱「那邊事」。**水晶宮、光明殿、夜明簾外、一念不生纖塵不立。淨裸裸赤灑灑處皆謂涅槃**。涅槃本體生成首楞嚴大定定心。這個「理地」唯一作用在生成首楞嚴，並不直接生成萬法。而首楞嚴大定定心、佛性、金剛心、如來藏，**皆由經歷涅槃「子歸就父」與涅槃同質化後轉身退位而成就。與涅槃本質相同卻生成世界萬法，乃是眾生現象界的直接因宇宙本體**。禪師以「不入驚人浪，難得稱意魚」來形容涅槃與佛性的關係。涅槃與佛性是體用關係，也謂之「父子不離」。這是兩個本體之間的關係，比較難以理解。**曹洞宗「四賓主」以「主中主」表徵絕對本體。「主中賓」則表徵涅槃，「賓中主」表徵佛性**。涅槃佛性兩者「不道同只是無別」（萬松老人）。謂之父子關係，非一非異，可分可不分。精神性的世界乃是精神性的宇宙本體所生成。「萬法歸一」而「一有多種」。涅槃、佛性皆是人力所能造到的精神性存在。故此人能修證成佛契入宇宙本體以解脫生死進入永恆。涅槃與客觀存在的絕對本體同質。經由證入涅槃，禪者保持與涅槃同質，死後其定心即能夠契入絕對本體進入永恆。「正中有偏」、「露柱懷胎」、「**玉兔懷胎**」表明涅槃本體天然含蘊佛性本體，時節到來則佛性出世建立世界。

曹洞宗所謂「正雖正卻偏」含義很深。這個說法並非否定「正位」的存在，否則南泉普願禪師說「不居正位」即無意義。曹洞宗設立偏正五位卻沒有正面描述「正位」，而只是描述「正中偏」，這是因為人們只要對正位有所了悟，有所認識，「正位」即不是真正純粹的「涅槃正位」。何況還要用人類的語言文字來形容描述這個正位。換言之，真正的涅槃正位是無法認識無法描述的。「正位」指謂無漏滅盡定、無漏涅槃。這是對修證者具有意義的「宇宙本體」。筆者在前面闡釋宇宙發生學意義的涅槃本體，涅槃在**「人天地」出現前獨立於人而存在，那時的涅槃謂之「究竟涅槃」即絕對本體。就禪宗來說，絕對本體是不依賴人的存在而獨立存在的宇宙絕對本體。**「涅槃本體」與絕對本體同質。禪師以**「雪覆萬年松徑。夜半正明。雲遮一帶峰巒。天曉不露」**（丹霞子淳）來形容涅槃境界。從哲學維度說，當人們思考談論「正位」時，已經含蘊了人對正位的認識、感知與了悟。曹洞宗認為，人對於任何事物的認知都是虛幻不真的，遑論對於「涅槃本體」的認知。只要涉及人的思維、感知形成的概念必然不真故「偏」。「正位」只是「強名」。「正位」必然有「偏」，這是「正」即有「偏」的原理。

涅槃正位是無可言說的禪定境界，對禪宗而言，涅槃並非虛無縹緲的宇宙本體概念，更非臆想的結果。涅槃是人可以親證「造到」的禪定境界。涅槃正位**乃是虛位、學位，禪師不能留戀此境。南泉普願說：「不居正位」**，這意味正位只有君父之位而無常住之人，此境只是虛位以待。《從容錄》云，「王山法祖和尚云。既有尊貴之位。須明尊貴底人。須知尊貴底人。不處尊貴之位。方明尊貴。不落階級」。修**證者證入涅槃正位如同君王登基，卻不戴皇冠，不滯尊貴位，經過涅槃正位則子歸就父後轉身退位。定心到此定境進入「無漏滅盡定」。此即「子歸就父」。禪者要「鶴不停機」轉身退位證得首楞嚴佛性。**

「佛性」即首楞嚴大定的禪定意識，即大定的「定心」。定心對修證者來說作為宇宙本體演繹現象界。我們解說阿含類經典描述「定心」作為宇宙本體的功用。**佛性即是如來藏，我們稱為如來藏佛性或者**

佛性本體。作為宇宙本體的佛性僅對禪師「心內」顯現各種「法界」。菩薩「三界唯心萬法唯識」，現象界「唯心所造」。菩薩經過修習後進入理事無礙。「世法佛法打成一片」，菩薩的心內世界才能與「眾生世界」打成一片。禪宗基於禪定實踐，禪師清楚「涅槃本體」與「佛性本體」的差別。禪宗在禪定實證中「證入本體」而能「御樓前驗始知真」。「枯木生花始與他合」意謂證得佛性生成世界才能驗證以前是否真正進入涅槃與涅槃同質化。菩薩在「理事無礙法界」可以驗證佛性本體顯現萬法的功用。禪師云「佛真法身猶若虛空，應物現形如水中月」。這句話前面講涅槃本體如虛空，後面講佛性本體「應物現形」。**此句表明涅槃佛性合而成為「佛真法身」**，正偏兼帶才是菩薩高級境界。**所謂佛性是第一因的發生學意義的宇宙本體。「前釋迦後彌勒」的佛真法身才是實際的宇宙本體，即謂鏡體鏡面合作呈現萬法**。

禪師肉體遷化，其大定意識（佛性）自然不能存在，禪者死亡時，佛性定心與客觀的宇宙絕對本體契合為一。因此在兼中到一位，禪師首先進入涅槃正位，但是在此並不停留。宏智正覺禪師語錄說：「進云。**如何是兼中到**。**師云**。**寶殿無人不侍立**。**不種梧桐免鳳來**。進云。五位已蒙師指示。**向上還更有事也無**。**師云有**。進云。**如何是向上事**。**師云**。**乍可截舌**。**誰敢當頭**。」這就表示在涅槃以上，還有更高級的超越境界，**此即絕對本體境界**。

清淨涅槃是「本來無一物」的無漏滅盡定。證入此境不見一物，而此「定心」卻是精神性的存在。我們稱為精神性「實體」。**此「心體」可謂「真空不空」**。「真空」、真理指涅槃本體，涅槃生成佛性故謂「理體法身」，佛性是「用中法身」。涅槃絕非「頑空」或「斷滅空」。禪定意識必須經歷涅槃消融無明妄識，**脫胎換骨識陰盡進入正位而不居正位，不滯死水不坐寒岩，「鶴不停機」轉身退位證得佛性即首楞**

嚴大定。佛性出世建立世界。

曹洞宗的「正位」即指「清淨涅槃」。而佛性即是首楞嚴大定的禪定意識，我們稱為「定心」，這是佛教早期阿含類經典的名詞，用來形容「自性清淨心」。這即是「佛性」（《大涅槃經》）。佛性與清淨涅槃都是精神性的存在，兩者本質相同。佛性對於修證者個人而言具有宇宙本體的性質，可以在心內演繹首楞嚴大定諸法界。

《五位序》（丹霞子淳）云：

> 夫黑白未分。難為彼此。玄黃之後。方位自他。於是借黑權正。假白示偏。正不坐正。夜半虛明。偏不坐偏。天曉陰晦。全體即用。枯木花開。全用即體。芳叢不豔。摧殘兼帶。及盡玄微。玉鳳金鸞。分疏不下。是故威音那畔。休話如何。曲為今時。由人施設。略陳管見。以示方隅。冀諸同心。幸毋撫掌。

「全用即體。芳叢不豔」謂涅槃境界。「全體即用。枯木花開」謂佛性出世建立世界。「摧殘兼帶。及盡玄微。玉鳳金鸞。分疏不下」，此謂菩薩正偏兼帶境界，佛性與涅槃混居一身，兩者同質而難解難分。「凡聖分離正偏兼帶」是菩薩的高級階次。涅槃佛性即「前釋迦後彌勒」合體成為「佛真法身」。

十、正中偏（偏正五位）

曹洞宗「四賓主」以「主中主」比喻絕對本體，「主中賓」則形容涅槃，「賓中主」即指謂佛性。涅槃佛性兩者「不道同只是無別」（萬松老人）。兩者父子關係，離亦不離非一非異，可分可不分。精神性宇宙乃是精神性的宇宙本體所生成。「萬法歸一」而「一有多種」。涅槃、佛性皆是人力所能造到的精神性存在。故此人能修證成佛契入宇宙本體以解脫生死進入永恆。涅槃與客觀存在的絕對本體同質。經由證入涅槃，禪者保持與涅槃同質，死後其定心即能夠契入絕對本體進入永恆。這是禪宗成佛解脫生死的終極旨歸。

涅槃正位是生成佛性的「本體」，人無法徹底了解，更無法以語言文字描述「正位」。因此勉強以「正位」來形容，「須知正位無言說」。人出現後究竟涅槃可以禪定意識的形式存在，即謂涅槃本體（清淨涅槃）。修證中涅槃本體漸漸對人彰顯。人在禪定中對涅槃本體有所體悟。涅槃正位無始以來孕育佛性。禪師所謂「露柱懷胎」即謂此義。故謂「正中有偏」，定心經歷涅槃轉身退位證得首楞嚴謂之佛性出世。佛性即是呈現萬法的第一因宇宙本體，佛性出世意謂生成、呈現現象界，現象也就是人對於世界的知覺了解。人通過現象而達到對宇宙本體的了悟。這即是即妄明真，即偏明正。離開萬法的現象，我們無法探究萬法背後的本體。偏正互相依倚，各自以對方的存在為自己存在的條件。曹洞宗謂之「回互」即辯證的不二中道法門。

清淨涅槃的功用在於生成佛性。這意味禪定意識證入涅槃定境與涅槃「子歸就父」與清淨涅槃同質化。然後轉身退位證得佛性（首楞嚴）。這即是「見性成佛」，成佛即意味「證入本體」。而首楞嚴佛性就是直接因的宇宙本體，這裡我們引用曹洞宗祖師宏智正覺的話。

宏智正覺云：

環中協照。消息平沉。方外獨存。幽靈絕待。綿密不漏。寬廓無隅。清虛一亘而理絕名言。圓滿十成也道無稜角。諸禪德。個是諸佛涅槃之宅。眾生安葬之基。一切諸法。自此發生。**一切幻緣。從此滅盡。吾家一片田地。清曠瑩明。歷歷自照。虛無緣而靈。寂無思而覺。**乃佛祖出沒化現。誕生涅槃之本處也。**妙哉人人有之。**而不能磨礱明淨。昏昏不覺。為癡覆慧而流也。一念照得破。則超出塵劫。光明清白。三際不得轉變。四相不得流化。孤耀湛存。亙古今混同異。為一切造化之母。

九重尊貴位中人。燦燦星圖拱北辰。活計四時調玉燭。家風萬世運金輪。區分群象布淳化。囊括二儀懷至仁。算數不能窮壽量。南山蒼翠鎮長春。

宏智正覺禪師表明法身佛即是宇宙本體，宏智正覺說：「**一切諸法。自此發生。一切幻緣。從此滅盡**」。他指出「**為一切造化之母**」、「**囊括二儀懷至仁**」，這裡宏智正覺禪師將清淨涅槃比作太極。他只是借用這個概念而已。禪宗可以「實證涅槃」。這與儒道兩家根本不同。涅槃是「人人能夠證到」的精神性存在，乃是「無漏滅盡定」的禪定意識。涅槃雖然是虛位，「真空不空」則定心或隱或彰而已。

首楞嚴大定定心經歷涅槃「子歸就父」與涅槃同質化後轉身退位而成就，故云「父子」。佛性是眾生現象界的直接因的宇宙本體。禪師常以「不入驚人浪，難得稱意魚」來形容涅槃生成佛性。涅槃與佛性是體用關係，謂之「父子不離」。涅槃佛性，離亦不離非一非異，可分可不分。涅槃、佛性是人力所能造到的精神性存在。故此人能修證成佛契入宇宙本體以解脱生死進入永恆。曹洞宗「偏正五位」描述修證者從「正中偏」開始的證悟過程。

「正位」指無餘涅槃，「偏位」即現象界以及人對事物的認知依賴阿賴耶識為主的無明。曹洞宗説「正雖正卻偏」。禪師一切理論、一切法語、一切講道都是「偏」，都是「不了義」。本書也是不了義。

《五位頌》曹洞宗偏正五位（洞山良价語錄）：

正中偏。三更初夜月明前。莫怪相逢不相識。隱隱猶懷舊日嫌。

《洞山五位頌注》（鼓山元賢解釋）：

正中偏。三更初夜月明前。莫怪相逢不相識。隱隱猶懷舊日嫌。正中偏。就初悟此理時立。理。是正。悟。是偏。三更初夜。黑而不明。表理也。**然以月明前顯其黑。是黑顯時。中便有明。亦猶理必由悟而顯**。理顯時。中便有悟也。有理可見。則是悟跡不除。理尚非真。故雖相逢而不相識。猶不免有舊日之嫌。此位師家多作體中發用釋者非是。**以洞山意。是正中便有偏。非正後起偏也**。詳洞曹二頌可辨。

為霖道霈云：

正中偏。約初悟時立。理是正。悟是偏。故有莫怪相逢不相識。隱隱猶懷舊日嫌之語也。

禪師表明「理是正。悟是偏」。「理」在禪宗即是「宇宙本體」之義。儘管「正位」難以描述，人卻可以經過禪修對於「理地」有所認識。人的認識或了悟必然有偏。須知正中有偏天使其然。正位含蘊偏位，涅槃含蘊佛性。形容「正中有偏」例如蚌含明月、玉兔懷胎、露柱懷胎。「正則龍銜異寶」（真歇清了）。陰中有陽，陽中有陰。這是禪者在禪定境界實證的體驗。正中偏境界使得禪者對涅槃正位有所認識。「莫怪相逢不相識」，表明初步知有。「三更初夜月明前」的三更，初夜是黑比喻正位，月明是白比喻悟境。正偏互相依存，寂寂黑夜卻有一線月明，此喻「正中有偏」。石頭祖師《參同契》云：「當明中有暗，勿以暗相遇。當暗中有明，勿以明相睹。明暗各相對，比如前後步。」正偏是相互矛盾對立也相互依倚的「冤家」。此是丹霞子淳「正不坐正。夜半虛明」境界。「月明前」不是「黑」而是「夜半虛明」，意謂正中有偏。大明寶頌「正中偏」謂「月鎖深宮午夜前。燭香人靜丹墀冷。一片虛明照碧天」，為霖道霈頌「萬法渾融銀碗裡。一真獨露月明前」。這些皆表明禪者初悟涅槃本體。

林泉老人《空谷集》（曹山出世）云：

師云。洞山道。正中偏。三更初夜月明前。莫怪相逢不相識。隱隱猶懷舊日嫌。此明空劫以前威音之際。玉兔懷胎。深隱紫微。萬壑千岩。俱無影像。皆正位中事也。惟騰騰瑞氣藹藹祥煙。碧梧高聳丹鳳獨棲。瞻之不及窺之莫得。恰如佛未出世時。無法可說。無生可度。實

際理地不受一塵。曙色未分人皆仰望。

林泉老人對「正位」的描述是曹洞宗禪師常常使用的。林泉老人對「正中偏」的解釋非常精確，不愧曹洞宗巨匠。林泉老人首先描述「正位」的情形，當然「正位」只能以文學化語言進行「比喻」。人對涅槃有所了悟，即正中偏。世界上的一切現象，以及人對現象的知覺感悟，包括人對「本體」的理解了悟，皆屬「偏」。「正位」是不可見不可聞不可了悟的，人對「清淨涅槃」的「初悟」屬於「正中偏」的境界。按照曹洞宗禪師的解釋，「正雖正卻偏」並非否定「正位」的存在，而是表明只要「正位」被人所認識，能夠以語言來表達形容就必然成為「正中偏」。涅槃正位是無法被人所認識所表述的境界。禪師一旦進入「涅槃正位」，就如禪師所形容：「暫時不在如同死人」，就是說禪師完全處於「無知無覺」的狀態。而只要人能夠表述出來的境界，必然是「正中偏」。「正不坐正。夜半虛明」表示在黑暗中隱約有一線光明，這一線光明表徵「陰中有陽」，表明正位孕育「偏位」。而人的「了悟」就是人對於「涅槃本體」的認識與體悟。從涅槃本體角度來說，也意味涅槃本體在「定境」裡漸漸顯露，向人顯露涅槃的「存在」。

曹洞宗「正中偏」所指「初悟佛理」，並非凡夫對「佛」的信仰尊崇、燒香拜佛等，而指禪定境界對涅槃本體的「知有」。「初悟」還不是「知有」。鼓山元賢說：「最初知有底人。於尊貴一路。只在影像之間。直須一色消盡。方能親證」。**偏中正即是最初知有底人。**

鼓山元賢所說，初步知有，還是「影像之間」。偏中正即是初步知有。涅槃初步顯現，修證者雖然初

悟涅槃，修證者距離「涅槃正位」的定境尚很遙遠，未到法身。「直須一色消盡。方能親證」，進入涅槃境界才算「知有」。

《寶鏡三昧》鼓山元賢云：

夜半正明。天曉不露。謂之正。則兼偏。不可言正也。謂之偏。則兼正。不可言偏也。不欲犯中。故如此明之。洞上之機貴回互。其源實出於此。

夜半正明，即謂正中有偏，天曉不露，即謂偏中有正。

「無盡燈」云：

昔洞山和尚且設五位開示宗要。正位空也。偏位假也……今此五位法者。為使見性者隨究深意而成大眼目大法王質設之。豈其平常法哉。茲所謂空假真性異名也。自性本體廓然清淨無物可名。強名謂空。自性體中隨差別法無物不現。強名謂假。正中偏者見性端的。雖已見徹勢分微故。於差別法尚未了了分明。如彼鏡體有餘垢而物未審細。又似月下讀書字性尚不分明。是故頌曰。正中偏。三更初夜月明前。莫怪相逢不相知。隱隱尚懷舊日嫌。是為雖見真性理未明瞭。畢竟不出舊時無明之域。

「正中偏者見性端的」，「又似月下讀書字性尚不分明」，恍惚見性而已。

鼓山元賢以「初悟此理」形容正中偏。謂「初悟正位」，人對「正位」無法完全了悟，只能「以偏概全」盲人摸象。即「就偏明正」。若以「本體」（「理」）來理解正位，那麼一切事相皆是「偏」。涅槃正位無形無相，我們只能通過「現象」認知「本體」。正中偏一位，表明修證者對涅槃已有「了悟」而尚未證入。有「悟」而無「證」。「初悟」云云，需要對照詩偈才能理解。這裡要指出，「初悟」即「初步知有」，我們以後再解釋。鼓山元賢的弟子為霖道霈頌「正中偏」：

> 自從屋破見青天。曠劫朦朧事曉然。萬法渾融銀碗裡。一真獨露月明前。形山有寶何曾秘。大地無塵不用捐。理量未消成見刺。依稀雲霧尚纏綿。

為霖道霈此頌語義明白。「自從屋破見青天」形容妄識有所消融。「曠劫朦朧事」關係人的「生死解脫」，關係「我們從何處來，我們向何處去」。佛教認為人處於無盡的六道輪迴苦海之中。人要解脫生死輪迴，這是禪宗的終極關懷。此頌表明「曠劫朦朧事」已經初悟。「萬法歸一」之「理」即「一真獨露月明前」，表示涅槃本體在定境中若隱若現。雖然「依稀雲霧尚纏綿」，「理量未消成見刺」。此時無明妄識尚未泯除，即謂「畢竟不出舊時無明之域」。雖然「初悟」尚未透徹。「莫怪相逢不相識。隱隱猶懷舊日嫌」形容無明與佛性的關係。人都有佛性，皆有「自我意識」即根本無明，兩者能互相轉換。

鼓山元賢禪師表明「理是正。悟是偏」。「理」在禪宗即是「宇宙本體」之義。人可以經過禪修對於「理」有所認識。人的認識必然有偏。故知正中有偏，正中偏境界禪者對涅槃正位有所認識，已經初步知有。「三更初夜月明前」的三更、初夜是黑，比喻正位，月明是白，比喻悟境。正偏互相依存，丹霞子淳云「**正不坐正。夜半虛明**」，**表明禪者恍惚中初悟「萬法歸一」的涅槃本體。人能夠感知表述的境界，必然是「正中偏」**。

「知有」是偏中正，指在禪定境界的「知有」。鼓山元賢禪師說：「最初知有底人。於尊貴一路。只在影像之間。直須一色消盡。方能親證」。曹洞宗認為，「知有」乃是修證者的「開端」，所謂「頭」。九峰道虔禪師「曰如何是知有。峰曰。天明不覺曉」。意謂偏中有正，混沌初分半明半暗。為霖道霈《四今時著語並頌》云：「洞宗以知有為頭。以盡卻今時為尾。」「知有」即悟達涅槃本體存在。

鼓山元賢（《廣錄》）云：

問。如何是**正中偏**。**師云**。**古鏡自含光**。進云。**如何是偏中正**。**師云**。**雪覆崑崙頂**。進云。如何是正中來。師云。不向死水蟠。進云。如何是兼中至。師云。縱橫無忌諱。進云。如何是兼中到。師云。古殿積煙雲。

古鏡自含光，**意謂正必含偏**，**古鏡喻正位**，**此與蚌含明月、露珠懷胎意同**。正必含偏，天使其然。另外凡夫（非菩薩）的「悟」必然有阿賴耶識之參與。對正位的認知必然有偏。

投子義青頌（並序）：

夫長天一色。星月何分。大地無偏。枯榮自異。是以法無異法。何迷悟而可及。心不自心。假言象而提唱。其言也。偏圓正到。兼帶協通。其法也。不落是非。豈關萬象。幽旨既融於水月。宗源派混於金河。不墮虛凝。回途復妙。

正中偏。星河橫轉月明前。彩氣夜交天未曉。隱隱俱彰暗裡圓。
偏中正。夜半月明羞自影。朦朦霧色辨何分。混然不落秦時鏡。
正中來。火裡金雞坐鳳台。玄路倚天通陌上。披雲鳥道入塵埃【出塵埃？】。
兼中至。雪刃籠身不迴避。天然猛將兩不傷。暗裡全施善周備。
兼中到。解走之人不觸道。一般拈掇與君殊。不落是非方是妙。

投子義青頌涅槃本體「隱隱俱彰暗裡圓」，此謂「正偏俱彰」，形跡漸露。

自得慧暉云：

正中偏。混沌初分半夜天。轉側木人驚夢破。雪蘆滿眼不成眠。
偏中正。寶月團團金殿冷。當明不犯暗抽身。回眸影轉西山頂。
正中來。帝命旁分展化才。杲日初升沙界靜。靈然曾不帶纖埃。
兼中至。長安大道閒遊戲。處處無私空合空。法法同歸水投水。
兼中到。白雲斷處家山妙。撲碎驪龍明月珠。崑崙入海無消耗。

混沌初分半夜天謂半明半暗。「轉側木人驚夢破」謂涅槃本體被人的覺悟打動而夢破。「星前人臥千峰室」，**涅槃本體睡意猶濃，不由人的探尋而真身初露。**

克符道者（以下諸師所頌見《禪林類聚》）云：

正中偏。半夜澄潭月正圓。文殊匣裡青蛇吼。驚得毗盧出故園。
偏中正。演若玉容迷古鏡。可笑騎牛更覓牛。寂然不動毗盧印。
正中來。鳳竹龍絲坐釣台。高僧不觸當今諱。藏卻花冠笑一回。
兼中至。鼇怒龍奔九江沸。張騫尋得孟津源。推倒崑崙絕依倚。
兼中到。龍旗排出御街早。略開仙仗鳳樓前。尋常卻諱當今號。

毗盧比喻清淨涅槃，與木人、玉人的比喻相同。涅槃作為「那畔」自在存在，被人驚動而現身。「青蛇吼」不妨說人的「覺性」，「驚得毗盧出故園」謂涅槃本體之彰顯。**人的覺性不懈追索，於是人與涅槃有了關係。曹洞宗「正中偏」指「初悟此理」，「理」指涅槃本體。這是修證者經過禪定修習後消融部分無明（自我意識）之後（屋破見青天）。**初悟時黑中有白，「一真獨露月明前」。**雖然不能造到涅槃正位，眼前影像已昭然。此時修證者只是「水中撈月」**。半夜澄潭月正圓。須知「萬古碧潭空界月，再三撈攎始得之」。禪者離涅槃正位次第還遠，需要努力。

宏智正覺云：

正中偏。霽碧星河冷浸天。夜半木童敲月戶。暗中驚破玉人眠。

【按】夜半木童敲月戶，比喻修證者「覺性」來敲「涅槃」的門戶。「玉人」夢破初露身影。玉人喻

涅槃本體，木童比喻禪者的「覺性」，如此了悟「正位」。「玉人」被人的覺性「驚破幽夢」，涅槃漸漸向人顯現其「存在」。涅槃正位作為宇宙本體，不管人們是否探尋，「他就在那裡」。涅槃如如不動，不會主動顯露自己。人要經歷禪定修證來「證悟」，故謂「暗中驚破玉人眠」。

禪師修習禪定，要經歷很多禪定階次，漸漸深入才能最終進入「無漏滅盡定」，出離三界「四禪八定」，禪者在定境中體悟「涅槃本體」之存在。涅槃本體也漸次向人彰顯。初始只在朦朧之間恍惚潛彰。此時不能「造到其間」。但是確實「知有」。初悟涅槃，即謂「正中偏」。

涅槃稱為「佛未出世」。禪師在禪定境界初悟涅槃本體，可謂「曙光微露」。曹洞宗以黑色象徵正位，佛未出世如同拂曉前黑夜漫漫，「正位」無人可見。涅槃正位在修證者初悟時將隱將顯，隱約中如同「天色欲曉」，禪師頌「正中偏」時常以「月色」、「燈光」或者「微茫曉色」來表徵「初悟」。以此象徵修證者在禪定境界中智慧萌動的情形。對修證者而言，「夜半虛明」、「一真獨露」。「混沌初分」、「玉人」夢醒尚在朦朧。「木人驚夢破」，「暗中驚破玉人眠」，形容涅槃作為自在存在，在人的覺悟下漸漸顯現，這是「正中偏」的意蘊。

鼓山元賢解釋：「正中偏。就初悟此理時立。理。是正。悟。是偏」，這裡的「理」指清淨涅槃，「悟」指人的認知了悟。「正位本來無言説」。人的言説即人的認知體悟必然有偏。因為人的一切見解言説都與阿賴耶識相關。禪宗主張「不立文字」。鼓山元賢以「悟」來解説「偏」。從這個角度來説，一切事物即現象因人的阿賴耶識所產生，故屬於「偏」。簡單講，「正位」即是清淨涅槃，「偏位」指佛性、阿賴耶識顯現的現象界。人對一切事物的認知皆與阿賴耶識相關。佛性與無明是一對冤家卻能互相轉化，

「無明實性即佛性」，兩者是辯證關係。曹洞宗「偏正五位」所描述的即是成佛的過程。曹洞宗說「正雖正卻偏」也是講辯證關係。我們以「正位」稱謂涅槃本體，這本身已經含有「人的偏見」。究竟涅槃在「人天地」出現前作為絕對本體存在。人出現後，人的覺性要在禪定中「體悟」涅槃。「無人無佛前」的究竟涅槃在人出現後漸漸彰顯。這樣涅槃本體與人有了關係。最終人能夠證入「涅槃正位」，清淨涅槃作為人的禪定意識存在。涅槃即具有主觀性。曹洞宗為了救度眾生勉強以「偏正五位」來講解成佛次第。

萬松老人云：

教中有性修二門。洞上名借功明位。大抵因修而悟從凡入聖。白衣庶民直拜塚宰。若先悟後修。從聖入凡。積代簪纓本來尊貴。雖飄零萬狀骨骼猶存。

漸修可以白衣拜相，白衣拜相指因修而悟者。人人具有佛性本來尊貴。人有本覺之性。在人追求覺悟下，涅槃初步顯露，「積代簪纓者。休言落魄時」，形容眾生具有佛性，一旦開悟，始知本來尊貴。初悟與初步知有不同。鼓山元賢說：「作麼生是知有底事。好向黑白未分前看取。」

普賢善秀禪師云：

正中偏，龍吟初夜後，虎嘯五更前。

【按】龍吟表明涅槃本體對人有所顯現，「金雞須唱五更前」、「虎嘯五更前」等形容「佛性出世」。宏智正覺頌云：「雲散長空後。虛堂夜月明」。曹洞宗祖師以「月明」來比喻修證者的「悟境」。

雖然三更初夜，卻「虛堂夜月明」。這表示修證者對涅槃本體已有相當覺悟。此頌催促學人「**虎嘯五更前**」。

大死翁云：

黑漆老婆被白練。

鼓山元賢云：

黑漆崑崙空裡眠。雖是不曾親切得。眼前影像卻昭然。

【按】黑漆崑崙、黑漆老婆喻涅槃本體，黑白初分，「正位」影像昭然於朦朧之中。初步知有，未能證入，「不曾親切得」。

草堂善清云：

正中偏。丫角崑崙空裡眠。石女機梭聲軋軋。木人舞袖出庭前。

【按】木人、玉人、丫角崑崙、黑漆崑崙比喻涅槃正位「空裡眠」。禪者運用禪定之功，在大定定境中涅槃本體漸漸顯露，對人而言，乃初悟。「石女機梭聲軋軋」謂禪定之功，「木人舞袖出庭前」，涅槃本體對人漸漸彰顯。「丫角崑崙」比喻涅槃本體無生無滅，永恆年輕。

正中偏形容禪者初悟涅槃本體存在。禪師修習禪定，要經歷很多禪定階次，漸漸深入才能證入「無漏涅槃」。在禪定的低級境界，涅槃本體尚未顯露。禪師在禪定境界初悟涅槃本體，卻是「曙光微露」的境界。曹洞宗以黑色象徵正位，「正中偏」如同拂曉前黑夜漫漫，「涅槃」虛明恍惚。涅槃本體在修證者初悟時將隱將顯，隱約中卻是**「夜半虛明」**，禪師頌唱**「正中偏」**時常以**「月色」**、**「燈光」或者「微茫曉色」來表徵「初悟」。以此象徵修證者在禪定境界中涅槃本體剛剛顯身。這即是「正中偏」**。禪師們大都以黑暗中存在一線光明象徵「初悟涅槃」。丹霞子淳禪師頌云「夜半虛明」。

玉兔懷胎，正中有偏。**宇宙本體自然地含蘊生成萬法的緣由。從哲理來講，涅槃正位「法爾如是」地含蘊「佛性之胎」。沒有「天地人」卻有涅槃本體（究竟涅槃）之存在。人出現涅槃本體必然生成佛性，佛性生成山河大地。無人則無偏無正，無有涅槃俗世。故謂世界對人存在。無偏何以顯正？正又何來？人類由現象追究「本體」，而真正理地卻無人無佛無現象，無觀察者也無觀察對象。**「正雖正卻偏」，表明只要「正位」被人所認識，能夠以語言來表達，就必然成為「正中偏」。因為涅槃正位的本來面目無法被人所認識無法表述的境界。曹洞宗以「空劫以前威音之際」為「正」，即涅槃本體境界。所謂「佛未出世」，禪師在「進入正位」後，卻不能「坐在白雲深處」，「長安雖樂，不是久居」（萬松老人語），大乘菩薩必須「夜明簾外轉身」。佛性出世在人間普度眾生，正是《楞嚴經》「如來逆流」。

曹洞宗禪師以「石馬」來形容大定意識。**「無端石馬潭中過（切忌拖泥帶水）。驚起泥龍泛海潮（一任隨波逐浪）。」**泥龍比喻阿賴耶識，「海潮」比喻現象界。「石馬潭中過」即表示定心經歷「涅槃正位」，泯滅一切妄識（不能拖泥帶水）。轉身退位佛性出世建立現象界。長沙景岑禪師說「轉自己歸山河大地去」即此謂也。「轉自己歸山河大地」，禪師「不居正位」，還要在人間行菩薩業。「長安雖好不是久居」，曹洞宗禪師說：「**手指空時天地轉，回途石馬出紗籠**」，意謂定心轉身退位佛性出世。成佛禪師回到人間，菩薩「十字街頭灰頭土面」教化眾生，大定定心「不居中間與兩頭」而「金針往復來」。

曹洞宗以「空劫以前威音那畔」為「正」，即涅槃本體境界。所謂「佛未出世」，「**正不坐正**。**夜半虛明**。**偏不坐偏**。**天曉陰晦**」，「夜半虛明」表示在黑暗中隱約有虛弱光明，這一線光明表徵人的「覺悟」，也就是人對於「涅槃本體」的認識與體悟。萬松老人在《從容錄》裡解釋正中偏：「亦猶理必由悟而顯。理顯時中便有悟也。有理可見。則是悟跡不除。理尚非真」。

曹洞宗設立偏正五位卻沒有正面描述「正位」，而只是描述「正中偏」，這是因為人們只要對正位有所了悟，有所認識，「正位」即不是真正的「涅槃正位」。涅槃正位是無法認識無法描述的。曹洞宗故云「正雖正卻偏」。曹洞宗無法直接闡釋涅槃正位。「正位」如同「祖宗靈位」，禪者進入正位必須「鶴不停機」地「飛渡寒煙」而不能滯留「正位」，到此立刻轉身退位證得首楞嚴佛性。如果滯留涅槃則「死水淹殺」落在法身邊。

十一、偏中正（偏正五位）

鼓山元賢（《洞上古轍》）云：

偏中正。失曉老婆逢古鏡。分明覿面別無真。休更迷頭猶認影。

偏中正。就見道後用功時立。功勳。偏也。所奉之理。正也。**失曉老婆。表正中之偏。古鏡不明。表偏中之正。**此位由奉重之力。所見更親於前。**但未能親造此理。則所認亦只在影像之間。故曰迷頭認影。**此位師家多作轉用歸體釋者非是。以洞山意。是偏中便有正。非偏後歸正也。

鼓山元賢的評語尚須闡釋。曹洞宗偏正五位之「偏中正」屬於雲門文偃所說「法身兩病」之一。乃是正眼未明，「且一切處不明，面前有物是一者。洞山道。分明覿面別無真。爭奈迷頭還認影」（《從容錄》雲門兩病），即形容正眼未明的情形。「偏中正」超越「正中偏」。**「初步知有」故謂「見道」**。「失曉老婆」形容老婆起遲睡眼朦朧的境界。**「失曉老婆」**自然「一切處不明」，恍恍惚惚「面前有物」。此謂「**光不透脫**」。「古鏡」喻「涅槃」，朦朧恍惚之中「瞥見」涅槃，雖然已逢「涅槃」（古鏡）卻「不識古鏡」（涅槃）。雖見「古鏡」卻不能確認。迷頭認影到處尋覓，此謂「騎驢覓驢」。「**分明覿面別無真，休更迷頭猶認影**。」已與「涅槃」相逢故謂「**分明覿面**」，禪者到此不要猶豫。要明白「古鏡」即是涅槃，雖在「影像之間」別無「真理」。修證者不要迷頭認影。前面還有兩重玄關。到此要

「小死一回絕後復蘇」，證入正中來之涅槃前一色，後證入有漏涅槃，脫胎換骨命根斷證入涅槃正位，轉身退位證得佛性。洞山良价藉此教化學人，證入偏中正時遇到「古鏡」，應知這是「正路」，若「含元殿裡問長安」、「騎驢覓驢」則無有終日。

禪師頌此境界，重點在於恍惚之中「**逢古鏡**」（涅槃）。「不識廬山真面目，只緣身在此山中」。修證者「**逢古鏡**」而不識，蓋因「正眼未明」。洞山良价在此教示學人不要像演若多迷頭認影。已逢古鏡，雖然尚未「**親造此理**」，然而距離「實際理地」不遠。雖處偏位，若能小死一回絕後復蘇，則向上證入「涅槃前一色」，即到「正中來」的初級次第。

偏中正超越三界。按照「法身兩病」公案屬於「法身境界」，卻未到「涅槃境界」。出離三界進入「偏中正」，由此小死一回絕後復蘇進入威音那畔的「正中來」，修證者需要極大勇氣縱身一躍，曹洞宗「偏中正」境界想陰未盡，命根未斷。「一切處不明，面前隱隱地有物」。**克符道者**「偏中正。演若玉容迷古鏡。可笑騎牛更覓牛。寂然不動毗盧印」，表明修證者雖瞥見法身卻不識法身。

偏中正，面前隱隱有物。所謂骷髏前見鬼。尚須小死一回絕後復蘇進入「正中來」即法身境界。禪者證入「偏中正」（見前所述）尚未進入法身本體界。超越「偏中正」向上進入「涅槃前一色」。由此小死一回絕後復蘇證入有漏涅槃，然後脫胎換骨證入「涅槃正位」。

為霖道霈云：

偏中正。約轉功就位時立。偏是功。位是正。故云分明覿面別無真。休更迷頭猶認影。亟策其攝偏歸正。盡力推爺向裡頭也。

為霖道霈解釋「偏中正」，謂「約轉功就位時立」，從三界出離也要懸崖撒手，運大功才到此境。「失曉老婆」比喻「迷頭認影」的朦朧未醒境界。值得注意的是「**分明覿面別無真**」，表明已經「知有」且與涅槃在隱約中「**覿面**」，此即涅槃真心，學人不要糊塗顢頇，要認清正路，「**攝偏歸正**」而且「**盡力推爺向裡頭也**」。也就是用功「全身入理」。曹洞宗所謂「內紹」，目的在於「子全身合父」。

《宗鏡錄》永明延壽云：

> 佛言。善男子。汝云何能調伏心也。汝今所得楞嚴九次第定。猶名為想。涅槃無想。汝云何言獲得涅槃。善男子。汝已先能訶責想。今者云何愛著細想。不知訶責如是楞嚴九次第定處。故名為想。如癰如瘡如毒如箭。善男子。汝師鬱頭藍弗利根聰明。尚不能斷。如是楞嚴九次第定處。受於惡身。況其餘者。

偏中正「想陰未盡」，修證者以為證入楞嚴九次第定即入涅槃，被世尊苛責。

癡絕道沖云：

> 雲門道。光不透脫。有兩般病。**一切處不明。面前有物**。是一。衲僧家。開眼見明。合眼見暗。要行便行。要坐便坐。**有什麼不明。山河大地。明暗色空。本來無一絲毫許。喚什麼作物。設使外不見有山河大地。內不見有見聞覺知。不見之相。蘊在胸中。如仇同處**。故知。透得一切法空。隱隱地。似有個物。亦是光不透脫。法身亦有兩般病。得到法身。為法執不忘。己見猶存。坐在法身邊。是一。**直饒透得法身。放過即不可。點檢將來。有甚氣息。亦**

是病。兄弟饒你礙膺之物。脱然爆落。山河大地。不礙眼光。見聞覺知。了無拘繫。三界二十五有。八萬四千塵勞。一時解脫。盡乾坤大地。是個真實人體。一坐坐在這裡。執以為是。**謂之法執不忘。己見猶存。坐在法身邊。亦是病。**更向這裡。不捨前功。**翻身一擲。抹過太虛。**

偏中正，一切處不明，面前隱隱有物。朦朧之中「覿面」涅槃卻迷頭認影。「**白雲覆青山。青山頂不露**」，禪師頌偈以此為「主題」，毗盧印、鏡、青山比喻涅槃本體。「覿面」而不識，謂之「騎驢覓驢」只因「不識驢」。

投子義青云：

夜半月明羞自影。朦朦霧色辨何分。混然不落秦時鏡。

失曉老婆逢古鏡卻羞於照古鏡。朦朦霧色迷頭認影，「**不落秦時鏡**」**喻未能證入涅槃境界**。

克符道者云：

偏中正。演若玉容迷古鏡。可笑騎牛更覓牛。寂然不動毗盧印。

演若多迷古鏡，遇到古鏡迷頭認影卻不識，比喻不識法身，騎牛更覓牛。

毗盧印比喻涅槃正位，此謂「含元殿裡問長安」，到此正眼未開不識長安。

為霖道霈《洞山五位頌》云：

偏中正【一切處不明，面前有物，迷頭認影】：
深宮默默體無為。奉順須教勿暫離。一念不生冥本妙。絲毫才動落今時。聲前裸裸勤擔荷。
法上空空謹護持。未轉大功成誕子。依然出入涉離微。

「一念不生冥本妙」即「遇古鏡」，朦朧之間「逢古鏡」，可惜「青山頂不露」，尚且不能「造到」涅槃。若不能保持「一念不生」而有「動落今時」之妄識。「聲前裸裸勤擔荷。法上空空謹護持」表明運行大功。「未轉大功成誕子」，謂尚未轉功就位證入有漏涅槃。此境非「誕生王子」。「出入涉離微」則未能「出微入離」。偏中正未到涅槃境界，若超越此境即「正中來」也。

如何是偏中正？《人天眼目》云：

普賢秀云。輕煙籠皎月。薄霧鎖寒岩。宏智覺云。白髮老婆羞看鏡。大死翁云。白頭翁子著皂衫。自得暉云。白雲籠嶽頂。終不露崔嵬。

禪師形容「一切處不明」。輕煙籠皎月、薄霧鎖寒岩、羞看鏡、白頭翁子著皂衫、白雲籠嶽頂、終不露崔嵬，皆謂逢見「涅槃」卻不識。涅槃本體只在恍惚朦朧之間。「月」、「鏡」、「皂衫」、「嶽頂」比喻「涅槃正位」。「白雲覆青山，青山頂不露」形容偏中正，此是偏中正的境界。禪師頌偈大都如此。

十一、偏中正（偏正五位）

草堂善清云：

偏中正。澄潭印出桂輪影。人人盡向影中圓。影滅潭枯誰解省。

禪者迷戀水中之月而不識天邊月。「影滅潭枯誰解省」，謂不識涅槃真身。迷頭認影不識古鏡。澄潭印出桂輪影，雖然不識天上月，卻初識月影，學人不要迷頭認影以為「水中月」即涅槃真身。「迷頭認影」將「月影」當作「明月」。

宏智正覺云：

偏中正。海雲依約神仙頂。婦人鬢髮白垂絲。羞對秦台寒照影。

「神仙頂」比喻涅槃，朦朧可見卻無法親造，「羞對秦台寒照影」。

王山體云：

偏中正。玉人不睹臨台鏡。子夜星河霧氣濃。依舊青山不露頂。

普賢善秀云：

偏中正，師曰。輕煙籠皓月，薄霧鎖寒岩。

以上頌偈皆謂「白雲覆青山。青山頂不露」。此義甚明。

十二、正中來（偏正五位）

《洞山五位頌注》（鼓山元賢解釋）（《洞上古轍》）云：

正中來。無中有路隔塵埃。但能不觸當今諱。也勝前朝斷舌才。正中來一位。即是得法身。亦即是正位。**前半分。是轉功就位。後半分。是轉位就功。**中間。即尊貴位也。無中。正位也。有路。來偏也。隔塵埃者。以其內方轉身。**尚未入俗。與塵埃隔也。有作出塵埃者非是。以出字之義。是入塵而後出也。此尊貴位不可犯。犯即屬染污。**須善回互。能回互。則從旁敲顯。有語中無語。無語中有語。故勝斷舌才。據曹洞宗旨中載云。隋時有辨士。名李知章。每有辨論。眾皆結舌。故人號之為斷舌才。此位。後人頌者。多用披毛戴角。入廛垂手等語。皆非。惟曹山頌云。**未離兜率界。烏雞雪上行。**深得洞上之旨。後有古德。**分此一位為小五位者。最為精密。天童覺有四轉靈機。**亦是明此。學者不可不知。

「正中來」即謂「法身境界」，有三個次第：涅槃前一色、有漏涅槃與清淨涅槃。筆者稱「內守幽閒」、「真常流注」的次第為「涅槃前一色」以區別於「正位前一色」（《十玄談》）。此境屬於法身。筆者稱有漏涅槃與無漏涅槃為「涅槃境界」。宏智正覺「三一色」的「正位一色」指進入正位沉空滯寂之有漏涅槃。

正中來最後次第即佛性出世建立世界，由正入偏後定心在這邊那畔金針往復。「木人夜半穿靴去。石女天明戴帽歸」，指定心在涅槃與佛性之間往復來去。菩薩（定心）入世則貌似凡人穿衣戴帽入廛垂手，石女比喻返回涅槃。木人石女比喻大定定心。菩薩外表是人，實際「換了主人公」。菩薩已經轉識成智。泯滅自我意識後佛性成為菩薩「主人公」，故云「今人非昔人」。

「未離兜率界。烏雞雪上行」，彌勒在兜率界，指證入首楞嚴大定。烏雞雪上行指由正出偏，已證得佛性。佛性出世建立世界。進一步菩薩進入凡聖分離正偏兼帶境界。「烏雞雪上行」可謂正偏兼帶。

禪師常說的「一色」分「涅槃前一色」（內守幽閒）與「正位前一色」（有漏涅槃）。宏智正覺「三一色」有「正位一色」。注意區分三種「一色」。修證者進入涅槃，留戀涅槃安樂而不懂轉身退位滯在寒岩死水，即「正位一色」。

「正中來一位有三。前半則轉功而猶未就位。只是一色境界。次則一色已消。歸於正位。尊貴之極。毋容觸犯。」此處一色泛指有漏境界。

「涅槃前一色」即正中來的初始次第，處於「內守幽閒」、「真常流注」境界而非有漏涅槃。由此小死一回絕後復蘇進入有漏涅槃。從有漏涅槃脫胎換骨與無漏涅槃同質化。證入涅槃正位而不居正位。「前半轉功未就位」指未就涅槃正位。《十玄談》的「正位前一色」指未入正位而處於有漏涅槃。盤山寶積謂「心月孤圓光吞萬象」、「清光照眼似迷家」、「雪屋人迷一色功」。「雪屋」、「銀籠」色白，形容有漏涅槃。到此脫胎換骨，「百尺竿頭須進步」，從有漏涅槃進入正位轉身退位證得首楞嚴佛性。佛性出世建立世界，菩薩入廛垂手。

正中來（為霖道霈）：

正中來。乃五位之樞紐。前二位。入此者也。後二位。從此出者也。正中偏。約初悟時立。理是正。悟是偏。故有莫怪相逢不相識。隱隱猶懷舊日嫌之語也。**偏中正。約轉功就位時立。**偏是功。位是正。故云分明覿面別無真。休更迷頭猶認影。亟策其攝偏歸正。**盡力推爺向裡頭也【全身入理】**。正中來一位有三。前半則轉功而猶未就位。只是一色境界。**次則一色已消。歸於正位。尊貴之極。毋容觸犯。教中云。此是學位。非是證位。故須從中轉身。不許住著也。**後半則已於位中**轉身就功。而猶未與塵境合。所云無中有路隔塵埃。**是也。同安云。**才著垢衣云是佛。卻裝珍御復名誰。又云。木人夜半穿靴去。石女天明戴帽歸。皆此意也。**古德立小五位。及四轉靈機。皆為此而設。蓋此一位。初入為難。既入而從位中轉身。為尤難也。苟未入此。只是博地凡夫。既入不能轉身。而便於中作證。又墮二乘。試讀華嚴第八地。則可知矣。兼中至約功位雙彰時立。兼中到約功位雙泯時立。

《洞山五位頌注》鼓山元賢（《洞上古轍》）云：

正中來。**無中有路隔塵埃。但能不觸當今諱。也勝前朝斷舌才。**

鼓山元賢云：「惟曹山頌云。**未離兜率界。烏雞雪上行。**深得洞上之旨。」「**未離兜率界。烏雞雪上行**」，**意謂證得首楞嚴大定。由正出偏，烏雞雪上行，「烏雞」黑色，喻正位也，雪喻偏位，此喻「正偏**

兼帶」。涅槃佛性一體兩面，如同鏡體與鏡面，非一非異可分可不分。若涅槃佛性混居一身即「佛真法身」。**佛性建立世界是心內世界，未與眾生業力所成世界重合**，故云「隔塵埃」。**菩薩證入理事無礙法界則世法佛法打成一片。「見山是山，見水是水」**。

正中來，定心從「涅槃前一色」小死一回絕後復蘇證入有漏涅槃，到此脫胎換骨證入清淨涅槃卻不居正位。轉身退位佛性出世，佛性建立世界，由正入偏。佛性出世，凡聖分離。定心往復來。

涅槃正位如同供奉祖宗牌位之寶殿有位無人。定心脫胎換骨到此子歸就父，轉身退位證得首楞嚴，「鶴騰霄漢出銀籠」。鶴出銀籠表示佛性出世，佛性建立世界，佛性大機大用。這是《楞嚴經》「如來逆流」的意旨。**禪者證得首楞嚴大定即佛性出世。鼓山元賢說「隔塵埃」，佛性出世建立世界乃菩薩心內世界，尚未與眾生現象界重合。須證入正偏兼帶理事無礙才能見山是山見水是水。**

「莫守寒岩異草青。坐卻白雲終不妙」，禪者不能在涅槃境界死守枯樁，不能留戀涅槃安樂，表明法執法愛必須消盡。禪師謂之「貼體衫子」、「寶華冠」等，圓悟克勤云「寸絲不掛猶有赤骨律在。萬里無片雲處猶有青天在」，表明進入有漏涅槃存有細微妄識。猶如鯉魚跳龍門，雖然跳上龍門又被激流沖下。龍門不留宿客，最終點額而回，故云「青天也要吃棒」。修證者到此百尺竿頭須進步。不能死水淹殺，「密移一步」轉身退位意味進入涅槃不居正位，大死一回絕後復蘇，卻「欺君不得」。故不居君位轉身退位證得首楞嚴佛性。

宏智正覺云：

小參云。**君臨臣位**。**猶帶凝然**。**子就父時**。尚存孝養。玉關未透。正迷一色功勳。**寶印全**

提。肯露那時文彩。還從實際建立化門。撒手回途。通身無滯。所以道。法身無相。應物而形。般若無知。對緣而照。青青翠竹。郁郁黃花。信手拈來。隨處顯現。了無他自。誰作根塵。獨露本身。自然轉物。

玉關在此指有漏涅槃，「玉關未透。正迷一色功勳」指正位前一色。若能「寶印全提。肯露那時文彩。還從實際建立化門」。即謂首楞嚴佛性出世建立世界。「涅槃生成佛性」意謂定心脫胎換骨經歷涅槃轉身退位證得佛性。佛性建立世界，精神性世界是佛性定心所生成。佛性出世之初，菩薩心內世界尚未與眾生世界打成一片。對眾生而言，阿賴耶識即是現象界的本體。佛性即阿賴耶識的「真心」，是人人具有的「共相種子」。在「共相種子」的作用下眾生世界是一致的。人的佛性在眾生層面顯現為「無明妄識」。成佛則轉識為智，轉妄識為真心。成佛後妄識已滅。菩薩佛性在心內顯現世界與眾生現象界不同。正中來最後次第，佛性出世建立世界。這時是菩薩心內世界。鼓山元賢謂「隔塵埃」，即「見山不是山見水不是水」。這是菩薩初入世的感知。佛性出世後定心「金針往復來」。經過「金針雙鎖」乃至「鉤鎖連環」，證到「正偏兼帶」，然後證到「理事無礙法界」，到此「見山是山見水是水」，世法佛法打成一片。

佛性出世「凡聖分離」（「帝命旁分」）。定心往復兩邊，萬松老人云「難得出則為雲為雨。入則冰結霜凝。此乃乍出乍入。未是作家」；「把住則黃金失色，放行則瓦礫生光。」把住意味進入涅槃不見一色，放行則枯木生花萬象俱彰。這是初階菩薩的作為。純熟後「鉤鎖連環首尾相接」，然後進入正偏兼帶的境界。**菩薩證到正偏兼帶理事無礙法界，「世法佛法打成一片」，山是山水是水。世間相常住。菩薩心內世界與眾生世界重合。**

《起信論》認為，世界皆由阿賴耶識所成，而阿賴耶識乃是「真妄和合」。**真心即是佛性，無明妄心雖千差萬別，但其核心皆是「自我意識」**。世界是「眾生業力所成」，成佛的旨趣在於契合絕對本體進入永恆。個體要契合「造物主」當然要泯滅自我意識，因此佛教主張「無我」。「正中來」的最後次第，亦即「佛性出世」。此時尚未進入理事無礙法界，未能「世法佛法打成一片」。這要長期修證才行。**「老僧四十年才打成一片」**（香林澄遠）。**為了保持「真心」的純潔，為了保任，菩薩禪定境界「金針往復來」，定心時時進入涅槃保持與涅槃本體同質**。進一步「金針雙鎖」、「鉤鎖連環」而至「正偏兼帶」境界。到此若定心不動則是「理事無礙法界」，此時「菩薩見色無非觀空」。到此境界，菩薩定心「撒手懸崖下，分身萬象中」，佛性作為現象的本體而「身先在裡」。佛眼觀照下塵塵剎剎皆顯真身，故此「驢覷井井覷驢」。進一步進入「雙明雙暗」則「誰共澄潭照影寒」、「夜深誰共御街遊」、「丹霄把手共君行」的境界。此即「雙遮雙照」，雙遮空假雙照空假。在正偏兼帶境界，若「涅槃佛性混融一體」則是事事無礙法界。到此百千明鏡互相鑒照，塵塵剎剎皆為宇宙本體，本體又生宇宙。無窮無盡而成帝釋網。這是語言無法形容的境界。「遮照同時」卻「同時即不立」，菩薩在一念中「有無」、「六相義」同時成立，到此即入中道的「不二法門」，證得「一切種智」。

無異元來云：

> 作工夫。疑情發得起。與法身理相應。看山不是山。見水不是水。盡大地逼塞塞地。無纖毫

空缺處。忽生一個度量心似。障了面前。障了身心。提亦不起。撲亦不破。提起似有。放下似無。開口吐氣不得。移身換步不得。正恁麼時亦不得。到這裡。通身是病。非禪也。殊不知古人用心純一。疑情發得起。看山不是山。見水不是水。不生度量心。不起別念。硬硬逼拶去。忽朝打破疑團。通身是眼。看山依舊山。見水依舊水。山河大地從什麼處得來。求纖毫悟跡了不可得。到恁麼田地。只須見人。若不見人。枯木岩前。歧路中更有歧路。到此不蹉跎。不被枯木樁絆倒者。博山與他結個同參。

「就父」意味定心進入清淨涅槃與無漏滅盡定同質化，這是「尊貴之位」。「尊貴之人不居尊貴之位」（萬松老人）。正位是「學位」，從有漏涅槃脫胎換骨證入正位之際即「子歸就父」卻不可滯留。到此「不居正位」（南泉普願）。要「鶴不停機」、「飛渡寒煙」。「澄源湛水尚棹孤舟，佛祖玄關橫身直過」。要「踏破澄潭月，穿開碧落天」。若留戀涅槃而不會轉身退位，最終「點額而回」落在法身邊，落在有漏涅槃。猶如鯉魚跳上龍門又被沖下，不得佛位正果。到此要「不戴寶華冠」，脫掉「貼體衫子」（無明妄識），不居正位不坐死水，「金龍豈守於寒潭」，要「夜明簾外」轉身退位出離涅槃，「鶴騰霄漢出銀籠」。從清淨涅槃轉身退位證得首楞嚴大定即佛性。佛性出世建立世界。禪師謂「不入驚人浪，難得稱意魚」。佛性出世即見性成佛。

宏智正覺云：

> 細中之細。混然明瑩。一色無痕。更須轉身過裡許始得。所以喚作能紹家業。機絲不掛。光影杳絕。就父一蹊。妙在體處。

「**轉身過裡許**」即證入涅槃正位。「**內紹家業**」謂與無漏滅盡定同質化。「**就父一蹊。妙在體處**」即謂子歸就父就在證入正位之時。剎那轉身退位證得佛性。

宏智正覺云：

> 清白傳家雪月光。玉壺中有轉身方。情乾識盡功勳斷。不覺全身入帝鄉。

由有漏涅槃進入涅槃正位，是情乾識盡功勳斷的時節。萬松老人云：「最好是打破鏡的時節。命根斷處。妄識銷鎔。流注乾枯。正恁麼時。向何處與靈雲相見。天地黯黑。如一錠墨相似。喚作衲僧奪胎換骨**轉身一路」，此是證入涅槃之時節。情乾識盡功勳斷，從有漏涅槃進入清淨涅槃，不覺全身入帝鄉。此謂全身入理。**

涅槃正位**乃是虛位、學位，禪師不能留戀此境**。南泉普願說：「**不居正位**」，這意味正位（空王殿）只有君父之位而無尊貴之人，此境只是虛位以待。修證者證入涅槃猶如經過寶殿而不滯留。「涅槃城裡猶孤危」（《十玄談》），表明涅槃正位不可久居。**《從容錄》**云，「**王山法祖和尚云。既有尊貴之位。須明尊貴底人。須知尊貴底人。不處尊貴之位。方明尊貴。不落階級。**」禪者進入涅槃，要「鶴不停機」轉身退位證得首楞嚴佛性，此謂「佛性出世」。我們已經論證「佛性」即首楞嚴大定的禪定意識，即大定的

「定心」。這個定心對修證者個人來說，具有宇宙本體的意義。早期阿含類經典對「定心」作為發生學宇宙本體的描述詳備。此處不贅。本書中如來藏意謂佛性，即首楞嚴定心，不包括涅槃，稱為如來藏佛性或佛性本體。作為宇宙本體演繹各種「法界」。

禪宗以禪定為宗。一切修證的目的皆是為了「契如如」即絕對本體。禪宗根本意旨在於為了生死解脫而契合終極的宇宙絕對本體。曹洞宗偏正五位最後的「兼中到」意旨在此。曹洞宗的「主中主」、「夜明簾外主」指謂絕對本體。**宏智正覺的「夜明簾外轉身難」表明進入正位要轉身退位證得佛性**。

禪者謂不坐空王殿、視本來人如破草履、見佛祖似生冤家，皆謂破除法執。禪者不可執著涅槃境界。我們若將涅槃比喻為「佛祖寶殿」，禪者證入涅槃，剎那間「子歸就父」與「無漏滅盡定」同質化，卻不在此停留。「佛祖位中留不住」，「鶴不停機鳳無依倚」，夜明簾外轉身退位，證得首楞嚴大定即佛性出世。佛性出世建立世界。此謂「枯木生花冰河發燄」、「無限風光大地春」。轉身退位意謂禪定境界發生變化，定心從涅槃轉入首楞嚴大定。此謂「君臨臣位」（宏智正覺）。禪定意識變換，而「帝位」仍在。**涅槃正位乃「祖父寶殿」，萬古不變**。

・涅槃前一色（正中來）

由偏中正證入法身空界，進入涅槃前一色，此境「純清絕點真常流注」，「內守幽閒」，到此也只「救得一半」（見無異元來、真歇清了禪師語錄），此即正中來初始境界。到此法執不忘，猶如攬船於枯椿，粗細妄識猶在。《楞嚴經》云：**「縱滅一切見聞覺知，內守幽閒，尤為法塵分別影事」**。「見猶在境」卻是「法塵分別影事」，謂之「如在燈影裡行」。此時「純清絕點真常流注」，還要「打破鏡來相見」。小死一遍絕後復蘇證入有漏涅槃。

為霖道霈云：「正中來一位有三。前半則轉功而猶未就位。只是一色境界。」初始即是「涅槃境界」前的境界，**筆者謂此「涅槃前一色」**。《楞嚴經》云：「**阿難當知。此湛非真。如急流水，望如恬靜，流急不見，非是無流。**」細微識陰「流注生」，雖然「如鏡長明」，卻「**此湛非真**」，**洞山良价謂「真常流注。外寂中搖」**。

《楞嚴經疏解蒙鈔》錢謙益云：

> **縱滅一切見聞覺知。內守幽閒。猶為法塵分別影事。**
>
> （〔交光云〕法塵分別有二。一者境是法塵。體非本有。一不分別。境即沉沒。**彼幽閒境。全託分別而得內守。如無波之流。望如恬靜。而實不住也。**二者凡外權小。皆依六識思惟為觀。六識印持為止。離六識。無別入觀之體。根本元是分別。**自謂寂定。實全流注也。**）

明代交光真鑑云：「自謂寂定。實全流注也」，即謂內守幽閒正是「真常流注」細心未泯的境界。「彼幽閒境。全託分別而得內守。如無波之流。望如恬靜」。

《楞嚴經》云：

> **又汝精明湛不搖處名恒常者。**於身不出見聞覺知。若實精真。不容習妄。何因汝等曾於昔年睹一奇物。經歷年歲。憶忘俱無。**於後忽然復睹前異。記憶宛然。曾無遺失。則此精了湛不**

搖中。念念受薰。有何籌算。阿難當知。此湛非真。如急流水。望如恬靜。流急不見。非是無流。

若此清擾。熠熠元性。性入元澄。一澄元習。如波瀾滅。化為澄水。名行陰盡。是人則能。超眾生濁。觀其所由。幽隱妄想。以為其本。

按照《楞嚴經》描述，識陰化為澄水，所謂「澄源湛水」，而「此湛非真。如急流水。望如恬靜」。此即「純清絕點真常流注」的境界，屬於「識陰區宇」。「行陰盡」進入「識陰區宇」，識陰如清水，謂之「澄源湛水」卻有細微流注。「透得一切法空，隱隱地面前有物」，謂之「白日見鬼」、「燈影裡行」。

《楞嚴經疏解蒙鈔》錢謙益云：

【疏】由定所攝。無行陰使。雖存六根。識不馳散。故云虛靜。無復馳逸。唯專內境。定心內照。故云內內湛明。又內內者。深深寂照也。窮到識陰。更無所見。名入無所入（〔吳興云〕識陰披露。故曰湛明。下文云。又汝精明湛不搖處）。

《楞嚴經》云：

觀諸世間。大地山河。如鏡鑒明。更無所黏。過無蹤跡。虛受照應。了罔陳習。唯一精真【如鏡鑒明，即似鏡長明】。

《碧巖錄》圓悟克勤云：

又《楞嚴經》云：湛入合湛入識邊際。又《楞伽經》云：相生執礙，想生妄想，流注生則逐妄流轉。若到無功用地，猶在流注相中，須是出得第三流注生相，方始快活自在。

「縱滅一切見聞覺知，內守幽閒，尤為法塵分別影事。」此處「法塵」與世俗眾生所見不同。**「法塵分別影事」形容恍惚有物卻非緣外境，此乃內境所成，也謂「前塵」。如夢境所見「影事」。**進入「涅槃前一色」，要小死一回進入有漏涅槃，到此即「心月孤圓清光照眼」，尚有細心未泯。**由泯滅粗中之細進入有漏涅槃。「粗中之細。人牛不見處，正是月明時」，表明有漏涅槃滅盡粗中之細尚有「細心」**流注。小乘以此為涅槃，只能證成鈍阿羅漢。此境雖非無漏滅盡定，也是極難證入境界。若「細中之細，今年貧錐也無」才到無漏滅盡定。「真常流注」也可以形容「有漏涅槃」。我們將「真常流注」境界歸為「涅槃前一色」，屬於法身（「正中來」）。《楞嚴經》云：「現前雖成九次第定。不得漏盡成阿羅漢。」

「內守幽閒者。小乘修定。灰心滅智。求證涅槃之行相也。在獨散位。六識不行。息滅見聞覺知。趣進乎四禪四空。上進不已。不過得滅盡定而止。」此禪定境界是**小乘滅盡定**。**「內守幽閒」**非大乘清淨涅槃。《楞嚴經疏解蒙鈔》曰：**「乃是意識在獨散位。比量別緣。取獨影境。**非是明瞭。同五所取。故云縱滅見聞覺知等」。**此明意識處於凡夫的比量取境，而非菩薩現量直觀。**「縱滅一切見聞覺知，內守幽閒，猶為法塵分別影事。」故謂「前塵」或「見猶在境」。「涅槃前一色」已入法身空界，禪師形容**「白日見鬼」**、**「燈影裡行」**等。

涅槃前一色，由此小死一回絕後復蘇證入有漏涅槃。盤山寶積謂「光境俱亡復是何物」。到此尚存「細中之細」的妄識，即阿賴耶識細心、補特伽羅尚未滅絕。要脫胎換骨識陰盡，萬松老人說「**天地黯黑如同一錠墨相似，正是衲僧奪胎換骨一路**」，禪師謂之「豹變文」「龍蛻骨」，意謂脫胎換骨泯滅無明妄念證入涅槃正位。從有漏涅槃「子歸就父」進入涅槃正位，與無漏滅盡定同質化。

《大毗婆沙論》謂「滅盡定細心不滅」。此謂二乘滅盡定，若大乘無漏滅盡定則盡滅細心。所謂「細中之細，今年貧錐也無」，意謂無漏涅槃，無餘涅槃。禪宗定境以「無漏滅盡定」為涅槃正位。

無異元來云：

> 若以常寂為本體。即是常寂。非本體也。**若日用行事為獨露。正所謂業識茫茫。非獨露也。若將常照為獨露。自是常照。非獨露也。如賢弟本意。恐在教上揣摩。**即在八識田中。認作本體。故曰。朦朦朧朧。如在燈影裡行。

真歇清了說：

> 示眾云：「坐得脫，歇得到，疑想俱盡絕根株，明歷歷無可趣向。**也須是個徹底放下，死一遍了，驀地蘇息。個些精彩，若萬鏡臨台，絲毫不昧，便恁麼橫身，猶恐墮在絕點純清，未透真常流注。何況爭鋒競銳，隨照失宗，認識情著影響，還出得陰界麼。枯木生花始與他合。**

「坐得脫，歇得到」形容出離「偏中正」。「疑想俱盡」即謂不再「迷頭認影」。「**徹底放下，死一遍了，驀地蘇息**」形容從「涅槃前一色」小死一回絕後復蘇。進入有漏涅槃，也是「**未透真常流注**」境界。故謂「**還出得陰界麼？**」真歇清了指示「**枯木生花始與他合**」，意謂到此脫胎換骨證入無漏涅槃，轉身退位證得佛性，可謂「**枯木生花**」。

涅槃前一色，小乘外道或以此為「涅槃」，小乘、二乘到此灰心滅智，自以為修成正果。禪宗修證者不可留戀此境，而要「**行過雪山歸那畔。方知尊貴自天成**」（為霖道霈），涅槃前一色即「內守幽閒真常流注」。「**萬鏡臨台**」要「打破鏡相見」。小死一回絕後復蘇進入有漏涅槃，然後脫胎換骨命根斷才能證入涅槃正位。**故此要「死了更死」，「入理要深」，暫時不在如同死人。「欺君不得」意指進入正位要轉身退位而不居正位**。「全體即用枯木生花」則形容佛性出世建立世界。謂之「枯木花開劫外春」，此謂證得佛性，定心出離涅槃證得首楞嚴大定。佛性出世建立世界。這是等覺境界，等覺是「這邊事」，偏位。禪師以「枯木生花冰河發燄」表示證得佛性。禪師經歷清淨涅槃，「不入驚人浪，難得稱意魚」。雖入涅槃卻轉身退位證得佛性，「枯木生花始與他合」，以此驗證是否全身合父與清淨涅槃同質化。證得首楞嚴即「見性成佛」。

鼓山元賢云：

若能直下返觀一念未起之先。是何面目。便是打蛇得七寸了也。**雖然。又不要認著空寂處。以為極則。蓋空寂亦只是境。非真面目。故《楞嚴經》云。縱滅一切見聞覺知。內守幽閒。猶為法塵分別影事。若能內觀。不被法塵所惑。則實所在近也。**

> **若曰回光內照。覺有幽閒靜一者。將以為真心乎。殊不知。**此幽閒靜一。乃由妄心所照。有能照之心。有所照之境。則此幽閒靜一。總屬內境。**即《楞嚴》所謂內守幽閒。猶為法塵分別影事。豈真心哉。**

> 宗寶道獨云：
>
> 六祖大師云。**世人外迷著相。內迷著空。**若能於相離相。於空離空。即是內外不迷。本來真性而得出現。夫言相者。外塵境也。空者內意根黑山鬼窟也。經云。縱滅一切見聞覺知。內守幽閒。猶為法塵分別影事。何以故。但有幽閒可守。即是境與意根作對。有意有境。即屬生滅。

宗寶道獨說：「**夫言相者。外塵境也。空者內意根黑山鬼窟也。**經云。縱滅一切見聞覺知。內守幽閒。猶為法塵分別影事。何以故。但有幽閒可守。即是境與意根作對。有意有境。即屬生滅。」所謂「面前有物」，即是「法塵分別影事」。鼓山元賢謂：「**此幽閒靜一。乃由妄心所照。有能照之心。有所照之境。則此幽閒靜一。總屬內境。即《楞嚴》所謂內守幽閒。猶為法塵分別影事。豈真心哉。**」**萬松老人表明要開正眼。**正眼（佛眼、道眼、法眼）未明，這個非謂凡夫肉眼。《楞嚴經》所述「爍伽羅眼」即是首楞嚴大定定心所有特殊「法眼」。禪師說「快快擡瞎娘生眼」，又謂之「黑豆換了眼睛」。「不見一色」卻有「法塵分別影事」恍惚面前。**無異元來云：「此病全在境量上作活計。不曾坐斷。不曾透脫。不曾得**

轉身吐氣」。意謂要懸崖撒手證入彼岸「有漏涅槃」。然後脫胎換骨泯滅細中之細證入涅槃正位，立即轉身退位，不居正位出離涅槃（透脫），證得首楞嚴佛性。佛性出世建立世界。即「第二門頭」入廛垂手普度眾生。經過長期修證，「世法佛法打成一片」，即到「色不異空空不異色」的理事無礙菩薩境界。

《楞嚴經如說》（鍾惺）云：

不但汝有六識現行分別。不得為真。縱汝將六識現行種子。一切滅盡。若使內守幽閒。耽寂滅樂。不肯放捨。**即此守幽閒者**。**尚屬意根**。**猶為影事**。**亦不為真**。**我非四句**。**暫縱之辭**。**非顯真也**。六塵如形。分別如影。影由形有。故無自體。心因塵有。豈有體耶。默然自失。平日恃為心者。一旦奪破。又未審何者為心。**如人失其所寶**。**四禪四空**。**及滅受想**。**名九定**。**此內守幽閒之極功**。**猶為法塵影事**。**故不成聖果**。**執妄想為真實**。**非但指外道六識攀緣者言**。**並二乘認識精為元明**。**而業識未破**。**亦在其中**。

《竹窗隨筆》雲棲袾宏云：

黃魯直之言曰。深求禪悅。照破生死之根。則憂畏淫怒無處著腳。但枯其根。枝葉自瘁。此至論也。但未明言孰為生死根者。又禪悅下。要緊在照破一字。**若得禪悅便謂至足**。**則內守幽閒**。**正生死根耳**。須是窮參力究。

予初入道。憶子思以喜怒哀樂未發為中。意此中即空劫以前自己也。既而參諸楞嚴。則云。**縱滅一切見聞覺知**。**內守幽閒**。**猶為法塵分別影事**。夫見聞泯。覺知絕。似喜怒哀樂未發。

> 而曰法塵分別者。何也。意。根也。法。塵也。根與塵對。順境感而喜與樂發。逆境感而怒與哀發。**是意根分別法塵也。未發則塵未交於外。根未起於內。寂然悄然。應是本體。不知向緣動境。**今緣靜境。向固法塵之粗分別也。今亦法塵之細分別也。皆影事也。非真實也。**謂之幽閒。特幽勝顯。閒勝鬧耳。空劫以前自己。尚隔遠在。**

進入涅槃前一色便是「正中來」的初始。此時「內守幽閒」、「純清絕點真常流注」。室內紅塵妄識未泯。要「小死一回絕後復蘇」證入有漏涅槃。有漏涅槃即「百尺竿頭坐的人」，盤山寶積云「心月孤圓光吞萬象，光非照境，境亦非存，光境俱亡復是何物」。有漏涅槃「住岸卻迷人」、「清光照眼似迷家」卻不能「白雲深處坐」。趙州從諗說「老僧不在明白裡」。萬松老人所謂「天地黯黑如一錠墨相似。喚作衲僧奪胎換骨轉身一路」。禪者到此拗折拄杖識陰盡，脫胎換骨命根斷。大定定心與涅槃同質化，即「子全身而就父」。證入涅槃正位卻「不居正位」。到此正位卻「不居正位」（「欺君不得」），禪者「踏破澄潭月，穿開碧落天」。轉身退位出離涅槃，證得首楞嚴佛性。

曹洞宗偏正五位之「正中來一位有三」，初級次第即「涅槃前一色」。謂「純清絕點真常流注」，「內守幽閒」。此時「純清絕點真常流注」尚有「室內紅塵」。到此還要小死一回絕後復蘇證入有漏涅槃。即謂「光境俱亡復是何物」。有漏涅槃謂「清光照眼似迷家，明白轉身還退位」。細中之細妄識未泯，要大死一回死了更死、盡力推爺向裡頭（正位）、要全身入理才能泯除妄識，消融一切粗細無明。從「心月孤圓光吞萬象」的有漏涅槃脫胎換骨轉身。萬松老人云「天地黯黑，正是衲僧脫胎換骨轉身一路」。成功者進入涅槃正位（無漏滅盡定）而「不居正位」，要「鶴不停機」、「鳳無依倚」而「飛渡寒煙」。要「踏破澄潭月，穿開碧落天」出離涅槃，夜明簾外轉身退位證得首楞嚴佛性。此即「見性成佛」。

涅槃境界包含有漏涅槃與清淨涅槃。有漏涅槃謂「證一片清虛境界。乃法身初立也」（宏智正覺）。**此是「識陰區宇」**。到此尚有細心未泯妄識流注。此境非無漏滅盡定，尚未進入涅槃，**進入正位即清淨涅槃。消融妄識進入涅槃，則「一念不生全體現」，進入涅槃正位必須轉身退位證得佛性。禪者留戀涅槃境界尚未轉身滯在死水。**宏智正覺謂之「正位一色」。此與「涅槃前一色」不同。**「子歸就父」意謂禪定意識與涅槃境界同質化。不過是否真正證入涅槃，是否「全身入理」還要由後果驗證。「枯木生花始與他合」。禪者轉身退位證得佛性才能證明是否「就父」，佛性出世建立世界。如此驗證「不入驚人浪，難得稱意魚」。**

禪者根器有所不同。「內紹外紹須明劫外今時」，禪師藉「外紹」之功消融妄識，**從「涅槃前一色」進入涅槃。**「根器極高」者子歸就父，出生即「誕生王子」。**修證者頓悟即至**「有漏涅槃」。「內紹」意謂「盡力推爺向裡頭」而「全身入理」，徹底消融無明證入涅槃。石霜慶諸五位王子修證路徑不同，人的根器不同。誕生王子指出世即在有漏涅槃並且有潛質能「全身就父」。

禪定的目的在於「消融無明」，所謂**「無明習氣旋起旋銷」**，**這意謂泯滅自我意識，也是「去妄明真」的過程。明代憨山德清指出，「破五陰」的方法在於**「以從真淨界中。瞥生一念無明。遂起生死。無量劫來。起惑造業。生死時長。染著愛欲。習氣深厚。必須以金剛心。重重磨練。方始得還本源心地。故從信位。即云圓妙開敷。中道純真。末後乃云。如是重重單複十二者。正顯以此大定消磨習氣之功也」。憨山德清又云：「此經正義。重在單破生死根本。專指淫習為生死之根。大定乃破敵之具。特出發業潤生二種無明。是以大定直破八識根本無明。而以定研窮。縱八識未破。見思塵沙粗惑。任運先落。至若以不生滅心為本修因。正是以金剛心為禪定本。故經云。是名妙蓮華。金剛王寶覺。」無明習氣旋起旋銷，修正者必須以大定修證來作為「金剛王寶覺」。在大定中消磨無明習氣。至於禪定修證，各家設施不同，無法細說。

大乘無漏滅盡定滅盡細心，即香嚴智閑所謂「今年貧錐也無」，意謂清淨涅槃。涅槃前一色真常流注細心未泯。「行陰盡」而處於識陰區宇。須知真常流注也可以形容出世的菩薩的「無明流」，憨山德清謂之「金剛心之無明流」。菩薩入世後尚有「所知障」，也可謂「真常流注」。這是不同境界的細微妄識，用語相同而兩者不同。

真歇清了云：

純清絕點。似鏡長明。照不失虛。萬像體妙。細中之細雪盡冰消。功就之功任運現成。諸仁者。還知有不鑒照底。（良久云）枯椿花爛漫。青草渡頭空。

「純清絕點。似鏡長明」，「打破鏡」進入有漏涅槃。到此泯滅細中之細妄識，謂「細中之細雪盡冰消」。意謂脫胎換骨識陰盡證入清淨涅槃。「枯椿花爛漫。青草渡頭空」謂枯木生花。佛性出世建立世界。

玄沙師備云：

莫只長戀生死愛網，被善惡業拘將去，無自由分。**鐃汝煉得身心同虛空去，鐃汝到精明湛不搖處，不出識陰。古人喚作如急流水，流急不覺，望為恬靜。**恁麼修行，盡出他輪迴際不得，依前被輪迴去。

無異元來云：

玄沙云。仁者。**莫只長戀生死愛網。被善惡業拘將去。**無自由分。**鐃汝煉得身心同虛空去。鐃汝到精明湛不搖處。不出識陰。古人喚作如急流水。流急不覺。妄為恬靜。**

宏智正覺云：

僧云。只如古者道。露柱懷胎。意旨如何。師云。依稀還墮功。隱約未分照。師乃云。吾佛法中。真實到處。直須及盡今時全超空劫。向那時脫然放得下。十方無壁落。一亙絕方隅。豈不是**露裸裸處**。於其間辨得出。體得妙。一切生死影像。俱立不得。一切道理名言。俱著不得。於著不得處。便是爾渾身。便是爾鼻孔。

豈不見。鏡清問靈雲。**混沌未分時如何。雲云。露柱懷胎。**清云。分後如何。雲云。如片雲點太清。清云。只如太清。還受點也無。雲不對。清云。恁麼則含生不來也。雲亦不對。清云。直得純清絕點時如何。雲云。猶是真常流注。清云。**如何是真常流注。雲云。似鏡長**

明。清云。向上還有事也無。（靈）雲云有。清云。如何是向上事。雲云。打破鏡來。與子相見。兄弟體得盡。個時雖空。空它不得。方見露柱懷胎底時節。明白稍移蹤。便見片雲點太清底時節。太清終不受點。靈雲到者裡插舌不得。含生不來時。直是口門窄。直得純清絕點。似鏡長明。猶是真常流注。恁麼時有辨白。恁麼處有智用。須知向上更有事在。所以道。打破鏡來。與子相見。者裡出光影斷功動。與那人合。明安道。照盡體無依。通身合大道。個是諸佛諸祖真實到處。妙中回互。玄處轉側。生死影像未曾萌。此猶是空劫已前事。要且未曾與人天相見。更須闊移一步。於萬象中闊浩活處。得大受用。我此所現身。與一切法等。我與諸法。同出同沒。同生同死。無一事不從個裡出。無一法不從個裡生。所以道。天地同根萬物一體。

「**打破鏡來。與子相見。者裡出光影斷功動。與那人合**」。即從純清絕點真常流注的涅槃前一色，小死一回絕後復蘇進入有漏涅槃，尚有無明妄念，命根未斷。補特伽羅一類細心尚未泯除。要脫胎換骨命根斷證入涅槃正位。曹洞宗謂「正中來」。「**未曾與人天相見。更須闊移一步**」，意謂轉身退位證得佛性。「**打破鏡**」的時節正如萬松老人所說「**天地黯黑如一錠墨相似，正是衲僧脫胎換骨轉身一路**」。天童正覺云：「**直是一色純清。未得十成穩坐。且道打破鏡來向什麼處相見。清秋老兔呑光後。湛水蒼龍脫骨時**」。宏智正覺說「打破鏡」即從涅槃前一色進入「有漏涅槃」。「**出光影斷功動與那人合**」即「**脫胎換骨命根斷**」。「那人」謂涅槃正位，到此與涅槃同質化（「子歸就父」）後轉身退位證入有漏涅槃。此處

「清光照眼似迷家」，「淨地迷人」，「百尺竿頭坐的人，雖然得入未為真」。證入正位而不居正位，轉身退位證得首楞嚴佛性，入廛垂手謂之「人天相見」。

《十牛圖》解說（諸家《十牛圖》中「獨照」含有「閒」**字以及描述有漏涅槃。讀者請參考**）：

獨照【內守幽閒，形容涅槃前一色進入有漏涅槃】。

普明禪師頌《獨照》第九云：

牛兒無處牧童閒，一片孤雲碧嶂間，拍手高歌明月下，歸來猶有一重關。

此處牧童閒，一片孤雲碧嶂間，即內守幽閒，純清絕點真常流注。正中來初始即涅槃前一色。向上進步，「高歌明月下」，謂進入心月孤圓清光照眼的有漏涅槃，尚要脫胎換骨進入清淨涅槃，故謂「猶有一重關」。

宋代廓庵思遠禪師十牛圖云：

七、忘牛存人：騎牛已得到家山，牛也空兮**人也閒**。紅日三竿**猶作夢**，鞭繩空頓草堂間。

【按】形容涅槃前一色，**人也閒**。**內守幽閒**。「**猶作夢**」**即謂**「**法塵影事**」。

【公案】《頌古聯珠》

靈雲因長生問混沌未分時如何。師曰露柱懷胎。曰分後如何。師曰如片雲點太清。曰只如太清還受點也無。師不答。曰恁麼則含生不來也。師亦不答。曰直得純清絕點時如何。師曰猶是真常流注。曰如何是真常流注。師曰如鏡常明。曰未審向上還有事也無。師曰有。曰如何是向上事。師曰打破鏡來與汝相見。

【按】「打破鏡」意謂從「涅槃前一色」進入有漏涅槃，到此正是禪者脫胎換骨命根斷的時節。《十玄談》謂有漏涅槃為「正位前一色」。**天童正覺云：「直是一色純清。未得十成穩坐**。且道打破鏡來向什麼處相見。**清秋老兔吞光後。湛水蒼龍脫骨時**。」「一色純清」謂「純清絕點」的涅槃前一色，「打破鏡」進入有漏涅槃，要「脫胎換骨」，謂之「蒼龍蛻骨」、「玄豹變文」。「老兔吞光後」、**「蒼龍蛻骨時」**意謂脫胎換骨識陰盡，作大功證入涅槃正位。

雪竇重顯云：

午夜霜凝星斗寒。長空雲盡山月落。青天吃棒人盡知。蒼龍退骨誰先覺。金鳳銜開玉鎖關。
麒麟掣斷黃金索。迢迢劫外孰能拘。南北東西迥超卓。

【按】「午夜霜凝星斗寒。長空雲盡山月落」，正是「天地黯黑。如一錠墨相似。喚作衲僧奪胎換骨轉身一路」。盤山寶積說「光境俱亡，復是何物」形容這個境界，正是從有漏涅槃脫胎換骨的時節，所謂

「蒼龍退骨」。萬松老人謂：「圓覺經道。潛續如命。為壽者相。諸方謂之命根不斷。一條紅線掌中牽。」尚有「細中之細」的妄識流注。命根未斷，紅線（細心）尚在。這個時節識陰未盡，必須大死一回，「細中之細，今年貧錐也無」，消融細心之類妄識，脫胎換骨識陰盡進入涅槃正位。鶴不停機飛渡寒煙，出離「涅槃」轉身退位證得佛性。

禪定修證成佛的過程中，「枯木岩前岔路多」。石霜慶諸置「枯木堂」，羅山道閑初謁石霜慶諸。問起滅不停時如何。霜云：「直須寒灰枯木去。一念萬年去。函蓋乾坤去。純清絕點去」，指示學人先進入「寂滅」的境界，然後從有漏涅槃轉身，所謂「青天吃棒」，泯滅妄識證入正位後不滯涅槃死水免得「死水淹殺」，這即是「金鳳衝開玉鎖關。麒麟掣斷黃金索」的意旨。

簡堂行機禪師云：

上堂。似鏡長明。猶是真常流注。圓悟禪師云。今時覓一個半個似鏡長明底亦難得。那堪打破鏡來。恁麼說話。是則別有清規。一期見來。大似乞兒見小利。殊不知打破鏡來。正是貼肉汗衫。

由此可知「打破鏡」的境界正是有漏涅槃。「貼肉汗衫」、「寶華冠」皆形容有漏涅槃境界「細中之細」妄識流注。須脫胎換骨識陰盡證入無漏涅槃。

《從容錄》萬松老人云：

最好是打破鏡底時節。命根斷處。妄識銷鎔。流注枯乾。無壽者相。正恁麼時。向什麼處與靈雲相見。天地黯黑。如一錠墨相似。喚作衲僧奪胎換骨。轉身一路。

「打破鏡」後，「天地黯黑。如一錠墨相似。喚作衲僧奪胎換骨。轉身一路。」進入有漏涅槃，處於黯黯青青處（宏智正覺），即是盤山寶積所謂「光境俱亡」的境界。到此脫胎換骨命根斷證入涅槃正位，轉身退位證得佛性。

雪岩祖欽云：

夜月透靈犀。寒光吞老蚌。如是轉法輪。平沉乎萬象。直得純清絕點。固是真常流注。打破相呈。又成什麼伎倆。

《起信論直解》憨山德清云：

良以縱滅一切見聞覺知。內守幽閒。猶為法塵分別影事。此正所謂識神之影明。妄想之機關。生死之堀穴。所知之大障。此尚非真。況彼緣塵擾擾者乎。

證得首楞嚴大定，泯滅根本無明，則流注滅。菩薩尚有所知障，故須保任，真常流注，有時形容菩薩境界尚有妄識流注。百花叢裡過，一葉不沾身。

百愚淨斯云：

還曾不動心麼。乃至於一切時中。舉措施為還曾寤寐一如動靜不二麼。直饒你到者般田地。此名塵勞暫息。少得輕安。未是到家活計。所以經中道。縱滅一切見聞覺知。內守幽閒猶為法塵分別影事。何況人我山高是非海深。雌黃交戰於胸中。妄念紛飛於意地。直須絕名利忘人我。大死一番方堪湊泊。

《楞嚴經疏解蒙鈔》【包括疏解】云：

佛告阿難。世間一切。諸修學人。現前雖成九次第定。不得漏盡。成阿羅漢。

〔私謂〕此中結過之文。結歸九次第者。蓋專指第九定之滅盡定也。由前文云。**縱滅一切見聞覺知。內守幽閒。猶為法塵分別影事。內守幽閒者。小乘修定。灰心滅智。求證涅槃之行相也。在獨散位。六識不行。息滅見聞覺知。趣進乎四禪四空。上進不已。不過得滅盡定而止。滅盡定之行相。能令六七二識。心心所俱滅。**終不能斷盡二障。作無漏大阿羅漢。則所證之果。即內守幽閒之極位。所滅盡之受想。亦滅盡一切見聞覺知之頂地而已。故曰滅盡定。亦曰二乘滅盡定。**肇公曰。小乘入滅盡定。大乘入實相定。**經言未得漏盡。克指小乘滅盡定而言。即上文所謂諸修行人。不能得成菩提。乃至別成聲聞緣覺等。錯亂修習者。是也。**若知奢摩他路。得首楞嚴大定。能出生死。則八定九定。皆屬邪定。此如來所以克責行人。**誤為真實也。

又汝精明湛不搖處名恆常者。於身不出見聞覺知。若實精真。不容習妄。何因汝等曾於昔年睹一奇物。經歷年歲。憶忘俱無。**於後忽然復睹前異。記憶宛然。曾無遺失。**則此精了湛不搖中。念念受薰。有何籌算。**阿難。當知此湛非真。如急流水。望如恬靜。流急不見。非是無流。**

〔二楞云〕想陰如大流。行陰如細流。識陰如無波之流，想陰盡。如大流息。行陰現。如細流生。若元習一澄。**則細流皆為澄水。此即清水現前。名為初伏客塵煩惱。**

真歇清了云：

絕點純清處。由來是半提。虛空休照鏡。混沌莫妝眉。隱隱忘兼帶。寥寥罷曉機。雪消寒谷暖。花笑不萌枝。

證入清淨涅槃。禪師云：細中之細，今年貧錐也無。細心消融而達致識陰盡，此即清淨涅槃，徹底消融無明，此即涅槃正位。

有漏涅槃「清光照眼似迷家」，這裡，萬里無寸草，萬里無雲天有過，淨地卻迷人。形容有漏涅槃則「月巢鶴作千年夢，雪屋人迷一色功」，「明白」形容「心月孤圓」，趙州從諗和尚說「老僧不在明白裡」，「明白轉身還退位」。意謂不在「有漏涅槃」滯留，禪師謂之「銀籠」「雪屋」。「萬里無雲」卻「天有過」，要「青天吃棒」。到此要脫胎換骨命根斷，要徹底消融「細中之細」妄識則證入涅槃正位。

「月落後相見」謂脫胎換骨，所謂「龍蛻骨」、「豹變文」，意謂泯滅粗細妄識後進入正位。

「正位」即清淨涅槃，**「尊貴之人不居尊貴之位」**（萬松老人）。禪者進入涅槃正位後要「鶴不停機飛渡寒煙」，即「鶴騰霄漢出銀籠」。進入涅槃正位不可滯留，要「踏破澄潭月，穿開碧落天」。若留戀涅槃正位不會轉身退位，最終「點額而回」落在法身邊，猶如鯉魚跳上龍門又被沖下不得佛果，此謂「正位一色」（宏智正覺）。由正位轉身退位出離涅槃，證得首楞嚴大定即佛性。

無異元來《博山和尚參禪警語》（節選）云：

> **作工夫，不可須臾失正念：**若夫了參究一念，心流入異端，往往不返。如人靜坐，只喜澄澄湛湛、純清絕點為佛事，此喚作「失正念」，墮在湛澄中。

《碧巖錄》云：「**又《楞嚴經》云：**湛入合湛入識邊際。**又《楞伽經》云：相生執礙，想生妄想，流注生則逐妄流轉。若到無功用地，猶在流注相中，須是出得第三流注生相，方始快活自在**」。到此要小死一回絕後復蘇進入有漏涅槃。有漏涅槃即「心月孤圓」、「清光照眼似迷家」，細中之細妄識未泯。修證者不要以為這裡「到家」。滯留於此則「**月巢鶴作千年夢，雪屋人迷一色功**」，禪師謂之「銀籠」、「雪屋」、「澄源湛水」、「清光照眼」、「**蘆花照雪**」、「萬里無雲」、「萬里無寸草」等形容有漏涅槃。盤山寶積云：「光境俱亡復是何物？」萬松老人云：「天地黯黑正是衲僧脫胎換骨轉身一路。」消融妄識證入涅槃正位，此謂「細中之細，今年貧錐也無」。證入「正位」而「不居正位」（南泉普願）。「尊貴之人不居尊貴之位」（萬松老人）。趙州從諗和尚說「明白轉身還退位」，意謂不在「有漏涅槃」滯留，

「月落後相見」正在有漏涅槃，到此要脫胎換骨識陰盡，所謂「龍蛻骨」、「豹變文」。泯滅粗細妄識後進入正位。修行者如果沉溺在真常流注的境界，不能得到真正解脫，歸根結蒂還要沉淪在輪迴苦海之中。禪者進入正位後要「鶴不停機飛渡寒煙」，即「鶴騰霄漢出銀籠」。禪者若留戀涅槃不會轉身退位，最終「點額而回」落在法身邊，禪者不居正位證得佛性。佛性出世建立世界即「見性成佛」。

《從容錄》「雲門兩病」（萬松老人）云：

船橫野渡涵秋碧。此頌得**到法身**。纜船於**澄源湛水**。**疏山以法身為枯樁。此真繫驢橛也。直待撥轉船子。未免棹入蘆花照雪明處。到此清光照眼似迷家。明白轉身還墮位。**

「**船橫野渡涵秋碧**」形容「純清絕點真常流注」的「涅槃前一色」。「到法身」進入「正中來」。到此要打破鏡來相見，尚要小死一回絕後復蘇進入有漏涅槃。「**直待撥轉船子**。未免棹入蘆花照雪明處。到此清光照眼似迷家。明白轉身還墮位。」此即形容有漏涅槃，尚須脫胎換骨識陰盡證入涅槃正位。「轉身退位」即謂夜明簾外轉身證得佛性，**透法身後還要入廛垂手繼續修行**。**此即**《楞嚴經》所說「**如來逆流**」。**這是修證成佛的重要奧旨**。**有漏涅槃**尚有細微識陰。「打破鏡」到有漏涅槃。「心月孤圓光非照境」而「光境俱亡」時，「**天地黯黑如一錠墨**，**正是衲僧脫胎換骨的時節**」（**萬松老人**）。此話表明必須泯滅細中之細妄識，才能證入涅槃正位。證入正位不可停留，若滯留涅槃表明「法執」未泯。必須轉身退位證得佛性，「枯木生花始與他合」。

萬松老人對「光不透脫」，指示「不是教爾除幻境滅幻心。別覓透脫處」，不是教人滅卻色相，而是對《圓覺經》描述「四相」進行洞悉。萬松老人「隱人胸次自成情。此頌隱隱地似有個物相似。正是圓覺存我覺我。潛續如命。細四相病」。隱人胸次自成情即法塵影事。為山靈祐云「無一法可當情。見猶在境」。

萬松老人云：「船橫野渡涵秋碧。此頌得到法身。纜舡於澄源湛水。疏山以法身為枯樁。此真繫驢橛也。」此即涅槃前一色。所以說「純清絕點真常流注」屬於有漏境界。到此小死一回絕後復蘇證入有漏涅槃，還要脫胎換骨識陰盡證入涅槃正位。不可在有漏涅槃滯留，「騎驢不肯下」即形容這個情形，這即是「沉空滯寂」或謂「寒灰枯木煨殺人」。大乘菩薩由於在因地即發誓願，要以大慈大悲之心普度眾生，能入涅槃不居涅槃。禪宗以威音那畔空劫以前的涅槃正位為根本依歸。修證者入「涅槃空界」，這是「九重深密」的「禁宮」，禪師到此「不居正位」而要「轉身墮位」，密移一步進入首楞嚴大定。萬松老人云「直待撥轉船子。未免棹入蘆花照雪明處。到此清光照眼似迷家。明白轉身還墮位」表明進入有漏涅槃。盤山寶積禪師說：「心月孤圓光吞萬象，光非照境境亦非存。光境俱亡，復是何物。」禪者脫胎換骨證得涅槃正位。證入清淨涅槃可謂「到家」，然而卻不能居留。修證到此涅槃正位轉身退位，須「密移一步見飛龍」。

圓悟克勤云：

蓋本分手段，初無造作，只貴快自承當剔起便行，可以籠罩古今，十方坐斷，萬世千劫，不移易絲毫許。倘未能如是頓超，亦須先自擺脫根塵妄緣，以至淨妙，殊勝理道，待空豁豁地，如桶脫底，胸次蕩然，疑情盡去，勝解俱忘，自然根本洞明。與從上來同得同證，曾無

> **間隔，乃是入理之門，語中之則。**終不向髑髏前，見神見鬼，認影認光，墮在窠窟，求出處不得。

> 憨山德清云：
>
> **所謂空非絕無之空。正若俗語謂旁若無人。豈旁真無人耶。第高舉著眼中。不有其人耳。所謂幻者。非變怪之幻。乃有而不實之謂也。**譬若市如弄筒子。撮出許多人物一般。然此筒中。本無所有。而忽然有之。雖有而非真實也。**既非真實。即是本無。由本無故說空耳。**故曰。譬如幻化人。非無幻化人。幻化人。非真人也。人既非真。豈不是空耶。**佛說空字。乃破世人執著以為實有之謂。非絕無斷滅之謂也。**誠恐世人淪於斷滅。復說幻字。以遣其斷滅之見。是則一切身心諸法。因幻故空。由空故說如幻耳。**此二字相須而觀。則頓見其妙。所言空。即幻有以觀空。名曰真空。**所謂有。**乃本無之幻有。名曰妙有。由真空故。心非斷滅。由妙有故。境是無生。境既無生。則心何取著。**心既非斷。則妄念何存。妄念不存。將何心而取境。境本是幻。將何境而牽心。斯但心不取境。而心非斷滅。境不牽心。而境自如。心境如如。

曹洞宗小五位所謂「細中移足，鶴出銀籠」，即是從有漏涅槃脫胎換骨證入正位後不居正位轉身退位證得首楞嚴佛性，此即成佛最關鍵的時節，即「識陰盡」的時節。洞山良价云：「光境未亡復是何物」，

即謂進入有漏涅槃。「鶴騰霄漢出銀籠」意謂突破涅槃境界。轉身證到首楞嚴大定，佛性出世建立世界。「密移一步玄路轉，無限風光大地春」，形容佛性出世建立世界。只有經歷涅槃證得佛性，「枯木生花」才能驗證是否進入涅槃正位，是否與無漏涅槃同質化。

「尊貴之人不居尊貴之位」。君臣本質相同。「臣」即是首楞嚴大定的定心，即《涅槃經》所說的「佛性」。這是「儲君」即等覺佛位。長沙景岑禪師說：**「百尺竿頭須進步，十方大地是全身」**，形容「萬法與我同體」。正中來最後轉入首楞嚴大定。定心從涅槃正位轉身進入首楞嚴大定，尚未接觸世俗。此是「正中來」最後次第。菩薩定心尚未與世俗接觸。鼓山元賢說「未與塵境合」。菩薩的心內世界未與眾生現象界重合。此際「見山不是山，見水不是水」。禪師要經歷長期修證進入「理事無礙法界」，才能「世法佛法打成一片」。佛性出世後，菩薩定心「機輪兩頭走」。定心在涅槃佛性之間「無須鎖子兩頭搖」，「金針往復來」。「正中來」最後是「兼中至」初級次第。兼中至境界「定心往復」。「金針雙鎖」而至「鉤鎖連環」。進入正偏兼帶時，定心不動則進入理事無礙法界。**若涅槃佛性混融一體則證入事事無礙法界，證得一切種智**。

涅槃境界「萬法泯時全體現」，涅槃內部沒有任何「現象」。所謂「內無六根外無六塵」。涅槃「不見一色」而滅盡定定心具有「見聞覺知」（「四臣不昧」）。「一人發真歸元，十方虛空悉皆消隕」。由此「本來無一物」的涅槃轉身退位證得佛性，洞山良价說「枯木上撒些花子」。禪師說「錦上添花」、「逼塞虛空」、「磕著觸著」等，表示「枯木生花」。進入理事無礙法界，塵塵剎剎所顯現的全是佛性本體，佛性「遍界不曾藏」，菩薩境界萬法皆真，「山河與大地，全露法王身」，「萬法皆空」即謂菩薩所見事相「洞然全是釋迦身」，「菩薩見色無非觀空」。禪師入廛垂手普度眾生，此際「凡聖分離」。佛性定心具有見聞覺知，百丈懷海禪師所謂「靈光獨曜，迥脫根塵」的定心，這也是「實際理地不受一塵」的佛性本體。涅槃定心「無動於衷」，「白雲終日倚，青山總不知」，「庵內不知庵外事」。到凡聖分離正偏兼帶境界，雲門文偃大師謂之「菩薩當體即空」，眾生世界的現象在佛眼觀照下即是佛性本體。山河大地森羅萬象，菩薩「撒手懸崖下，分身萬象中」，佛性本體「身先在裡」。菩薩觀照下「一多無礙大小相容」。《心經》云「色不異空空不異色」。「分身萬象中」意味佛性分身千百億，大千世界塵塵剎剎皆為佛性本體，此即「十方大地是全身」。僧肇所謂「觸事而真」。在佛眼觀照下，「事相」皆是佛性本體，萬法皆「空」的「空」乃是佛性本體。菩薩道謂佛事門中不捨一法。三祖《信心銘》云：「六塵不惡還同正覺」。在正偏兼帶境界，若涅槃佛性混居一體進入事事無礙法界。《心經》云「色即是空空即是色」。事法即是本體，故法眼文益大師云：「萬象明明無理事」，又云「**理無事而不顯，事無理而不消**，事理不二，不事不理，不理不事」（《文益語錄》）。而禪師云「體用何妨分不分」。菩薩境界裡事理相即不二。理與事乃是非一非異相即相成的關係。在「理事無礙法界」，「理」與「事」雖然相融無礙，仍然有所區別。現象還會顯現。理事無礙法界「驢覷井」、「井覷驢」。「**郁郁黃花無非般若，青青翠竹皆是法身**」。而在「事事無礙法界」沒有現象。如同百千明鏡互相鑒照，光輝互攝互入，無觀察者也無觀察對象。形成無比燦爛的「因陀羅網」，每個珠體都是一個宇宙的本體，含蘊無數的宇宙，如此重重無盡，「驢覷井、井覷驢、井覷井」。塵塵剎剎全體成佛。事事無礙法界的禪定基礎是「凡聖分離正偏兼帶」，涅槃佛性混融一體，到此證得一切種智。

佛性定心具有特殊感知功能，修證到理事無礙法界，世法佛法打成一片。「見山是山見水是水」，「法住法位，世間相常住」。菩薩證入事事無礙法界，塵塵剎剎皆是本體也含蘊一個宇宙。如此重重無盡，形成無窮維的宇宙。到此證得「一心三觀」，即大乘中道，也證得一切種智。

・有漏涅槃（正中來）

有漏涅槃意謂定心未入清淨涅槃，謂「粗中之細，人牛不見處正是月明時」。**到此消融粗中之細的妄識尚有細中之細。補特伽羅細心未泯。**謂之「室內紅塵」，意謂法執法愛尚未泯除。**法身初立一片虛明。若證入涅槃點額而回，「沉空滯寂」留戀涅槃安樂，不肯轉身退位，則「死水淹殺」、「鬼窟裡作活計」，只能落在法身邊，「未得漏盡」不能證得佛果。**禪宗形容有漏涅槃，盤山寶積謂「光境俱亡復是何物」，從涅槃前一色小死一回證入有漏涅槃。《十玄談》謂此「正位前一色」。長沙景岑謂「百尺竿頭坐的人」、謂「黯黯青青處」，「獨守寒岩異草青，坐卻白雲終不妙」，「清光照眼似迷家」。萬松老人謂「天地黯黑如一錠墨相似。喚作衲僧奪胎換骨轉身一路」、「萬里無寸草」、「淨地卻迷人」、「萬里無雲天有過」、「青天也要吃棒」。**泯滅粗中之細妄識，尚有細中之細。進入「光境俱亡復是何物」（盤山寶積）的境界。有漏涅槃在偏位，白色，禪師常以「雪屋」、「銀籠」形容有漏涅槃。有漏涅槃處於「識陰區宇」，尚有識陰未盡。**

開福道寧云：

枯木岩前道人不顧。塵勞界內衲子興悲。**戀著玄關全虧大用。灰身滅智豈是良圖。**裂破面門救諸苦趣。為祥為瑞今正是時。號令既行云何話會。

「**戀著玄關**」、「**灰身滅智**」即所謂：「莫守寒岩異草青，坐卻白雲終不妙」，形容有漏涅槃境界。「裂破面門救諸苦趣」意謂從涅槃轉身退位，佛性出世。

《空谷集》林泉老人云：

不見道**莫守寒岩異草青。坐卻白雲終不妙。正如以癡絕工夫打疊妄心。內守幽閒外絕幻境。灰身滅智撥喪無餘。緊閉玄關施呈妙悟。然則漸修頓悟頓悟漸修。翻覆看來。到底終須親到一回始得。**不見道。**未到無心需要到。及到無心無也休。**

投子義青云：

舉僧問洛浦。學人欲歸鄉時如何。浦云。家破人亡。子歸何處。僧云。恁麼則不歸去也。浦云。庭前殘雪日輪消。室內紅塵遣誰掃。

【按】「家」謂正位。「室內紅塵」意謂「法執猶存」，法愛不忘，猶有執著。此謂有漏涅槃。

洛浦元安云：

因僧問。學人擬歸鄉時如何。浦曰家破人亡子歸何所。曰恁麼則不歸去也。浦曰。庭前殘雪日輪消。室內紅塵遣誰掃。乃有偈曰。決志歸鄉去。乘舟泛五湖。舉篙星月隱。停棹日輪孤。解纜離邪岸。張帆出正途。到來家蕩盡。免作屋中愚。

【按】證入清淨涅槃，謂「**家破人亡**」。「**庭前殘雪日輪消。室內紅塵遣誰掃**」謂有漏涅槃尚有「識陰未盡」，在識陰區宇。到此「粗中之細，人牛不見處正是月明時」。還有「細心」之類妄識未盡。「**到來家蕩盡。免作屋中愚**」謂大死一回家破人亡。

洞山梵言禪師云：

上堂。臘月二十日。一年將欲盡。萬里未歸人。大眾。總是他鄉之客。還有返本還源者麼。擊拂子曰。**門前殘雪日輪消。室內紅塵遣誰掃。**

【公案】《從容錄》第二十六則仰山指雪

示眾云。冰霜一色。雪月交光。凍殺法身。清損漁父。還堪賞玩也無。

舉仰山指雪師子云。還有過得此色者麼（仰山不覺平地吃交）。雲門云。當時便與推倒（不奈船何打破戽斗）。雪竇云。只解推倒不解扶起（路見不平拔劍相助）。

師云。古人臨機遇物。發明空劫以前一段大事。《法華經》云。純一無雜具足清白梵行之相。說者以謂。白是眾色之本。一乘是諸乘之源。而不說白色向上更有事在。故仰山指雪師子。示眾云。還有過得此色者麼。且白是眾色之本。雪色至白。如何更有過此色者。**萬松道。既稱為色。必與眼對。過白之色。唯無色者。不與眼對。**雲門所以道。當時便與推倒。若便向至白無白處。認著正是墮在無色界中。雪竇所以別指出一條活路。**向推倒處。卻教扶起。**佛眼云。若向這裡扶持起來。甚生次第事。萬松道。若是他宗異派。不道不得。更須知**有洞上宗風正倒時便起。正起時便倒底時節。然後起倒同時。起倒不立。**更買草鞋。行腳三十年不見。佛覺頌云。**一色無過指示人。白銀世界裡頻申。超然推倒還扶起。爭似東風煦日新。**萬松道。日出後一場懡㦬。一等學人。見雲門推倒雪竇扶起。便作機鋒轉換。大用無方會。見向一色邊不得色邊會。以為宗旨血脈。已有佛覺為證。如或不信。更問天童。頌云。

一倒一起雪庭師子（恰似個活底）。慎於犯而懷仁（識法者恐）。勇於為而見義（路見不平）。清光照眼似迷家（東西不辨）。明白轉身還墮位（更上一層樓）。衲僧家了無寄（且過一生）。同死同生何此何彼（刀斧斫不開）。暖信破梅兮春到寒枝（收得返魂香）。涼颷脫葉兮秋澄潦水（來撾塗毒鼓）。

師云。雲門一倒。雪竇一起。仰山指師子。要過此色。三個鼎足闕一不可。三玄三要盡在於茲。仰山恐人坐在明白裡。豈非慎犯懷仁也。指似於人令過此色。豈非勇為見義也。魯語曰。見義不為無勇也。**雲門又恐坐在一色邊也。**豈非慎犯懷仁。便與推倒。亦勇為見義也。

雪竇恐人只解推倒。乃慎犯懷仁也。更能扶起。勇為見義也。不見。**趙州道。老僧不在明白裡。良以清光照眼猶自迷家。明白轉身未免墮位。只解推倒不解扶起。而堪作什麼**。本色衲僧如珠走盤。雖同死同生而不居生死。雖無彼無此而權立彼此。末後兩句。有時。太陽門下。有時。明月堂前。萬古長空。一朝風月。朝菌蟪蛄。且道。而今是什麼時節。且隨老木同寒瘠。將逐春風入燒瘢。

【按】曹洞宗以「雪」比喻有漏涅槃，白色謂偏位，如「雪屋迷人」、「銀籠」等。**「仰山指雪師子云。還有過得此色者麼」**，以「雪獅子」比喻有漏涅槃。「推倒」謂**「坐在一色邊」**，即滯留有漏涅槃，沉空滯寂，故謂：「**趙州道。老僧不在明白裡。良以清光照眼猶自迷家。明白轉身未免墮位。只解推倒不解扶起。而堪作什麼**。」故要「**明白轉身還墮位**」。要百尺竿頭進步，脫胎換骨證入清淨涅槃。

【公案】《擊節錄》第六則仰山指雪（佛果）

舉仰山指雪獅子云。還有過此色者麼（瞎）。雲門云。當時便與推倒（不奈船何。打破戽斗）。雪竇拈云。只解推倒。不能扶起（將錯就錯）。

師云。仰山侍奉溈山。前後二十餘年。乃去行化。一日歸省侍溈山。山問子稱善知識。爭辨得諸方來者。知有不知有。有師承無師承。是義學是玄學。試說看。仰山云。有個驗處。但見諸方僧來。豎起拂子。問伊諸方還說這個。不說這個。這個且置。諸方老宿意作麼生。溈山歎曰。此是宗門中牙爪。仰山有如此為人手段。所以一日指雪獅子問云。還有過得此色者麼。且道他意在什麼處。莫是明一色邊事麼。且得沒交涉。既不明一色邊事。又明個什麼。所以道。鷺鷥立雪非同色。明月蘆花不似他。巴陵鑒和尚。僧問如何是提婆宗。鑒云。銀碗裡盛雪。雪竇拈拄杖示眾云。把斷世界。不漏絲毫。還構得也無。所以雲門道。直得乾坤大地無絲毫過患。只是轉物。不見一色。猶為半提。直得如此。更須知有全提時節。諸上座。翠峰若是全提。盡大地人並須結舌。放一線道。轉見不堪。以拄杖一時打散。雪竇悟到這般田地。方可為人。老僧道瞎。諸人作麼生會。雲門應時應節。但與推倒。用拈仰山意。又被雪竇拈道。他只解推倒。不解扶起。且道雪竇意在什麼處。

【按】《十玄談》「鷺鷥立雪非同色。明月蘆花不似他」形容有漏涅槃。雖然有禪師解釋不同。此處圓悟克勤與「巴陵鑒和尚。僧問如何是提婆宗。鑒云。銀碗裡盛雪」相提並論，可知皆謂有漏涅槃。兩個公案意在「扶起」，不能滯在死水。

宏智正覺云：

舉仰山指雪師子云。還有過得此色者麼。雲門云。當時便與推倒。雪竇云。只解推倒不解扶起。頌曰。

一倒一起。雪庭師子。慎於犯而懷仁。勇於為而見義。清光照眼似迷家。明白轉身還墮位。衲僧家了無寄。同死同生何此何彼。暖信破梅兮春到寒枝。涼飆脫葉兮秋澄潦水。

【按】「雪」白色，比喻有漏涅槃。雲門文偃「推倒」雪師子意謂「明白轉身還墮位」。趙州從諗說「老僧不在明白裡」，也是此意。「暖信破梅兮春到寒枝」暗喻佛性出世。「春到寒枝」即謂「枯木生花」。佛性出世建立世界。

・有漏涅槃公案

【公案】雪峰鼇山得道（《頌古聯珠》）

雪峰與岩頭欽山。至澧州鼇山鎮阻雪。頭每日打睡。師一向坐禪。一日喚頭曰。師兄師兄且起來。頭曰。作什麼。師曰。今生不著便。共文邃個漢行腳到處被他累。今日到此又只打睡。頭喝曰。噇眠去。每日床上坐。恰似七村裡土地。他時後日魔魅人家男女去在。師點胸曰。我這裡未穩在。不敢自謾。頭曰。我將謂。你他日向孤峰頂上。盤結草庵播揚大教。猶作這個語話。師曰。我實未穩在。頭曰。若實如此。據你見處一一通來。是處與你證明。不是處與你剗卻。師曰。初到鹽官。見上堂舉色空義。得個入處。頭曰。此去三十年切忌舉著。又見洞山過水偈曰。切忌從他覓。迢迢與我疏。渠今正是我。我今不是渠。頭曰。若與麼。自救也未徹在。師又曰。後問德山。從上宗乘中事學人還有分也無。山打一棒曰。道什麼。我當時如桶底脫相似。頭喝曰。你不聞道。從門入者不是家珍。師曰。他後如何即是。頭曰。他後若欲播揚大教。一一從自己胸襟流出將來。與我蓋天蓋地去。師於言下大悟。便作禮起。連聲叫曰。師兄。今日始是鼇山成道。頌曰。

枯木法成云：

說盡平生去住因。到頭難遇赤心人。忽然自肯成家業。瓦礫拈來也是珍。

【按】不住涅槃死水轉身退位，佛性出世建立世界，即「自肯成家業」。

龍門清遠云：

鼇山成道足人傳。莫是從前話未圓。賴有玄沙知始末。遍身紅爛在漁船。

【按】玄沙師備曾有公案，形容佛性為「遍身紅爛，無你近旁處」。

佛燈守珣云：

丈夫凌勵志英雄。向外馳求枉用功。到得鼇山開眼覷。方知屋裡用無窮。

【按】「方知屋裡用無窮」，形容佛性出世後大機大用。「屋裡」謂「心內世界」。

鐵山仁（二）云：

孤村陋店雪紛紛。平地無風起浪痕。醜拙只因藏不得。胸襟流出蓋乾坤。

【按】「雪」謂有漏涅槃，「平地無風起浪痕」謂生成現象界。「波浪」比喻現象界。「胸襟流出蓋乾坤」，不妨說「胸襟流出是乾坤」，「十方世界是全身」。

三回九度太顛頂。到底須尋舊路還。待得鼇山消積雪。至今平地起波瀾。

【按】「待得鼇山消積雪」謂從偏入正出離涅槃。佛性出世「平地起波瀾」。

宏智正覺云：

仰山夢往彌勒所。居第二座。尊者白云。今日當第二座說法。山起。白槌云。摩訶衍法。離四句絕百非。謹白。仰山舉似溈山。山云。子已登聖位。師頌云。**玉女依稀夜動機。錦絲歷歷吐梭機。水天湛碧全功墮。雪月寒清一色迷。**諸禪德。**全功負墮。一色猶迷。**作麼生體悉得恰好相應去。**權掛垢衣云是佛。卻裝珍御復名誰【佛性出世云是佛】**。

【按】「雪月寒清一色迷」此謂正位前一色，有漏涅槃。機輪已動要脫胎換骨證入涅槃正位，轉身退位證得佛性。大定定心「權掛垢衣云是佛。卻裝珍御復名誰」。佛性出世以「佛」名義救世。

【公案】《頌古聯珠》

盤山示眾曰。心月孤圓。光吞萬象。光非照境。境亦非存。光境俱亡復是何物。洞山曰。光境未忘復是何物。

【按】此兩句解釋「正中來」，「心月孤圓。光吞萬象。光非照境。境亦非存，光境俱亡復是何物」，即有漏涅槃。萬松老人云「天地黯黑如一錠墨相似，正是衲僧脫胎換骨轉身一路」。到此脫胎換骨識陰盡證入涅槃正位。洞山良价曰「光境未忘復是何物」，意謂從正位轉身退位證得佛性。「摻些花子」即枯木生花之謂。「光境未忘」謂從有漏涅槃脫胎換骨證入涅槃正位，轉身退位佛性出世。若云「一人發真歸元」。五祖法演說「觸著磕著」、「錦上添花」皆謂枯木生花。

肯堂彥充云：

光非照境境非存。光境俱亡復是痕。滿地落花風掃盡。依前流水繞孤村。

【按】「光境俱亡復是痕」，坐在有漏涅槃也是法執，謂「寒岩死水」。「滿地落花風掃盡」形容涅槃妄識消融。「依前流水繞孤村」謂佛性出世父子不離正偏兼帶。

松源崇岳云：

描不成兮畫不成。臥龍長怖碧潭清。擬心湊泊終難會。達者應須暗裡驚。

【按】「臥龍長怖碧潭清」，形容不居正位，不死守寒岩，不在死水淹殺。「澄潭不許蒼龍蟠」。「光境未亡」則轉身退位證得佛性。「錦上添花」也。

【公案】《頌古聯珠》

保福問長慶。盤山道光境俱亡。復是何物。洞山道光境未忘。復是何物。據此二老商量。猶未得剿絕。作麼生得剿絕。慶良久。師曰情知和尚向鬼窟裡作活計。慶卻問汝又作麼生。師曰兩手扶犁水過膝。

【按】「向鬼窟裡作活計」形容滯在涅槃死水。「兩手扶犁水過膝」形容佛性出世菩薩入廛垂手。「兩手扶犁」謂正偏兼帶。「水過膝」謂「入泥入水」，即謂菩薩行。翠峰覺顯云。俱忘未忘總由我，形容菩薩境界定心往復，「捏聚放開」總由我。「柳絮隨風。自西自東」形容「金針往復來」，定心「妙體本來無住處」。天童正覺云。「俱忘未忘。奪人奪境」。這裡引用臨濟義玄「四料揀」。「俱忘」謂有漏涅槃，「奪境不奪人」，「未忘」即「奪人不奪境」，此即佛性出世建立世界。到此境界菩薩已經泯滅自我意識，故謂「奪人不奪境」。

【公案】《宗鑒法林》

盤山示眾。心月孤圓。光呑萬象。光非照境。境亦非存。光境俱亡。復是何物。洞山价云。光境未忘。復是何物。

雲門偃云。直饒恁麼猶是半途。未是透脫一路。良久云。天台華頂。趙州石橋。

【按】「天台華頂。趙州石橋」，雲門文偃所頌乃理事無礙法界。佛性出世後還要長期修證，經過「金針往復來」證得「鉤鎖連環」乃至正偏兼帶才到「理事無礙」。

笑隱大欣云：

玉露暗飄無影樹。金風微動夜明簾。木人鞭起泥牛吼。不許蒼龍臥碧潭。

【按】「不許蒼龍臥碧潭」，意謂不能滯在寒岩死水，金龍豈守於寒潭？

【公案】為霖道霈

昔僧問曹山。朗月當空時如何。山云。猶是階下漢。朗月當空。幾人到此田地。曹山猶道。是階下漢。你道過在什麼處。不見道清光照眼似迷家。明白轉身猶墮位。豈不是此人過處。這僧卻也伶俐。便進云。請師接上階。山云。月落後來相見。只如月落後如何相見。聽取一偈。昨夜姮娥傳信息。金錢不許戲蝦蟆。大家推倒廣寒殿。相邀來吃趙州茶。珍重。

【按】月落後進入「有漏涅槃」，到此天地黯黑脫胎換骨識陰盡。趙州茶公案意在泯滅自我意識為核心的妄識。打破鏡、推倒廣寒殿、相邀來吃趙州茶。月落後來相見，即意謂脫胎換骨命根斷的時節。掃除寶華冠，貼體衫子，細微妄識。

【公案】《從容錄》第十七則洞山初秋（解結）

示眾云。這邊那畔。孰能推倒界牆。正去偏來。你試蹴踏芳草。作麼生囑咐則是。

舉洞山价禪師解夏上堂云。秋初夏末。兄弟或東或西。直須向萬里無寸草處去（好因緣是惡因緣）。良久云。只如萬里無寸草處。作麼生去（伏取處分）。顧視左右云。欲知此事。直須如枯木上花開方與他合（乾暴暴時須潤濕。冷清清處要溫和）。石霜云。出門便是草（動落今時猶自可）。明安云。直得不出門。亦是草漫漫地（靜沉死水更難甘）【室內紅塵，法執法愛】。

師云。一大圓覺為我伽藍。云何解制而論東西。直饒指教深隱寒岩飽看冷翠。坐白雲而終須不妙。守丹嶠而未必便宜。教人指默垛根。到了枉稱鷩古。所以洞山恐伊墮在無事界中弄巧成拙弱喪忘歸。良久云只如萬里無寸草處作麼生去此。皆養子之緣怕折奸便。可謂兒行千里母行千里。翻覆尋思再三招撥。顧視左右云。欲知此事直須枯木上生花方與他合。可謂正雖正而偏。偏雖偏而圓。一日藥山指枯榮二樹問道吾曰。枯者是榮者是。道吾云榮者是。山曰灼然一切處光明燦爛去。又問雲岩云枯者是榮者是。岩云枯者是。山曰灼然一切處放教枯淡去。高沙彌忽至。山云枯者是榮者是。彌云。枯者任他枯。榮者任他榮。山回顧道吾云岩曰不是不是。其實此事轉轆轆活鱍鱍。如盤走珠了無滯跡方為可也。若一向指教無寸草處去。石上釘橛何時得出。許令枯木生花。似許放開一線。致令石霜點罰道。出門便是草。汝但起心動念。豈非落在今時。後明安云。直得不出門亦是草漫漫地。此雖難會卻最易知。不見道。

天童後來一併頌出。草漫漫。門裡門外君自看。荊棘林中下腳易。夜明簾外轉身難。若論轉身一路。寧免丹霞指出。頌曰。

歸家豈坐碧雲床（久靜思動）【不坐死水】。出戶不行青草地（久動思靜）【不落今時】。南北東西本自由（放浪多日）。渠無向背那迴避（心不負人面無慚色）。

師云。不立纖塵處。寂寥事事無。到來家蕩盡。免作屋中愚【涅槃】。雖處碧雲深處。應須緩步移身【密移一步】。當於皓月輝時莫避入廛垂手。既辭竺土豈戀胡床。此乃正不居正之小様也。為入息不居陰界。故出息不涉眾緣。非嫌面上夾竹桃花。唯怕肚裡侵天荊棘。曾不墮青青黯黯【有漏涅槃】。那肯滯莽莽芊芊【今時紅塵】。任觸目之荒林。盡論年之放曠。可謂百花叢裡過。一葉不沾身【保任】。此乃偏不垂偏之大略也。是他得的人千自由百自在。不於石室生根。且向草庵止宿【妙體無處所】。不見石頭和尚道。問此庵。壞不壞。壞與不壞主元在。不居南北與東西。基址堅牢以為最。又云。回光返照便歸來。廓達靈根非向背。恁麼看來。有迴避無迴避。還委悉麼。相逢無話說。不見又思量。

【按】此公案描述三個境界。「萬里無寸草」謂有漏涅槃，「出門便是草」謂今時紅塵，「不出門草漫漫」，謂室內紅塵。門裡謂涅槃境界，有漏、無漏涅槃、門外即眾生世界。「斫卻月中桂。清光應更多」意謂泯除菩薩的妄識，所知障。

【公案】《禪林類聚》

雲門示眾云。直得乾坤大地無纖毫過患。猶是轉句。不見一色始是半提。更須知有全提時節。

松源崇岳頌：

百尺竿頭弄險。是非海裡橫身。更有全提底時節。只堪惆悵不堪陳。

【按】百尺竿頭，指進入有漏涅槃之後，「雖然得入不為真」。「更有全提底時節。只堪惆悵不堪陳」指無漏涅槃，要脫胎換骨命根斷，泯滅自我。正是「要命」的境界，故云「斷腸」、「惆悵」等。到此「百尺竿頭須進步，十方大地是全身」，即謂佛性出世建立世界。

應庵曇華云：

進云。盡乾坤大地。無纖毫過患。猶是轉句。不見一色。始是半提。須知更有全提時節。如何是全提時節。師云。賺殺闍梨。

【按】「**不見一色。始是半提**」形容有漏涅槃。「**賺殺闍梨**」謂無漏涅槃。

真歇清了云：

饒你得到精明湛不搖處，猶未去它識陰在。此是靜想，不脫己見，不明一向坐在無事界中，喚作打淨潔球子；殊不知勞慮永斷，得法界淨，即彼淨解，為自障疑。此乃得在於神靜，失在於物虛，錯認定盤星，**只管喚作無心境界**，且喜沒交涉。**正是業識茫茫、外道見解**；西天九十六種，最下一種也須勝你。

【按】這裡真歇清了所說「**饒你得到精明湛不搖處，猶未去它識陰在。此是靜想，不脫己見**」形容有漏涅槃「真常流注」境界，此謂「識陰區宇」。所謂「**無心境界**」，「正是業識茫茫」。鈴木大拙以「無心」為最高境界，誤矣。

無異元來云：

作工夫，疑情發得起，與法身理相應，便沉沉寂寂去，休去歇去，一念萬年，將疑情鈍置法身理中，不得受用；一向死去，無回互，無管帶，全被死水裡浸殺，自謂之「極則」通身是病，非禪也。石霜會下，如此用功者極多；縱坐脫立亡，不得受用。若受得鉗錘，知得痛癢；轉得身，吐得氣，便是人。若不知痛癢，雖會得法身句，只饒坐斷十方，有甚用處？天童所謂「坐斷十方猶點額，密移一步看飛龍」！

作工夫。疑情發得起。與法身理相應。行住坐臥如在日色裡。如在燈影裡。淡淡地沒滋味。或更全身放下。坐到水澄珠瑩之際。風清月白之時。正恁麼時。依正報中都成一片境去。清清淨淨。伶伶俐俐。自謂之究竟。不得轉身吐氣。不得入塵垂手。又不肯求人抉擇。或向淨白界中別生出異念。謂之悟門。通身是病。非禪也。天童所謂清光照眼似迷家。明白轉身猶墮位。良以清光照眼。豈非水澄珠瑩。風清月白乎。明白轉身。更進得一步。只消似迷墮位四個字一印印定。行人到此。又作麼生區處。只須有大轉變。古人在有警語為人處，大有葛藤相委簍，自是人不肯打徹，欲學善知識在人叢馬踏之中，千自由、百自在，得不難乎？

天如惟則云：

又有一種學者能向者裡反省。前面二者俱非。二俱遠離。單持正念。幸而作到身心寂滅。前後際斷。一念萬年去。卻又坐在乾淨田地上自以為究竟。於是祖師呵責之。謂其被勝妙境界障住。正悟不得現前。此亦名為可憐憫者。

【公案】《虛堂集》第九十七則天寧夜半（對機）（林泉老人）

示眾云。空手把鋤頭。今秋決好收。步行騎水牛。念念不停留。擬涉思惟處。提防害口羞。舉僧問天寧。夜半正明。天曉不露。如何是不露底句（開口即錯）。寧云。滿船空載月。漁父宿蘆花（但得隨流妙。何妨苦纜舟）。

師云。日午猶虧半。烏沉始是圓。幾人能曉會。明暗未分前。當於空劫之際朕兆之初。一念不生纖塵不立。淨裸裸赤灑灑處轉身吐氣。不守寒岩不沉死水。運心月以恆明。使迷雲而殄滅。所以道人牛不見處。正是月明時。故向第二門頭入廛垂手。接物利生。雖則念念釋迦出世。步步彌勒下生。而豈知周遍十方心。不在一切處。是知雖在今時而不落今時。這僧若能心不附物。語不立玄。何必低情下意取覆他人。致使天寧搖篙鼓桌罷釣收綸道。滿船空載月。漁父宿蘆花。可惜不遇金鱗。空使虛勞心力。寧免丹霞向正明不露處。依稀越國彷彿揚州。頌曰。

星流水國夜然燈（一點分明）。月印江天明似鏡（十分光彩）。隱顯無私位不該（二邊莫立）。依稀擬動成偏正（中道難安）。

師云。眼似流星心如湛水。六國安寧非無儀軌。向更深夜靜浪止風恬杜絕辭源時。慧燈沉影。照燭壺天。況兼皎月復印澄江。上下冥通。若軒轅之寶鏡。內外交徹。勝照膽之良規。隱顯無私。晦明有準。雖是排班無位次。屈指不倫流。其間該括意趣非輕。擬之則動落今時。邊方雖有令。不是太平年。議之則靜沉死水。莫守寒岩異草青。坐卻白雲終不妙。直得正偏兼到事理雙明。不偏枯無窒礙。放教活鱍鱍。免致死郎當。方有些子少分相應。還能恁麼措置麼。密移一步六門曉。無限風光大地春。

【按】「滿船空載月，漁父宿蘆花」謂有漏涅槃，菩薩境界。

百愚淨斯云：

舉保福問長慶云，盤山道光境俱亡復是何物。洞山道。光境未忘復是何物。據此二老總未剿絕。如何得剿絕去。慶良久。福云情知你向鬼窟裡作活計，慶云，你又作麼生，福云，兩手扶犁水過膝。乃云。盤山洞山猶未剿絕。只如保福長慶與麼道。還剿絕也未。如未剿絕。青龍為伊剿絕去，兩手扶犁水過膝，通身不覺帶黃泥，怎如無事貪眠客。曉聽春禽傍柳啼。

「盤山洞山猶未剿絕」意謂妄識未泯，菩薩境界確有所知障，處於有漏涅槃。「俱亡未忘」意謂已經脫胎換骨卻轉身退位，佛性出世後菩薩入泥入水普度眾生，這是大乘成佛要旨。「怎如無事貪眠客」意謂「不如全身入帝鄉」，意謂處於大定。這要看時節，時節未到，「縱使深山更深處，也應無計避征徭」。要成佛果，入泥入水普度眾生，這是必要的修行。「無事貪眠客」謂那伽定。

圓悟克勤云：

高超十地不歷僧祇。物我一如身心平等。不與萬法為侶。不與千聖同途。歷歷常光現前。處處壁立萬仞。直饒透出威音已前。猶是這邊事在。及乎理隨事變應物應機。或現十種他受用身。或現三尺一丈六。有時孤峰頂上目視雲霄。有時淺草平田橫三豎四。亦只是這邊事。只如不動步而廓周沙界。不起念而周遍十虛底人。且道九旬三月還結夏也無。雲在嶺頭閒不徹。水流澗下太忙生【正偏兼帶】。

一向孤峰獨宿目視雲霄。雖則不埋沒宗風。無乃太高生。一向十字路口土面灰頭利物應機。

雖則埋沒自己。無乃太屈辱生。況明悟之士。頂門具眼。肘下有符。出沒卷舒得大自在。動若行雲止猶谷神。可以或孤峰獨宿。不礙土面灰頭。或土面灰頭。不礙孤峰獨宿。

圓悟克勤所頌，**正是菩薩正偏兼帶境界**。「頂門具眼肘下有符」，「**出沒卷舒**」即謂放行把定。定心隨流得妙，「**動若行雲止猶谷神**」。「**孤峰獨宿**」謂涅槃，「**土面灰頭**」謂「十字街頭土面灰頭」即謂佛性。此即理事無礙之謂。「**雲在嶺頭閒不徹。水流澗下太忙生**」謂正偏兼帶。

開福道寧云：

僧問如何是事法界。師曰。杖子拈將來。隨時得受用。僧云如何是理法界。師曰。妙體本無私。應緣非少剩。僧云如何是理事無礙法界。師曰。通同歸實際。語妙少知音。僧云如何是事事無礙法界。師曰肥典座瘦維那。

【按】「**肥典座瘦維那**」比喻「前釋迦後彌勒」而成「佛真法身」。在正偏兼帶境界，若涅槃佛性混融一體，即是事事無礙法界。「肥典座瘦維那」**亦可喻此**。

宏智正覺云：

上堂云。寒雲密密。野雪漫漫。路絕千差。家迷一色。若未到這田地者。是須踏步向前。若墮此功勳者。要須轉卻了來相見。且作麼生是相見底事。良久云。通身無辨處。當頭不坐功。

靜沉沉。明蕩蕩。雪滿十方。雲迷四向。一色影裡。是誰坐著功勳。百尺竿頭。阿你變通伎倆。恁麼時須辨幾微。恁麼處須明的當。趁不去露地白牛。透得過渡河香象。徹見其源。如指諸掌。

• 涅槃前一色與有漏涅槃之不同

「內守幽閒」、「真常流注」屬於法身卻不屬於涅槃境界。我們稱這個境界為「涅槃前一色」。由此小死一回絕後復蘇進入有漏涅槃。此即「法身初立一片清虛」。到此不能獨守寒岩坐卻白雲，否則死水淹殺。澄源湛水尚棹孤舟，金龍豈守於寒潭。百尺竿頭須進步，十方大地是全身。由此脫胎換骨識陰盡，子歸就父進入涅槃正位，立刻轉身退位證入首楞嚴大定，子歸就父意謂與清淨涅槃同質化。進入正位卻不居正位，「夜明簾外轉身難」。入塵回途再入人間。「回途石馬出紗籠」。佛性出世，此謂凡聖分離。

《首楞嚴三昧經》云：

首楞嚴三昧。不以一事一緣一義可知。一切禪定解脫三昧。神通如意無礙智慧。皆攝在首楞嚴中。譬如陂泉江河諸流皆入大海。如是菩薩所有禪定。皆在首楞嚴三昧。

我們尚要注意，沒有證入涅槃正位處於有漏涅槃，謂之「正位前一色」（《十玄談》），若證入涅槃正位卻點額而回滯留涅槃，不知轉身退位，則謂「正位一色」（宏智正覺）。菩薩也處於有漏涅槃，菩薩已斷根本無明，尚有所知障、枝末無明。雖云有漏涅槃，定境不同。

《楞嚴經》云：

阿難。彼善男子。修三摩提。行陰盡者。諸世間性。幽清擾動。同分生機。倏然隳裂。沉細綱紐。補特伽羅。酬業深脈。感應懸絕【細心未滅】。六根虛靜。無復馳逸。內內湛明。入無所入。

【疏】由定所攝。無行陰使。雖存六根。識不馳散。故云虛靜。無復馳逸（〈融室云〉行既銷滅。識無所動。則六根虛靜。無復馳逸取六塵矣。單指六根者。以是識陰所執受。行陰所開合故）。唯專內境。**定心內照。故云內內湛明。**

深達十方。十二種類。受命元由。觀由執元。諸類不召。於十方界。已獲其同。精色不沉。發現幽秘。此則名為識陰區宇。

有漏涅槃，正在「識陰區宇」。「**補特伽羅。酬業深脈**」，此謂「細心」一類細微妄識，由此脫胎換骨，「細中之細，今年貧錐也無」才到清淨涅槃。

• 一死不再活

小乘（包括外道）以非想非非想或有漏滅盡定為涅槃，進入滅盡定「灰身滅智」即謂成阿羅漢。而大乘佛教不然。大乘佛教以「普度眾生」為根本宗旨。作為大乘佛教的禪宗修行者，即使修證禪定境界出離三界，進入彼岸的「無漏滅盡定」，卻不能「一死不再活」，而是「懸崖撒手大死一回，絕後復蘇欺君不得」。這即表明禪師即使進入無漏滅盡定，還要「不居正位」。不能被死水淹殺，不能在鬼窟裡作活計。金龍不守於寒潭，「**夜明簾外，臣退位以朝君，古鏡台前，子全身而就父**」。突破涅槃進入首楞嚴大定，此謂佛性出世。然後重入人間行菩薩道，進入「凡聖分離正偏兼帶」的菩薩境界。定心在涅槃與首楞嚴大定之間「金針往復來」進而「鉤鎖連環」乃至正偏兼帶，這即是禪宗菩薩的境界。

禪師以「一死不再活」形容進入涅槃境界以後，被死水淹殺、獨守寒岩、坐卻白雲、百尺竿頭坐的人，鬼窟裡作活計，這樣的人不必肉身滅度，而是在禪定境界裡迷失，即使百年在定，只是枯木般的死人。修證到此分際，必須活潑潑的，不能死郎當（林泉老人）。我們在石霜慶諸首座的公案裡，看到首座「坐脫立亡」，不要誤會在滯留「涅槃前一色」或涅槃的人都會肉體死亡。

【公案】《從容錄》第七十九則長沙進步（萬松老人）

示眾云。金沙灘頭馬郎婦。別是精神。琉璃瓶裡搗滋糕。誰敢轉動。不入驚人浪。難逢稱意魚。寬行大步。一句作麼生【金沙灘頭馬郎婦。正偏兼帶】。

舉長沙令僧問會和尚。未見南泉時如何（早晨有粥）。會良久（問著便屎臭氣）。僧云。見後如何（更與挑剔）。會云。不可別有也（只向屎堆裡蹉倒）。僧回舉似沙（走口送舌漢）。沙云。百尺竿頭坐底人（竿下底一場懡㦬）。雖然得入未為真（孤危不立道方高）。百尺竿頭須進步（甚底大如個割捨）。十方世界是全身（始信蒲團不是天）。僧云。百尺竿頭如何進步（果有這個在）。沙云。朗州山澧州水（築著磕著）。僧云。不會（可煞聰明）。

沙云。四海五湖王化裡（一任勃跳）【轉自己為山河大地，甚難】。

師云。湖南長沙招賢大師。諱景岑。覺範云。禪師大寂之孫。南泉之子。趙州之兄。當時衲子。倔強如仰山者。猶下之。而呼以為岑大蟲。上堂云。我若一向舉揚宗教。法堂裡草深一丈。事不護己。向汝諸人道。盡十方世界。是沙門眼。盡十方世界。是沙門全身。盡十方世界。是自己光明。盡十方世界。在自己光明中。盡十方世界。無一人不是自己。我常向諸人道。三世諸佛。共法界眾生。是摩訶般若光。光未發時。汝等眾生。向什麼處委。光未發時尚無佛無眾生消息。何處得山河國土來。沙令僧問會庵主。主乃南泉下不出世。潛符密證之徒。燈錄列在末後無機緣語句中。然此話既在。合作一傳。也不為分外。僧作專使。去見庵主。傳長沙法旨云。庵主未見南泉時如何。會默然。僧進云。見南泉後如何。會云。更不可別有也。萬松道。一死不再活。僧回舉似沙。沙述偈云。百尺竿頭坐底人。雖然得入未為真。此與岩頭道雪峰德山不會末後句。病痛一般。萬松常向人道。大似個人把祖父家門。產業並眷屬自身。一契賣卻。置得個水晶瓶子。終日隨形守護。如眼睛相似。莫教萬松見。定與捏破。教伊撒手掉臂。作個無忌諱快活漢。勝默道。撒手懸崖下。分身萬象中。然後朗州山澧州水。四海五湖王化裡。方可配天童水牯牛拖犁拽鈀。頌云。

玉人夢破一聲雞（開眼不覺曉）。轉盼生涯色色齊（無盡藏中受用不了）。有信風雷催出蟄（節氣不相饒）。無言桃李自成蹊（水到渠成）。及時節力耕犁（避者不作）。誰怕春疇沒脛泥（作者不避）。

十二、正中來（偏正五位）

師云。天童得超方三昧。略去庵主緊抱竿頭。不敢轉動處。撥動若一向恁麼去。法堂上草深一丈。優波鞠多。有著身見者。求度於祖。祖曰。求度之法。要信吾言。不違吾教。人曰。既來投師。固當聞命。祖乃化一險崖。山聳喬木。令其上樹。又於樹下。化作大坑深廣千肘。祖令放腳。其人受教即放二腳。令放一手。便放一手。令復放手。其人答言。若復放手便墮坑死。祖曰。先約受教。云何違我。是時其人身愛即滅。放手而墮。不見樹坑。即證道果。長沙朗州山澧州水。謂之善用險崖之句。若非玉人夢破別有生涯。爭得四海五湖蘄新日月。毛詩習習谷風。催之驚蟄。春分後一候。雷乃發聲。漢書。李廣傳贊。桃李無言下自成蹊。宗鏡云。既蘊德行。不言而信。若桃李之自成蹊也。又朗州山澧州水。此語乃拖泥帶水邊事。三聖在會下。令秀上座問沙。南泉遷化向什麼處去。沙云。石頭作沙彌時參見六祖。秀云。不問石頭作沙彌時參見六祖。南泉遷化向什麼處去也。沙云。教汝尋思去。秀云和尚只有千尺寒松。且無抽條石筍。沙不對。秀云。謝師答話。沙亦不對。秀舉似三聖。聖曰。若實恁麼猶勝臨濟七步。聖親上方丈云。和尚早來答話。可謂光前絕後。沙不答。聖云。我從來疑著這漢。佛印頌云。客見長沙陌路同。令人依約探家風。須彌萬仞磨今古。折草量天枉用功。古人把定處放得行竿頭進步。放行時把得定壁立千仞。為什麼如此自由自在。湖南城裡好養民。米賤柴多足四鄰。

【按】證入有漏涅槃，謂「百尺竿頭坐的人」，到此須脫胎換骨識陰盡證入涅槃正位，然後轉身退位證得佛性。佛性出世建立世界。所謂「**朗州山澧州水**」。坐在涅槃死水則「一死不再活」。「**玉人夢破別有生涯。爭得四海五湖嶄新日月**」形容佛性出世，建立大地山河。

大慧宗杲（《續傳燈錄》）云：

> 勤舉。僧問雲門。如何是諸佛出身處。答云。東山水上行。令師下語。師參及一年。凡下四十九轉語皆不契。一日勤赴一達官宅升坐。舉僧問雲門。如何是諸佛出身處。雲門云。東山水上行。若是天寧即不然。若有人問如何是諸佛出身處。只向道。薰風自南來殿閣生微涼。師聞舉豁然省悟。遂以所悟告勤。勤察師雖得前後際斷動相不生。然卻坐在淨裸裸處。語師云。未也。子雖有得矣而大法未明。一日入室。**勤云。也不易爾到這裡田地。但可惜死了不能得活。**不疑言句是為大病。不見道。懸崖撒手自肯承當。絕後再蘇欺君不得。須知有這個道理。師言。某甲只據如今得處已是快活。更不能理會得也。勤不肯。

這是一個真實的故事，發生在圓悟克勤與其弟子大慧宗杲之間。大慧宗杲在真正悟道前，被圓悟克勤禪師察覺到「**坐在淨裸裸處**」，這即是涅槃境界。故此圓悟克勤告誡大慧宗杲：「子雖有得矣而大法未明。」又云：「**也不易爾到這裡田地。但可惜死了不能得活。不疑言句是為大病。不見道。懸崖撒手自肯承當。絕後再蘇欺君不得。須知有這個道理。**」這句話含有極其重要的禪機。大慧宗杲修證到涅槃境界，可謂「**也不易爾到這裡田地**」，然而這畢竟未得成佛正道。圓悟克勤提示大慧宗杲：「**懸崖撒手自肯承**

當。絕後再蘇欺君不得。」禪宗要求突破涅槃轉身退位證得佛性。大慧宗杲卻沒有理解，大慧宗杲答云：「某甲只據如今得處已是快活。更不能理會得也。」這即是曹洞宗所說的「坐在死水淹殺」，因為修證到涅槃已經身心安適，大慧宗杲故云「已是快活」。而圓悟克勤卻沒有「肯認」大慧宗杲的話。這個故事表明，修證者到達涅槃境界，往往處於「涅槃安樂」的地步，學人容易迷戀「涅槃」境界，以為這是極則而沉空滯寂。須知「不居正位」轉身證得佛性才是「祖師禪」。到此密移一步鶴出銀籠，佛性出世建立世界，枯木生花大地回春。

大乘佛教以「普度眾生」為宗旨。作為大乘佛教的中國禪宗修行者即使修證禪定境界出離三界，進入涅槃彼岸的「滅盡定」，卻不能「一死不再活」，而是「懸崖撒手大死一回，絕後復蘇欺君不得」。這即表明禪師即使修證進入滅盡定，還要「轉身退位」。這意謂不能被死水淹殺，不能在鬼窟裡作活計。在涅槃性水中，澄源湛水尚棹孤舟，金龍不守於寒潭，證入正位轉身退位證得佛性。重入人間行菩薩道，此謂「入廛垂手」。而在重入人間的過程中，進入「凡聖分離正偏兼帶」的菩薩境界。這即是禪宗菩薩的境界。

我們要明白，禪師以「一死不再活」來形容進入有漏涅槃以後，被死水淹殺、獨守寒岩、坐卻白雲、百尺竿頭坐的人，鬼窟裡作活計，這樣的人不必肉身滅度，而是在禪定境界裡迷失，即使百年在定，總是一個枯木般的死人。修證到此分際，必須活潑潑的，不能死郎當（林泉老人）。我們在石霜慶諸首座的公案裡，看到首座「坐脫立亡」，不要誤會為一切在「涅槃死水作活計」的人都會肉體死亡。

•莫守寒岩異草青，百尺竿頭進一步

《臨濟宗．四料揀》以「**奪境不奪人**」形容有漏涅槃。臨濟解釋「如何是**奪境不奪人**」，師云「**王令已行天下遍。將軍塞外絕煙塵**」，**形容有漏涅槃未滅自我意識故謂不奪人，絕煙塵謂進入有漏涅槃「不見一色」**。**尚未脫胎換骨進入涅槃正位，到此要百尺竿頭進一步，十方大地是全身**。「不見一色猶是半提」（雲門文偃），所謂一片清虛境界法身初立。禪師謂之「莫守寒岩異草青，坐卻白雲終不妙」，到此「雪屋迷人」境界需要脫胎換骨命根斷證入涅槃正位然後轉身退位。

從禪宗的理路來說，「奪境」「奪人」都是成佛的必要條件，大多數學人有漸修的過程，也就是說，「奪人」（泯滅自我）和「奪境」（不見一色）有漸修的不同階段。在禪宗語境中，「境」意謂「現象界」。這是人的眼耳鼻舌身意所產生的「現象界」，是佛教所說的「六根六塵」所產生的「境」。這樣的「境」被視為虛幻不真的「惑境」。「奪境不奪人」的意旨要學者明白，「境」都是「惑境」。這是有漏涅槃「奪境不奪人」達到的境界。

宏智正覺云：

厭余客路忽思家。鬢髮春饒盡雪花。月底路歧通著腳。歸心未穩隔煙霞。

【按】禪者在悟道成佛之初，雖然達至「有漏涅槃」的境界，但是「立足未穩」。「厭余客路忽思家。鬢髮春饒盡雪華」表示禪師厭棄世俗世界的浮華擾攘，這裡的「家」即是「家山」，意謂涅槃正位。「雪華」通「雪花」，「雪」象徵有漏涅槃。「歸心未穩隔煙霞」形容禪者雖然已經達至有漏涅槃，但是

「歸心未穩」，還需要繼續修煉。「隔煙霞」意謂不見一色，將軍塞外絕煙塵，謂有漏涅槃。

五祖法演云：

學云。如何是奪境不奪人。師云。路上逢人半是僧。

【按】形容有漏涅槃，不見一色。**多數僧人滯在有漏涅槃的死水**。故有此謂。

南堂元靜禪師云：

如何是奪境不奪人。曰。中心樹子屬吾曹。

【按】中心樹子比喻自我意識，有漏涅槃不見一色，尚有細心妄識。

宏智正覺云：

記得僧問巴陵。如何是提婆宗。陵云。銀碗裡盛雪。未審此意如何。師云。猶墮一色在**【有漏】**。進云。恁麼則**滿舡空載月**。**漁父宿蘆花**。師云。轉卻後作麼生。進云。龍得水時添意氣。虎逢山處長威獰。師云。且喜勿交涉。進云。卻請和尚道。師云。**欲識誕生王子父**。**鶴騰霄漢出銀籠**。

宏智正覺「三一色」之「正位一色」形容已到正位卻滯留涅槃（落在法身邊），所謂「鬼窟裡作活計」、「死水淹殺」。涅槃正位是尊貴境界卻不可滯留在此。證入涅槃，一切法執法愛必須消盡。猶如鯉魚跳龍門，跳上又被激流沖下。此謂「龍門不留宿客」。「點額而回」猶如科舉考試未中而回。故修證者要脫胎換骨識陰盡。不居正位轉身退位。「猶墮一色在」謂有漏涅槃。銀碗裡盛雪仍然在有漏涅槃。到此「惑障欲盡種智將圓」。

無異元來云：

作工夫。疑情發得起。與法身理相應。坐到湛不搖處。淨裸裸。赤灑灑。沒可把。便放身去。不識得轉位就機。向這裡強立主宰。滯在法身邊。通身是病。非禪也。洞山云。峰巒挺異。鶴不停機。靈木迢然。鳳無依倚。當知峰巒靈木四個字太煞玄奧。不是乾爆爆地。不停無依四個字太煞活潑。不是死獦狚地。若不究到玄奧處。則不知入理之深。若不到活潑處。則不識旋機之妙。道人用心。用到無可用處。正好見人打翻漆桶。得個徹處。豈可抱愚守株。滯在一隅。甘心做籠中之鶴。退毛之鳳哉。

作工夫。疑情發得起。與法身理相應。見古人道盡大地是沙門一隻眼。盡大地是自己一點靈光。盡大地在自己一點靈光裡。又引教中道一塵中含無邊法界真理。便向這裡領略去。不肯求進益。生不得。死不得。將此解路謂之悟門。通身是病。非禪也。殊不知縱與理相應。若打不脫。全是理障。墮在法身邊。何況被解心牽引。不能入理之深。這個獮猴子捏不死。既死不去。又安得絕後再蘇耶。當知最初發疑情。便要與理相應。既與理相應。要得個深入。既得個深入。須向萬仞岩頭翻筋斗。打將下來。

若留戀涅槃安樂，表明法執法愛必須消盡。禪師謂之「貼體衫子」、「寶華冠」等，圓悟克勤「寸絲不掛猶有赤骨律在。萬里無片雲處猶有青天在」，表明進入有漏涅槃尚有細微妄識，謂之補特伽羅或細心。「**獼猴子**」**指**「**自我意識**」。

無異元來云：

作工夫。疑情發得起。與法身理相應。見盡大地光皎皎地。無絲毫障礙。便欲承當個事。不肯撒手。坐在法身量邊。由此命根不斷。於法身中似有見地。似有受用。殊不知全是子想。古人喚作隔身句。既命根不斷。通身是病。非禪也。到這裡。只須全身拶入。承當個大事。亦不知有承當者。古德云。懸崖撒手。自肯承當。絕後再蘇。欺君不得。若命根不斷。全是生滅心。若命根斷去。不知轉身吐氣。喚作墮身死漢。非究竟耶。

「細中之細，今年貧錐也無」，意謂泯滅細心證入無漏涅槃。到此徹底消融細心、補特伽羅妄識。宏智正覺「正位一色」意謂「魚躍龍門」，到過涅槃正位卻點額而回滯留涅槃，宏智正覺謂「正位一色」。涅槃境界不可滯留。到此「子歸就父」指謂禪者禪定意識與涅槃境界同質化。不過是否真正證入涅槃，是否「全身入理」還要由後果驗證。「枯木生花始與他合」，表明要看能否轉身退位證得佛性，佛性出世建立世界。如此才可驗證「不入驚人浪難得稱意魚」。

入就瑞白云：

僧問。參到急親急切處。**一念不生時。回頭返照。尚有一念不生在。此後當如何用心**。師云。**此處正是生死根本。需要努力打徹始得**。問。參到內不見心。外不見境。止有虛明一片。凝然不動者。如銀山鐵壁。去此後當如何用心。師云。**境空而心不忘。正要跳過銀山。鑽穿鐵壁。方可到家**。

問。參到急親急切處。不自執迷。不取解脫。不斷生死。不求菩提。當此際也。雖有妄想。亦不留礙。此後畢竟如何用心。師云。**此處正是鐵山下鬼窟。莫守寒岩異草青。坐卻白雲終不妙。必須百尺竿頭更進一步始得**。

問。參到根境無依。猶如空中樓閣。七倒八顛相似。畢竟於用心處。云何倒斷。方能續佛慧命。廣導群迷。以報我和尚之恩耶。師曰。**必須將此七顛八倒。抖擻乾乾淨淨。向那邊更那邊。打一個翻身回來。卻向今世門頭。應用無礙**。雖然如是。更須知有向上一竅在。若要知此向上一竅。老僧與你通個消息。三秋籬菊陳金色。映水芙蓉朵朵鮮。

這裡入就瑞白禪師解述「正中來」的次第修證過程。「**一念不生時。回頭返照。尚有一念不生在**」形容「有漏涅槃」。「**參到內不見心。外不見境。止有虛明一片。凝然不動者。如銀山鐵壁**」也形容「有漏涅槃」。進入「正中來」的本體界。「**境空而心不忘。正要跳過銀山。鑽穿鐵壁。方可到家**」形容從有漏涅槃脫胎換骨證入清淨涅槃謂「到家」。到此「不居正位」、「金龍豈守於寒潭」、「古塚不為家」，

「不在鬼窟裡作活計」，「**莫守寒岩異草青。坐卻白雲終不妙。必須百尺竿頭更進一步始得**」，「**尊貴之人不守尊貴之位**」。要「踏破澄潭月，穿開碧落天」。到此轉身退位證得首楞嚴佛性。「密移一步春光曉，無限風光大地春」，佛性出世建立世界。「**必須將此七顛八倒。抖擻乾乾淨淨。向那邊更那邊。打一個翻身回來。卻向今世門頭。應用無礙**」，長沙景岑禪師有「百尺竿頭須進步」的公案。指謂進入涅槃不可坐在死水淹殺，要「十方大地是全身」，所謂「朗州山灃州水」意謂佛性出世建立世界。到此即是「正中來」的最後次第。

宏智正覺云：

舉僧問香嚴。如何是道。嚴云。枯木裡龍吟。僧云。如何是道中人。嚴云。髑髏裡眼睛。僧舉問石霜。如何是枯木裡龍吟。霜云。猶帶喜在。僧云。如何是髑髏裡眼睛。霜云。猶帶識在。師云。王居門裡。臣不出門【有漏】。

香嚴智閑公案，我們另有解說。洞山良价說「龍吟枯木」，龍猶如主人，令枯木逢春。「枯木裡龍吟」謂有漏涅槃。宏智正覺云「王居門裡。臣不出門」，此謂涅槃死水，「王」不退位，「臣」滯鬼窟。所謂「鬼窟裡作活計」。尚有法執法愛，細心未泯。「室內紅塵倩誰消？」「髑髏裡眼睛」謂「死眼」，識陰未盡。到此脫胎換骨命根斷，證入無漏滅盡定後轉身退位證得首楞嚴佛性。

《阿含經》云：「**尊者，若死若入滅盡正受有差別不？**」答：「**捨於壽暖，諸根敗壞，身命分離，是名為死。滅盡定者身口意行滅，不捨壽命，不離於暖，諸根不壞，身命相屬，此則命終入滅正受差別之**

相。」表明禪定境界「死」不是生物學意義的肉體死亡。「壽暖猶在」而處於「**身口意行滅**」。有漏涅槃妄識猶存，「覺經四相」表述自我意識的存在。

《圓覺經》「覺經四相」云：

善男子。一切眾生從無始來妄想執有我人眾生及與壽命。認四顛倒為實我體。由此便生憎愛二境。於虛妄體重執虛妄。二妄相依生妄業道。有妄業故妄見流轉。厭流轉者妄見涅槃。由此不能入清淨覺。非覺違拒諸能入者。有諸能入非覺入故。是故。動念及與息念皆歸迷悶。何以故。**由有無始本起無明為己主宰**。**一切眾生生無慧目**。**身心等性**。**皆是無明**。譬如有人不自斷命。是故。當知。有愛我者我與隨順。非隨順者。便生憎怨。為憎愛心養無明故。相續求道皆不成就**【覺經我相】**。

善男子。云何我相。謂諸眾生心所證者。善男子。譬如有人百骸調適忽忘我身四支弦緩攝養**乖方微加針艾則知有我**。**是故證取方現我體**。善男子。**其心乃至證於如來畢竟了知清淨涅槃皆是我相**。

善男子。云何**人相**。謂諸眾生心悟證者。善男子。悟有我者不復認我。所悟非我悟亦如是。悟已超過一切證者悉為人相。善男子。**其心乃至圓悟涅槃俱是我者**。**心存少悟備殫證理皆名人相**。

善男子。云何眾生相。謂諸眾生心自證悟所不及者。善男子。譬如有人作如是言我是眾生。則知彼人說眾生者非我非彼。云何非我我是眾生則非是我。云何非彼我是眾生非彼我故。善男子。**但諸眾生了證了悟皆為我人而我人相所不及者存有所了名眾生相**。善男子。云何**壽命相**。謂諸眾生心照清淨覺所了者。**一切業智所不自見猶如命根**。善男子。若心照見一切覺者皆為塵垢。覺所覺者不離塵故。如湯銷冰無別有冰知冰銷者。存我覺我亦復如是。

《圓覺經直解》憨山德清云：

一切眾生從無始來妄想執有我人等者。正初所云。妄認四大為自身相。六塵緣影為自心相者也。由諸眾生最初不覺迷本法身故。**妄認五蘊幻妄身心。為實我體。故名我相。計我展轉趣於餘趣。故名人相。計我盛衰苦樂變異相續。為眾生相。計有一期命根不斷。為壽者相。**本起無明。謂最初一念不覺生相無明也。法身無我。由一念無明。迷本法身。成陀那識。為我相根本。自此皆是無明用事。故云為己主宰。我者主宰義。謂從無始至今。一向皆是無明主宰。是為我相。自等覺已還。未破生相無明。異熟未空。皆屬我相。然此我相。與諸教所說不同。後文自明。

《涅槃經》云：「**七者如來覺知三昧。復有八種。謂八解脫三昧。**一者內有色相外觀色解脫三昧。二者內無色相外觀色解脫三昧。三者淨解脫身證三昧。四者空處解脫三昧。五者識處解脫三昧。六者無所有處解脫三昧。**七者非有想非無想處解脫三昧。八者滅盡定處解脫三昧。復有九種所謂九次第定。四禪四空**

及滅盡定三昧。」上述「八者滅盡定處解脫三昧」即有漏滅受想定，入定時在九次第定。「非想非非想」是三界內四禪八定最高定境。超越此定即「偏中正」，尚未到彼岸法身空界。未到正中來，由此證入有漏涅槃。再脫胎換骨進入正位，轉身退位證得首楞嚴。**首楞嚴九次第定不是無漏滅盡定。首楞嚴大定（佛性）在證入涅槃正位後轉身退位而得。兩者絕不可混淆。**

玄沙師備云：

古德云。**情存聖量。猶落法塵**。己見未忘。還成滲漏。不可持齋持戒。**長坐不臥。任意觀空。凝神入定。便當去也**。有什麼交涉。西天外道入得**八萬劫定。凝神寂靜。閉目藏睛。灰身滅智。劫數滿後。不免輪迴**。蓋為道眼不明。生死源根不破。

《占察善惡業報經》云：

不論在人在天，**若能進斷非非想處九品思惑，名羅漢向，若已斷盡非非想思，通證修道八十一品擇滅無為，名羅漢果。爾時名住有餘涅槃**，其身仍在人中天上，此身亦是有漏故業餘報。若人天身任運滅位，不復更受三界生身。爾時名住無餘涅槃，若依權教，則永無報果。

真歇清了云：

不變異處未可安身。無間斷時更須放下。直得羚羊掛角氣息都無。猶滯化城未到寶所。且道混不得類不齊合作麼生。玉壺霜漏永。天外翠峰高。

從涅槃前一色「打破鏡來相見」證入有漏涅槃。脫胎換骨識陰盡與清淨涅槃同質化。到此正位子歸就父剎那轉身退位「**打破鏡來。與子相見。者裡出光影斷功勳。與那人合**」，證得佛性才算「子歸就父」。「直得羚羊掛角氣息都無猶滯化城」喻有漏涅槃。滯在「玉壺霜漏永」，不知「天外翠峰高」。

《宗鏡錄》卷十四云：

須跋陀言。世尊。我先思惟欲是無常無樂無淨。觀色即是常樂清淨。作是觀已。欲界結斷獲得色處。是故名為先調伏心。復次觀色。色是無常。如癰如瘡如毒如箭。見無色常清淨寂靜。如是觀已色界結盡得無色處。是故名為先調伏心。次復觀想。即是無常癰瘡毒箭。如是觀已獲得《楞嚴經》之九次第定處。是《楞嚴經》之九次第定。即一切智寂靜清淨。無有墮常恆不變。是故我能調伏其心。佛言。善男子。汝云何能調伏心也。**汝今所得《楞嚴經》之九次第定**。猶名為想。涅槃無想。**汝云何言獲得涅槃**。善男子。汝已先能訶責想。今者云何愛著細想。不知訶責如是《楞嚴經》之九次第定處。故名為想。如癰如瘡如毒如箭。善男子。汝師鬱頭藍弗利根聰明。尚不能斷。**如是《楞嚴經》之九次第定處。受於惡身。況其餘者**。

「正位一色」（宏智正覺）形容已到涅槃卻滯留涅槃（落在法身邊），所謂「鬼窟裡作活計」、「死水淹殺」。涅槃正位是尊貴境界卻不可滯留。證入涅槃正位須剎那間轉身，轉身之際脫胎換骨，退步證得佛性。意謂禪定意識與涅槃同質化。禪師說「枯木生花始與他合」。要看能否轉身退位證得佛性。「枯木生花始與他合」。有漏涅槃喻為誕生王子。**小五位提到「誕生王子」，我們在此予以解釋。**

五王子【宏智正覺頌】（頌誕生王子）：

星攢金殿降生時。稱體宮衣覆雪肌。功就轉身全合父。光中潛撥玉輪移。

「星攢金殿」比喻有漏涅槃「一片清虛」，即「法身初立」。「雪」比喻偏位。**誕生王子形容有漏涅槃。功就轉身全合父，謂**與清淨涅槃同質化，「全身入理」才能與清淨涅槃同質化，「王子」脫胎換骨後子歸就父卻「不居正位」。「稱體宮衣覆雪肌」裡「雪肌」白色謂「細中之細」妄識。「稱體宮衣」比喻誕生王子尚有妄識。禪師以「貼體衫子」、「寶華冠」比喻妄識。**「功就轉身全合父」**即謂**「夜明簾外，臣退位以朝君，古鏡台前，子全身而就父」**。到此定心與清淨涅槃同質化。「光中潛撥玉輪移」，到此還要作功。「澄源湛水尚棹孤舟，佛祖玄關橫身直過」。有漏涅槃謂「清光照眼似迷家」，到此「密移一步」或「玉輪移」。「玉壺中有轉身方」。**「全身合父」意謂泯除妄識與無漏涅槃同質化，即子歸就父，然後鶴不停機轉身退位證入首楞嚴大定。**進入正位，一過即退而轉身證得首楞嚴佛性。**清淨涅槃境界有位無人，尊貴之人不居尊貴之位。**

・脫胎換骨子歸就父　轉身退位佛性出世

《五位圖說》鼓山元賢云：

以中黑外白者。為正中來。由前二位造至尊貴位。復不守尊貴。乃轉正向偏。而正不居正。偏出於正。而偏不落偏也。故黑在內而白在外。以全白者。為兼中至。乃正中來之後。妙印當風。縱橫無忌。事理雙照。明暗並用者也。以其全體即用。故其相全白。

全體即用謂佛性出世，偏位即「白」，「事理雙照。明暗並用者也」形容證得正偏兼帶境界。

正中來，定心從「涅槃前一色」小死一回絕後復蘇證入有漏涅槃，到此脫胎換骨證入清淨涅槃卻不居正位。轉身退位佛性出世，佛性建立世界，由正入偏。佛性出世凡聖分離。定心往復來，經過「鉤鎖連環」證得「正偏兼帶」。

涅槃正位如同供奉祖宗牌位之寶殿有位無人。定心脫胎換骨到此子歸就父，轉身退位證得首楞嚴，「鶴騰霄漢出銀籠」。鶴出銀籠表示佛性出世，佛性建立世界，佛性大機大用。這是《楞嚴經》「如來逆流」的意旨。禪者證得首楞嚴大定即佛性出世。鼓山元賢說「隔塵埃」，佛性出世建立世界乃菩薩心內世界，尚未與眾生現象界重合。須證入正偏兼帶理事無礙才能見山是山見水是水。

・子歸就父　君臨臣位

消融粗中之細到有漏涅槃，謂「粗中之細，人牛不見處正是月明時」。此境「心月孤圓光吞萬象」、

「清光照眼似迷家」。由此脫胎換骨子歸就父，「光境俱亡」之時，萬松老人說：「最好是打破鏡的時節。命根斷處。妄識銷鎔。流注乾枯。正恁麼時。向何處與靈雲相見。天地黯黑。如一錠墨相似。喚作衲僧奪胎換骨轉身一路。吹殘劫盡灰飛後。突出虛空未兆前。」有漏涅槃尚須消融細中之細妄識進入涅槃正位。到此尊貴正位而不居正位，佛祖玄關橫身直過，鶴不停機密移一步，轉身退位進入首楞嚴大定，獲得金剛心。此謂「透法身」。「又須回頭窺本位。顧位卻回頭。便能闊步過今時」。「今時」意謂眾生世界。「回頭窺本位。顧位卻回頭」意謂禪師回光返照，「回頭不見楚王城」。楚王城比喻涅槃。佛性出世建立世界。「手指空時天地轉，回途石馬出紗籠」，從涅槃正位逆流而出，菩薩入廛垂手普度眾生。此即《楞嚴經》所說「如來逆流」。自得慧暉頌「秦宮照膽寒」謂「岩房闃寂冷如冰。妙得真符處處靈。轉側無依功就位。回頭失卻楚王城」，證入涅槃「妙盡冥符」即「妙得真符處處靈」，轉功就位回頭返照，「回頭失卻楚王城」意謂出離涅槃。此頌可謂宏智正覺語錄的注腳。

清淨涅槃即無漏滅盡定。定心到此子歸就父。宏智正覺謂之：「子退步而就父。臣轉身以合君」。此處的「君」即涅槃正位。這裡「朝君」表明定心經歷涅槃正位即「君位」，涅槃正位可謂「虛位以待」。定心證入君父境界同質化。宏智正覺云：「玉璽傳家。退位名為王父」。已得君父之實卻不居君父之位，不戴君王寶冠。此乃成佛之玄關，子歸就父後剎那間轉身退位。「尊貴之人不居尊貴之位」。大定定心不居正位，鶴不停機飛渡寒煙。轉入首楞嚴大定境界，佛性出世建立世界。

宏智正覺講解「子歸就父」：

誕生王子。是須有父。才轉身時。即不見有。**那時喚作妙盡冥符。若是卓卓地體得。向個裡移一步**。如珠發光。光還自照**【佛性】**。卻有個紹底道理。**又須回頭窺本位。顧位卻回頭。便能闊步過今時。天明不覺曉。**

功勳消階級盡。尊貴不知名。威嚴莫得近。子退步而就父。臣轉身以合君。

照與照緣。混融不二。**心與心法**。吻合無差。所以道。如珠發光。光還自照。

「才轉身時。即不見有。那時喚作**妙盡冥符**」，**林泉老人謂之「轉身就父無標的。拈卻花冠不得名」**。「**拈卻花冠**」即「輪王不戴寶華冠」，比喻有漏涅槃尚有「細中之細」妄識。到此「不戴寶華冠」、「拈卻尊貴脂」、「脫卻貼體衫子」，脫胎換骨識陰盡。全身入理進入涅槃正位。能所俱泯而「不見一物」，到此「子歸就父」，冥符契合無漏滅盡定。「**向個裡移一步。如珠發光。光還自照。卻有個紹底道理**」。「如珠發光。光還自照」**表明佛性出世**。「**珠**」**比喻佛性。如此證到正位卻不居正位，鶴不停機轉身退位證得首楞嚴佛性**。子歸就父意謂定心與無漏滅盡定同質化，到此要「全身入理」。「**便能闊步過今時**」意謂佛性出世入廛垂手。宏智正覺云「渾一色須轉側。才轉側透關隔」，又「玉馬過關方半夜。木雞喚月恰三更」，「轉背石人歸位後。抬頭玉馬過關初」，**這些皆表明歸位之際即是「玉馬過關」之時。到正位剎那間「一過」絕不停留**。從有漏涅槃脫胎換骨進入正位，「**鶴不停機**」**剎那轉身退位證得佛性。若稍微停留則落在法身邊。洞山良价「鶴不停機鳳無依倚」即此意也。學人要特別注意**。

宏智正覺云：

衲僧真實處。要在履踐。徹照淵源**細中之細**。混然明瑩。一色無痕【有漏】。更須轉身過裡許始得【進入正位】。所以喚作能紹家業【就父】。**機絲不掛。光影杳絕。就父一蹊。妙在體處**【冥契涅槃正位】。

天童拈云。穩密田地。忌墮功勳。貼體布衫。會須脫卻。宗中辨的。量外轉機。須仔細始得。同中之異。灼然尚帶依稀。異中之異。直是難臻妙極。

「拈卻寶華冠。脫盡尊貴垢」、「貼體布衫。會須脫卻」意謂徹底泯滅妄識。滅除「細中之細」的妄識才與清淨涅槃同質化。此即識陰盡而全身合父。「正就父時」意謂定心從有漏涅槃脫胎換骨證入正位與無漏滅盡定同質化。定心轉身退位出離涅槃而成首楞嚴大定即佛性。佛性經歷涅槃正位「子歸就父」轉身出世，在此意義謂涅槃佛性為「父子」。

宏智正覺云：

機輪未動影像俱忘。無跡可尋。與虛空而合體【就父】。無家可坐【不居正位】。盡法界以成身【建立世界】。**毗盧頂後看神光。舜若體前分活眼**。正恁麼時如何履踐。良久云。手指空時天地轉。回途石馬出紗籠【佛性出世】。

有漏涅槃謂「誕生王子」。有漏涅槃尚有細中之細妄識流注。盤山寶積說：「光境俱亡復是何物？」

萬松老人云：「天地黯黑如一錠墨，正是衲僧脱胎換骨轉身一路。」此時「脱胎換骨識陰盡」證入清淨涅槃。「子歸就父」與無漏滅盡定同質化。定心在「識陰盡」之時，定境即入「清淨涅槃」。定心變化即是「定境變化」。即入祖父寶殿，定境即成「無漏滅盡定」。不過剎那轉身退位，定境轉化為首楞嚴大定，即佛性出世。此時凡聖分離。此謂「帝命旁分」（宏智正覺）。

定心脱胎換骨證入正位鶴不停機轉身退位。宏智正覺云：「子退步而就父。臣轉身以合君」，子歸就父之際即入正位。「向個裡移一步。如珠發光。光還自照」，表明轉身退位證得佛性。「欲識誕生王子父。鶴騰霄漢出銀籠」，表明證得佛性「返照」才知經歷「涅槃正位」。「便能闊步過今時」意謂佛性出世禪者入廛垂手，到此「凡聖分離」。「紹」即「承紹」，曹洞宗分「內紹」、「外紹」。「全身入理」才能「子全身而就父」。

「君臨臣位」即君退位稱臣。君位無人，「空王殿上無人侍，不種梧桐免鳳來」。大定定心「穿堂而過」時子歸就父，轉身退位出離「空王殿」而證得首楞嚴佛性。或謂到此與佛祖同質化後轉身退位證得首楞嚴大定。君、父之位不可留戀，「絕後復蘇欺君不得」意謂「不居正位」。曹洞宗君臣父子皆謂定心，「臣退位以朝君」表明「臣」原來處於「君位」即涅槃正位。「退位」表示不居正位（涅槃）。轉身退位佛性出世。「君臣道合」即正偏兼帶，要經歷長期修證才能成就「凡聖分離正偏兼帶」的境界。

泯滅「細中之細」，子歸就父證入正位，轉身退位進入首楞嚴大定，佛性出世建立世界。菩薩還要繼續修證，定心「機輪兩邊走」，定心在涅槃與佛性之間「隨流得妙」。「真金還要烹煉」，直到「視佛祖如冤家」。

宏智正覺云：

師云。正就父時還有消息也無。僧云。古渡風清夜色寒。個時深深不得妙。師云。拈卻寶華冠。脫盡尊貴垢。

從來尊貴。借位誕生。一步密移。全身合體。據太平之本。持造化之元。等虛空同壽而長靈。與日齊明而無晦。聖踵一揆。神應萬機。

「拈卻寶華冠。脫盡尊貴垢」。泯滅細心。進入正位與清淨涅槃同質化。就父後不居正位，橫身直過玄關，剎那轉身退位證得佛性。宏智正覺云「從來尊貴。借位誕生。一步密移。全身合體」，「全身合體」的「體」即清淨涅槃之體。也就是「子歸就父」。「體」即涅槃本體。此謂「據太平之本。持造化之元」。合體以後轉身退位生成首楞嚴大定，佛性出世建立世界，成就宇宙本體。

宏智正覺云：

諸緣放盡。正念無私。撒手那邊。遊神真際。雲山隱隱。水月依依。堂戶深沉。機梭暗動。六窗未曉。皓然一片虛明。三際齊平。泊爾十方洞照。白牛飽於肥膩。穩臥雪山。丹鳳銜得元珠。棲遲玉樹。混融偏正。豈落有無。協路通宗。當風得妙。全超就位。不落尊嚴。回互旁參。還承子力。獨行象外。照破劫空。未偶他緣。單明自己【未生前自己】。木人功盡。低頭夜半拾金針。石女機回。出手天明穿玉線。正恁麼時。十方三世。未可言師。此土西天。誰敢稱祖。若也泥牛運步。木馬嘶風。冰河燄起火生蓮。便是入塵垂手信。且道。如何

> **履踐得恁麼相應。萬古碧潭空界月。再三撈摝始應知。**

證入有漏涅槃後一步密移「與虛空而合體」，即與無漏滅盡定同質化。「子歸就父」而「據太平之本。持造化之元」，成就生成萬法的宇宙本體。「萬古碧潭空界月」意謂清淨涅槃。有時謂正偏兼帶，即「佛真法身」。

宏智正覺云：

> 生不為有。動與寂隨。滅不為無。處與智共。所以道。如鏡照像。像非外緣。如珠發光。光還自照【佛性本體發光自照】。
>
> 有時人境兩俱奪【無漏涅槃】。消息盡稜角沒。透頂透底。如珠發光。光還自照【佛性出世】。

「人境兩俱奪」，臨濟宗形容清淨涅槃，泯滅粗中之細。「細中之細。今年錐也無。豈見錐頭利」，即謂清淨涅槃，泯滅細中之細。「如珠發光。光還自照」即謂佛性出世。我們反覆講解這個過程，因為學人要特別重視「子歸就父」。

正中來初始，禪定意識進入「涅槃前一色」。小死一回絕後復蘇證入有漏涅槃。到此「心月孤圓」、「清光照眼」，尚未到家（正位）。故要脫胎換骨識陰盡。要「全身入理」，涅槃即無漏滅盡定。定心到此不居正位轉身出離涅槃，退位佛性出世。證入涅槃正位立刻轉身退位。「**渾一色須轉側。才轉側透關**

隔」（宏智正覺）。「不戴寶華冠」，與無漏滅盡定同質化。**宏智正覺云：「子退步而就父。臣轉身以合君。」**「君」即無漏滅盡定。這裡「朝君」、「退位」表明定心**「絕後復蘇欺君不得」**，定心不得占據「君位」，「不犯尊嚴」故此轉身退位。「君臨臣位」意謂「尊貴之人不居尊貴之位」。定心不居正位，到正位剎那間「夜明簾外轉身」，鶴不停機飛渡寒煙。木馬嘶風過玉關，密移一步見飛龍。轉入首楞嚴大定境界，此即枯木生花冰河發燄，證得首楞嚴大定。**「枯木生花始與他合」。佛性建立世界以驗證與清淨涅槃同質化的真實性。**

宏智正覺云：

小參云。好諸禪德。髑髏前有本來靈。照徹毗盧頂顱平。玉馬過關方半夜。木雞喚月恰三更【同時】。寥寥跡絕全功轉。歷歷光生借位明。卻著弊衣垂化手。合同舡子順流行。兄弟此個田地。亙徹古今。是爾諸人分上本有底事。只為一念封迷。諸緣籠絡所以不得自在去。勞他先覺建立化門。也只勸爾諸人。自休自歇去。歇即菩提。勝淨明心。不從人得。便知道。夜明簾外。暗弄機梭。明月堂前。妙拈針線。長天似鏡。功圓脫彼三緣。大地如雲。過在坐他一色【有漏涅槃】。那時撥轉。觸處崢嶸。根根塵塵。無非佛事。

「長天似鏡」、「大地如雲」形容有漏涅槃。「那時撥轉。觸處崢嶸。根根塵塵。無非佛事」，轉身退位佛性出世後，佛眼下處處佛性本體。

【公案】《請益錄》第四十一則靈雲露柱

舉鏡清問靈雲。混沌未分時如何（誰教汝鑿竅）。雲曰。露柱懷胎（暗中書字。文彩已彰）。清云。分後如何（許多時甚處去來）。雲曰。如片雲點太清（話作兩橛）。清云。只如太清還受點也無（事無一向）。雲不對（何不早道）。清云。恁麼則含生不來也（將頭不猛）。雲亦不對（重說偈言）。清云。直得純清絕點時如何（猶有這個在）。雲曰。猶是真常流注（合口了卻開得）。清曰。如何是真常流注（無風起浪作麼）。雲曰。似鏡常明（猶為剩法）。清云。向上更有事不（不可即這裡坐殺）。雲曰。有（何不道無）。清曰。如何是向上事（乞聞一聲）。雲曰。打破鏡來與子相見（有什麼眼）。天童拈云。分與未分（已築界牆）。玉機夜動（踏翻關捩）。點與不點（帶累晴空）。金梭暗拋（已彰文彩）。直是一色純清（黃河上源清）。未得十成安穩（店司安下）。且道打破鏡來。向什麼處相見（慚惶殺人）。還會麼（是何心行）。清秋老兔吞光後（誰共澄潭照影寒）。湛水蒼龍蛻骨時（高出層霄望不窮）。

師云。首楞嚴道。如急流水。望為恬靜。流急不見。非為無流。靈雲喚作真常流注。《圓覺經》道。潛續如命。為壽者相。諸方謂之命根不斷。一條紅線掌中牽。分與未分。點與不點。是衲僧家常茶飯。最好是打破鏡底時節。命根斷處。妄識銷鎔。流注枯乾。無壽者相。正恁麼時。向什麼處與靈雲相見。天地黯黑。如一錠墨相似。喚作衲僧奪胎換骨。轉身一路。吹殘劫燒灰飛後。突出虛空未兆前。

【按】清秋老兔吞光後，涅槃本體孕育佛性本體，涅槃佛性父子不離。

【按】只有泯滅識陰，細心以及法執法愛，命根斷處，妄識銷鎔，流注枯乾，達致識陰盡，蒼龍蛻骨即脫胎換骨。如此證入正位轉身證得首楞嚴大定，獲得金剛心，等覺佛位，然後要證得正偏兼帶，涅槃佛性混居一身，才能共照影。

《請益錄》第十三則雲蓋萬戶

萬松道。**長安雖樂。不是久居**。有位則必賞成功。是故功成而不處。直須卸下天王甲。拈卻寶華冠。宗中辨的。臣退位以朝君。量外轉機。子全身而合父。永嘉道。抉擇之次如履輕冰。得旨宗師尚道。怎敢喚他作臣。怎敢喚他作君。外紹王種姓。內紹王種名。粗中之細。人牛不見處。正是月明時。細中之細。今年錐也無。豈見錐頭利。且道石霜父子轉側處。與子全身合父。是有交涉沒交涉。**要識玉人愁病酒。青女懶拈梭處麼**。

「父子轉側處。與子全身合父」，正是「同時」，脫胎換骨之際子歸就父。這個過程極其重要，我們需要仔細解說。讀者也要反覆研讀才能理解「正中來」。長安是唐朝中國首都，比喻涅槃。

三祖《信心銘》（真歇清了注解）云：

能隨境滅　競逐能沉

拈云。光境俱亡復是何物。還知麼。能照是心。所照是境。境因心起。心因境生。心無念而境空。境無相而心寂。故得能隨境滅。境逐能沉。理智冥符。人牛不見。直得桃花零落盡。

何處見靈雲。

【按】光境俱亡，萬松老人云「天地黯黑如一錠墨相似，正是衲僧脫胎換骨轉身一路」，此謂有漏涅槃，到此識陰盡證入涅槃正位。

《宗鏡錄》云：

何璨注云。心形泯合神氣冥符。洞然至忘與無同體。然後心彌靜而智彌遠。神愈默而照愈彰。理極而自通。不思而玄覽。非夫至神至聖。其孰能與於此哉。斯乃靈真之要樞。重玄之妙道者也。是以內外指歸。須冥符心體則洞照無遺矣。遂能和光萬有體納十方。

此處「洞然至忘與無同體」、「須冥符心體則洞照無遺矣」皆謂子歸就父。

《夢遊集》憨山德清云：

心空則境自寂。心空境寂。則物我兼忘。我忘則無能執之心。物忘則絕所執之境。斯則心境求之了不可得。虛之至也。其懷若此。則超然獨立而與道同遊。又何一物之可拘。纖塵之為累乎。然以無有入無有。妙行冥符。橫身為物。所謂不起滅定而現諸威儀【心空境寂，心境俱滅】。

佛性出世即「見性成佛」。菩薩利用「故我」的肉體在人間活動。我們需要指出，法身佛、菩薩指謂

「大定定心」。**佛不是指人，更不是什麼神仙**。佛性出世建立世界。即「第二門頭」入廛垂手。菩薩經過長期修證，「世法佛法打成一片」。即「色不異空空不異色」的理事無礙法界。「定心」在涅槃與佛性之間往復優游，「月船不犯東西岸」、**「夜深還向蘆花宿，不居中間與兩頭」**。正是菩薩境界，進一步則到「和光混俗隨流得妙」的「那伽定」。「得的人。只守閒閒的」，即形容證得妙覺佛位者終日如愚若魯。

修證者如果執著於涅槃安樂，必然「死水淹殺」，「坐斷十方猶點額」而不能證得佛果，終究落在法身邊。「寶殿無人不侍立。不種梧桐免鳳來」，尊貴之人卻不居尊貴之位。涅槃正位可謂「虛位以待」，證入君父境界卻不可滯留。宏智正覺云：「冰壺清白。借功喚作誕生。玉璽傳家。退位名為王父」。「輪王不戴寶華冠」，**已得君父之實質**（**同質化**）**卻不居君父之位，不戴君王寶冠**。脫卻尊貴脂，泯滅「細中之細」，消除對涅槃安樂之執著法愛。轉身退位進入首楞嚴大定，此即佛性出世建立世界。這是「正中來」的最後次第。按照「偏正五位」，轉入「兼中至」。佛性出世建立世界，菩薩入廛垂手普度眾生，此時凡聖分離，「帝命旁分」。禪者在塵世「權掛垢衣云是佛」。菩薩境界「金針往復來」、「機輪兩邊走」，定心在涅槃與佛性之間優游無間。「不居中間與兩頭」，「真金還要烹煉」，直到「視佛祖如冤家」。修證者以金剛心漸漸滅除最後一品無明，最終證得那伽定。在肉體消亡時，大定定心經過涅槃，最後與絕對本體契合為一。**「身滅影不滅」進入永恆。此為禪宗修證成佛的最後宗旨**。

圭峰宗密批評馬祖道一不懂「自性用」乃是誤解。**萬松老人辯稱「鏡雖明而有背面」。涅槃喻鏡體，**所謂「鏡之明」即「自性用」，**涅槃生成佛性即涅槃的「自性用」。鏡面顯現萬法即「隨緣用」。如來藏佛性「呈現世界」大機大用。「真如不變隨緣」。不變者即涅槃。隨緣變現萬法者即佛性。明鏡背面「無**

直接作用」，鏡面卻不能離開「鏡體」。佛性之體即清淨涅槃。涅槃佛性「父子不離」，「前釋迦後彌勒」而成佛真法身。鏡面鏡體共同作用建立世界。

證得首楞嚴大定，獲金剛心。佛性出世後，定心在這邊那畔「機輪兩邊走」，故謂「**應無所住而生其心**」。禪師說「**牢籠不肯住，呼喚不回頭，祖師不安排，至今無處所**」。定心隨流得妙。經過長期修證，「**金針雙鎖鉤鎖連環**」則菩薩證到「正偏兼帶」的境界，在此禪定基礎上進入「理事無礙」、「事事無礙」法界，是「兼中至」「大機大用」境界。進一步即「那伽定」。

「死一遍」證入空劫以前的涅槃，轉身退位證得首楞嚴佛性。回途進入紅塵入廛垂手，「**手指空時天地轉，回途石馬出紗籠。**」入廛垂手要「百花叢裡過，一葉不沾身」。謂之「回程堪作火中牛」。「火中牛」、火中蓮花皆形容佛性定心「靈光獨耀迥脫根塵」。菩薩當體即空。妙體謂大定定心，無形無相無影無蹤，菩薩定心「撒手懸崖下，分身萬象中」。夜深不向蘆灣宿，迥出中間與兩頭。禪定意識在這邊那畔，金針往復隨流得妙。純熟後「金針雙鎖鉤鎖連環」。

「無端石馬潭中過（切忌拖泥帶水）。驚起泥龍之海潮（一任隨波逐浪）」。定心不居涅槃正位，鶴不停機穿越涅槃，佛性出世即謂「**石馬潭中過**」。而真如不守自性不變隨緣，佛性受薰「真妄和合」而成阿賴耶識。**泥龍喻阿賴耶識**。「海潮」即波，比喻「現象」。禪定意識轉身回途謂石馬出紗籠。「凡聖分離」之義。「**叵耐泥龍奔騰巨海**。**於無見中強見**。**無聞中強聞**。三十二**相歷歷分明**。**十二分教行行布置**。**向佛事門中不捨一法**」。形容佛性真妄和合生成現象界。菩薩「**佛事門中不捨一法**」。菩薩入世，如來藏佛性遍界不曾藏，無蹤跡處莫藏身也。頭頭物物塵塵剎剎，山河與大地，全露法王身。「洞然全是釋迦身」。

正中來最後次第即佛性出世建立世界，**由正入偏後定心在這邊那畔金針往復。**「木人夜半穿靴去。石女天明戴帽歸」，**指定心在涅槃與佛性之間往復來去。菩薩（定心）入世則貌似凡人穿衣戴帽入廛垂手，石女比喻返回涅槃。木人石女比喻大定定心。菩薩外表是人，實際「換了主人公」。菩薩已經轉識成智。泯滅自我意識後佛性成為菩薩「主人公」，故云「今人非昔人」。**

佛性出世在菩薩心內建立世界，尚未與「塵境合」。佛性建立世界只是菩薩的心內世界，與眾生業力所成的現象界尚未重合。故鼓山元賢說正中來最後「無中有路隔塵埃」。「正中來」最後階段指佛性出世建立世界。與宏智正覺禪師四轉靈機的「文彩全彰」相應。**佛性是第一因宇宙本體，也是「共相種子」。**禪師還要經歷「金針雙鎖」而「鉤鎖連環」的修證進入「正偏兼帶」。定心不來不去進入「理事無礙法界」，如此禪師內心建立的世界與「眾生業力所成」的世界重合。證到正偏兼帶理事無礙法界才能「世法佛法打成一片」，「見山是山見水是水」，法住法位。

・宏智正覺　三一色（《宏智正覺廣錄》）

一色者。由轉功就位。證一片清虛境界。乃法身初立也。此中分三。正位前一色者。由功力成就。猶存功力也。正位一色者。理境之空寂也。今時一色者。事境之潔白也。

《十玄談》「正位前一色」謂「有漏涅槃」。石霜慶諸「誕生王子」出世即在「有漏涅槃」，都是根器極高修證者。

萬松老人說「鶴出銀籠一句。作麼生道。九皋才翥翼。千里漫追風」。又云「密移一步六門曉，無限風光大地春」。此密移一步，從有漏涅槃進入正位轉身退位佛性出世。鶴不停機飛渡正位證得首楞嚴佛性。彷彿從萬丈懸崖撒手跳下，下面是一潭碧水，縱身跳下不能停留而穿越碧潭，然後別有洞天。禪師謂「踏破澄潭月，穿開碧落天」。「正不孤滯。偏自雙行」，則謂正偏兼帶，佛性建立世界，世界之本體。「烏雞雪上行」含正偏兼帶之義，意謂由正出偏。鼓山元賢《古轍》解釋為「回機入俗」，「位裡回頭」意謂回光返照，「回頭不見楚王城」，表明出離涅槃。「月鋪金地」有「正偏兼帶」之義。

宏智正覺禪師的四轉靈機的極則是「寶印當空。迴超文彩」，佛性出世乃是正中來的最後境界，佛性出世春回大地。然而，宏智正覺說「正不孤滯。偏自雙行」即表示「正偏兼帶」。宏智正覺四轉靈機與小五位皆表明佛性出世後要證得正偏兼帶。小五位「月鋪金地」應謂此義。同安察云「才著垢衣云是佛。卻裝珍御復名誰」，又云「木人夜半穿靴去。石女天明戴帽歸」，皆謂定心在涅槃與佛性之間「金針往復」。禪者經過長期修習進入正偏兼帶，進入理事無礙法界，事事無礙法界，到此「山是山水是水」。若涅槃佛性混融一體則證得事事無礙法界。

萬松老人《從容錄》云：

丹霞淳和尚道。水澄月滿道人愁。冰盤秋露泣。戀著即不堪也。《大荒經》。崑崙丘上。有琅玕玉樹。結子如珠而小也。《玄中銘》。靈木迢然鳳無依倚。與鶴不停機。皆不許守戀坐著也。烏寒而淒。不欲落他根株枝葉也。

這表明經過涅槃正位不能停留，不能留戀，不坐在死水。「鳳無依倚鶴不停機」，證到正位「玄契」無漏涅槃，即父子合體與清淨涅槃同質化，萬松老人《從容錄》云「蘆花兩岸雪（自他玄契）」，意謂必須經過有漏涅槃證入正位，到此「子歸就父。轉身退位證得首楞嚴」。「蘆花兩岸雪」形容有漏涅槃。

・佛性出世　枯木生花

枯木生花，意謂從涅槃正位境界轉身退位證得佛性，佛性出世建立世界。「絕後復蘇欺君不得」，意謂不居正位轉身退位，證入涅槃正位還要轉身退位出離涅槃。所謂「踏破澄潭月，穿開碧落天」。大定定心轉身退位進入首楞嚴大定，此即佛性出世。密移一步玄路轉，無限風光大地春。佛性出世建立世界，枯木生花冰河發燄。到此可以驗證是否真正「入理」而妄識消融，是否進入清淨涅槃而全身合父，也是驗證大定定心是否具備宇宙本體的功用，故謂「枯木生花始與他合」。

鼓山元賢云：

靈泉問。**枯木生花。始與他合**。是這邊句。是那邊句。師曰。亦是這邊句。泉曰。如何是那邊句。師曰。**石牛吐出三春霧。靈雀不棲無影林**。

「石牛」指涅槃本體，涅槃寶殿寂滅無人，卻暗含春意。「石牛吐出三春霧」，涅槃本體不甘寂滅，時時無風作浪生成佛性，化作春色薰染人間。

宏智正覺云：

師云。**春力不到處。枯樹亦生花**。師乃云。宗旨旁通要。力窮而轉步。造化交泰政。陰極而陽生。**春緣密布於寒林。暖信暗傳於枯木**。直得**月生半夜雲起空山**。正恁麼時。夢中眼活。**影轉體前。白雲就青山之父。光分頂後。溫風成枯木之春**。**江光蘆映月。夜色水吞空。撒手懸崖下。分身萬象中**。**滅而不滅。與虛空合體而靈。生而不生。與森羅同用而妙**。劫前無朕。身後有家。鶴夢巢寒。耿耿蒼林之月。龍吟夜永。依依枯木之雲。

「子歸就父」即「滅而不滅。與虛空合體而靈」，佛性出世「與森羅同用而妙」。「撒手懸崖下。分身萬象中」。菩薩佛性與萬法佛性本體「一家人」。

碧潭似鏡。不臥蒼龍。青天無雲。難藏老兔。石女舞袖。木人搖頭。繡靴轉側玉堂寒。金鞭回指朱門曉。從此花生錦上。佛現世間。孤光轉夜。自然枯木也生花。垂手入廛。妙得荒田不揀草。可謂世界爾。眾生爾。塵塵爾。剎剎爾。念念爾。於恁麼時。更無異法。還會麼。**機絲不掛梭頭事。文彩縱橫意自殊**。

佛性出世枯木生花。「機絲不掛梭頭事。文彩縱橫意自殊」謂正偏兼帶。

真歇清了《劫外錄》云：

正則龍銜異寶，偏乃鶴宿銀籠。且道，不落正偏，作麼生相委。良久，云：萬機休罷處，一曲韻無私。

「正則龍銜異寶」意謂「正中有偏」，有涅槃正位含蘊「佛性」之義，涅槃生成佛性。「即偏而常正。猶如鶴在銀籠」，「偏乃鶴宿銀籠」，即謂落在法身邊，滯留正位一色，即有漏涅槃，或謂「偏中有正」，現象含蘊本體。「萬機休罷處，一曲韻無私」比喻絕對本體，真正的絕對本體，不落偏正方。謂之夜明簾外主、主中主。

圓悟克勤云：

十方同聚會。個個學無為。此是選佛場。心空及第歸。大丈夫俱決烈志氣。慷慨英靈。踏破化城直截承當。外不見有一切境界。內不見有自己。上不見有諸聖。下不見有凡愚。淨裸裸赤灑灑。一念不生桶底剔脫。豈不是心空。到個裡還容棒喝麼。還容玄妙理性麼。還容彼我是非麼。直下如紅爐上一點雪相似。豈不是選佛場中擎頭戴角。雖然如此。仔細檢點將來。猶涉階梯。且不涉階梯一句作麼生道。還委悉麼。千聖不留無朕跡。萬人叢裡奪高標。

宏智正覺云：

這裡不著一點。不掛一絲。拈轉轂漏子。與虛空合。合底是什麼。若無合者。爭辨虛空。若有合者。卻成兩個。

【按】子歸就父意謂「與虛空合」，即與無漏滅盡定同質化。「拈轉轂漏子。與虛空合」意謂肉體滅度後，定心與「虛空合」。

《圓覺經直解》云：

至法身極則處。但守住寂滅不能轉位回機。所謂抱守竿頭，靜沉死水，宗門名為尊貴墮，即此墮處，不能超越，故猶如命根，為壽命相。語云：百尺竿頭坐的人，雖然得入未為真，百尺竿頭重進步，大千世界現全身。故以坐守玄微，命根不斷。前云不住生死，不住涅槃，此正住涅槃相耳。

進入有漏涅槃，正墮「覺經四我相」，「**所謂抱守竿頭，靜沉死水，宗門名為尊貴墮**」。說明「猶守尊貴」的情形。到此脫胎換骨命根斷，既要消融「四我相」，徹底泯滅識陰。必須打破識陰，到達「識陰盡」的地步，才是清淨涅槃。

無異元來云：

> 當此之時。懸崖撒手。拌身一跳。直教到底。使虛空粉碎。大地平沉。待氣息蘇醒起來。便走上岸。此岸即是大路。搖頭擺手到家始得。

禪定進入涅槃滅盡定以後，全身入理，不入驚人浪，難得稱意魚。入理甚深才行。不居正位並非不入正位。定心要「子歸就父」，進入正位鶴不停機飛渡寒煙，密移一步鶴騰霄漢，剎那脫離涅槃轉入首楞嚴大定境界。所謂「**欲識誕生王子父，鶴騰霄漢出銀籠**」。王子父即是清淨涅槃的定心，即無漏滅盡定。「父子」只有極其細微差別。即等覺與妙覺的差別。故謂：**脫身一色無遺影（太平本是將軍致）**。**不坐同風落大功（不許將軍見太平）**。**徹底泯滅自我意識的識陰盡，則已經不是昔人。「故我」作為修證者的將軍，成功後已非「故我」**。

涅槃佛性雖云父子卻有細微差別。「子」即謂大定定心，證入首楞嚴大定的定心即金剛心，即佛性。「子」是禪定意識，「父」謂涅槃，父子關係刀斧斫不開也，常以「白雲青山」來比喻。「白雲終日倚，青山總不知」。南泉普願說「首楞嚴大定還有所知障」，禪師尚有肉體，佛性與涅槃的滅盡定還有極其細微差別。故此說：「**不道同**。**只是無別**。」洞山良价《玄中銘》云「但能相續名主中主」。此謂最後肉體滅度進入涅槃，最終與夜明簾外主相契合。「身滅影不滅」，契合不生不滅的宇宙本體進入永恆。

禪師修證到有漏涅槃，禪師有可能進入岔路，或者滯留於涅槃境界，修習禪定者往往迷戀於涅槃境界，有小乘佛教以成就羅漢為根本目標，證入滅盡定即以為極則不再進步，禪宗謂此「一死不再活」。禪宗是大乘佛教的中國教派，禪師在因地即已發出誓願，要普度眾生，要在人間行大乘菩薩道。大乘菩薩雖然證入涅槃境界，卻不能「死水淹殺」，長沙景岑禪師云：「百尺竿頭坐的人，雖然得入未為真，百尺竿頭須進步，十方世界是全身」。禪師修證到此涅槃境界，不能死守涅槃境界為「枯樁」。修證者若沉迷於此涅槃境界，則只能修證到小乘羅漢果位，不能修證大乘佛果。「騎驢不肯下」即形容這個情形。修證者暫入「涅槃境界」，這是「九重深密」的「禁宮」，禪師到此「不居正位」而要「轉身墮位」進入「枯木生花」的境界，這正是首楞嚴境界。曹洞宗小五位所謂「**細中移足，鶴出銀籠**」，從有漏涅槃證入正位轉身退位證得首楞嚴。佛性出世建立世界。這是「大機大用」的境界。故此長沙景岑禪師說：「十方大地是全身」。

十三、曹洞宗小五位

闡釋「正中來」有「小五位」（古德）與「四轉靈機」（宏智正覺）。

正中來小五位（鼓山元賢注解，筆者評注）：

大功才轉。借位誕生。一色若消。方名尊貴。細中移足。鶴出銀籠。位裡回頭。月鋪金地。正不孤滯。偏自雙行。

「正中來」初始即「內守幽閒」的「涅槃前一色」。「大功」表明從涅槃前一色小死一回絕後復蘇，「打破鏡」進入有漏涅槃，到此借位誕生。有漏涅槃屬於「涅槃境界」。《十玄談》謂「正位前一色」。「一色若消」指消融妄識。「誕生王子」已有「尊貴氣分」（萬松老人）。由此脫胎換骨進入尊貴的涅槃正位。到此不居正位，不可沉空滯寂。宏智正覺說「脫卻尊貴脂」，「不戴寶華冠」、「脫掉貼體衫子」皆謂泯滅細微無明。有漏涅槃尚有細心妄識。尊貴之人不居尊貴之位。轉身退位證得佛性。「細中移足。鶴出銀籠」應謂從有漏涅槃脫胎換骨進入正位後轉身退位佛性出世。位裡回頭意謂出離涅槃證得佛性，回光返照才知已過「涅槃」。「位裡回頭。月鋪金地」意謂證得佛性反觀才知曾經進入「琉璃殿」。《古轍》謂「回機入俗」，意謂佛性出世入廛垂手，「正不孤滯。偏自雙行」即謂「凡聖分離正偏兼帶」。

•大功才轉。借位誕生【小五位】

鼓山元賢注：

擔荷頓忘。初至一色。是得尊貴氣分者也。故名誕生王子。

「**擔荷頓忘**」謂到此暫不作功。此即「內守幽閒」之境界。「閒」即謂大功暫歇。**宏智正覺云：「未轉靈機。了忘擔荷」同此**。誕生王子意謂有漏涅槃。「**正中來**」**初始並非有漏涅槃而是「內守幽閒」境界**。「**大功**」**應謂「打破鏡」**。

「**大功才轉。借位誕生**」，「大功」意謂由「**涅槃前一色**」「**打破鏡**」證入有漏涅槃，故謂「轉功就位」。誕生王子謂有漏涅槃，「**涅槃前一色**」**乃正中來初始次第**。須「**打破鏡**」**進入有漏涅槃**。「**尊貴氣分者**」**名誕生王子，有漏涅槃謂之「粗中之細，人牛不見處，正是月明時」，已經消融「粗中之細」妄識，尚有「室內紅塵」即細心一類**。

「正中來」初始即「涅槃前一色」，即「內守幽閒」、「純清絕點真常流注」境界。到此要小死一回絕後復蘇才能證入有漏涅槃。**證入有漏涅槃以後「脫胎換骨識陰盡」**，若不居正位（君位）轉身退位證得佛性，可知確實證入涅槃正位子歸就父，謂之「枯木生花始與他合」。如果貪戀涅槃安樂，則落在「正位一色」（法身邊）。到此須不居正位，不戴寶華冠，消卻尊貴脂，脫卻貼體衫子，才能與「涅槃正位」合體。誕生王子即處在有漏涅槃。**鼓山元賢所謂「初至一色」表述不清**。「**正中來**」**初始並非有漏涅槃。從「涅槃前一色」作功才到「誕生王子」。讀者不要誤解「正中來」的初始即是「有漏涅槃」**。

•一色若消。方名尊貴【小五位】

（鼓山元賢注）一色若消。正尊貴之位也。但猶守尊貴。則亦是兒孫邊事。所以古德云。須知尊貴之人。不守尊貴之位【此句見萬松老人《請益錄》】。

「一色」指「正位前一色」，即有漏涅槃。尊貴之位指「涅槃正位」。從「涅槃前一色」「打破鏡」證入**有漏涅槃**。修證者不能留戀涅槃境界，證入涅槃境界不能沉空滯寂，不能鬼窟裡作活計。死水不藏金龍。否則「**墮在黯黯青青之處**」，所謂「**坐斷十方猶點額**」。宏智正覺所謂「**機雖轉紐印未成文**」，到此「清光照眼似迷家」，盤山寶積云「心月孤圓光吞萬象」，萬松老人云：「天地黯黑如一錠墨相似，正是衲僧脫胎換骨轉身一路」。到這裡需要「龍蛻骨豹變文」，脫胎換骨命根斷，絕後復蘇「欺君不得」。禪者到此不戴寶華冠、脫卻尊貴脂。證入涅槃正位絕不能在「君位」滯留（「欺君不得」）。宏智正覺禪師云：「夜明簾外轉身難」。要鶴不停機飛渡涅槃，轉身出離涅槃證得首楞嚴大定。「**臣退位以朝君，子全身而就父**」，出離涅槃證得首楞嚴大定，此定心即「佛性」，佛性出世建立世界。佛性顯現即「見性成佛」。「枯木生花始與他合」，意謂修證者定心真正到過涅槃正位與涅槃同質化。

「**一色若消。正尊貴之位也。但猶守尊貴。則亦是兒孫邊事**」指進入涅槃正位。若「猶守尊貴」，以涅槃為「枯椿」，反成「法愛」之執著，落在有漏涅槃。禪者須知，尊貴之位只是「虛位」，禪師形容「**寶殿無人空侍立，不種梧桐免鳳來**」。修證者不能「猶守尊貴」。子歸就父剎那「轉身退位」。長沙景岑云：「**百尺竿頭坐的人，雖然得入不為真。百尺竿頭須進步，十方大地是全身。**」意謂轉身退位證得佛性，佛性出世建立世界，此即「見性成佛」。從有漏涅槃進入涅槃正位，必須轉身退位。若沉空滯寂留戀正位即非正位。猶守尊貴則落在正位一色，滯在有漏涅槃，宏智正覺謂之「正位一色」。

宏智正覺云：「清白傳家雪月光。玉壺中有轉身方。情乾識盡功動斷。不覺全身入帝鄉。」涅槃境界謂玉壺，此境界有漏涅槃。玉壺裡轉身即謂脫胎換骨識陰盡，所謂「情乾識盡功動斷」進入無漏涅槃，即「不覺全身入帝鄉」。此謂全身入理，從有漏涅槃脫胎換骨進入無漏滅盡定即謂帝鄉。「清光照眼似迷家，明白轉身還退位。」清光照眼比喻有漏涅槃。所謂「萬里無寸草」、「天地黯黑」、「黯黯青青處」、「百尺竿頭坐的人」、「萬里無雲天有過」，宏智正覺云「機雖轉紐印未成文」。萬松老人云：「最好是打破鏡的時節。命根斷處。妄識銷鎔。流注乾枯。正恁麼時。向何處與靈雲相見。天地黯黑。如一錠墨相似。喚作衲僧奪胎換骨轉身一路。」萬松老人這句話極其重要（故此重複地講說）。此是證入涅槃正位（清淨涅槃）之關鍵。禪者脫胎換骨識陰盡全身合父之際，進入正位刹那轉身退位證得首楞嚴佛性。否則在有漏涅槃死水淹殺。故此「不居正位」，鶴不停機轉身退位，「子全身而就父」後立刻轉身證得首楞嚴佛性，佛性出世建立世界，「枯木生花始與他合」。

宏智正覺云：

進云。學人請問和尚。如何是真實之理。師云。**青青黯黯處回。明明歷歷處轉**。師乃云。正晝熱深夜涼。**冰壺誰復到中央**。身心直許摩雲月。脾肺都將洗雪霜。**莫守一色處。莫坐萬年床。玉人轉側機梭動。細辨裡頭偏正方**。

宏智正覺云「機雖轉紐印未成文」形容有漏涅槃。「青青黯黯處回。明明歷歷處轉」，意謂作大功而脫胎換骨命根斷，「冰壺誰復到中央」形容涅槃正位。「莫守一色處。莫坐萬年床」表明不能留戀涅槃境界。須「古塚不為家」、「不在鬼窟裡作活計」。「死水裡龍」形容滯在正位一色，表明妄識猶在，須知「龍門不留宿客」、「大海不留死屍」，證入正位轉身退位證得首楞嚴佛性。

「一色若消方名尊貴」，禪師進入有漏涅槃，此名「正位前一色」，此「一色」若消證入正位。意謂脫胎換骨識陰盡，消融妄識證入清淨涅槃。還要不居正位轉身退位，鶴不停機「飛渡寒煙」，涅槃境界謂「玉壺裡有轉身方」。由有漏涅槃證入正位，轉身退位證得首楞嚴大定，佛性出世。若不能脫胎換骨命根斷，滯留涅槃境界，則「坐在寒岩死水」，自以為到「正位」而落在「正位一色」（宏智正覺）。此即「點額而回」落在法身邊。定心進入正位與清淨涅槃同質化立即轉身墮位，證得首楞嚴佛性。

石霜慶諸的首座正是百尺竿頭坐的人，不會轉身退位即落在有漏涅槃。有漏涅槃「淨地迷人」，很多修證者到此「迷家」，自以為「到家」其實還有玄關在前。小乘以此為極則，沉空滯寂死水淹殺，不得佛果。祖師禪到此必須轉身退位證得首楞嚴佛性。「密移一步玄路轉，無限風光大地春」。

《虛堂集》林泉老人云：

> 當於空劫之際朕兆之初。一念不生纖塵不立。淨裸裸赤灑灑處轉身吐氣。不守寒岩不沉死水。運心月以恆明。使迷雲而殄滅。所以道人牛不見處。正是月明時。故向第二門頭入廛垂手。接物利生。

「人牛不見處。正是月明時」形容有漏涅槃。泯滅粗中之細，尚有細中之細。有漏涅槃雖然「一念不生纖塵不立」，心月孤圓清光照眼，卻要「轉身吐氣」。

宏智正覺云：

舉洞山云。初秋夏末。或東或西。直須向萬里無寸草處去。良久云。只如萬里無寸草處。又作麼生去。後僧舉問石霜。霜云。出門便是草。明安云。直是不出門。亦是草漫漫地。師云。出門是草。涉芊芊莽莽之間。葉落知秋。墮黯黯青青之處。到者裡。須體取機雖轉紐印未成文處始得。還端的麼。良久云。水明老蚌懷胎後。雲重蒼龍退骨時。

「雲重」即黯黯青青之處。蒼龍退骨、玄豹變文意謂脫胎換骨，有漏涅槃謂黯黯青青、天地黯黑、黑漆桶皆脫胎換骨轉身退位之時。證入有漏涅槃命根未斷，紅線未斷。墮黯黯青青之處，百尺竿頭變弄。居寒岩死水正是「有漏」的境界。到此脫胎換骨命根斷進入正位而不居正位。轉身退位證得首楞嚴，佛性出世。若不能百尺竿頭進步則靜沉死水。「不入驚人浪難得稱意魚」。正中來最後境界即證得首楞嚴大定，佛性出世建立世界。

有漏涅槃謂之「正位前一色」。「誕生王子」此時尚未得位登基，處在王子之位。尊貴之人不居尊貴之位。尊貴之人得位而不居正位，轉身退位證得佛性（等覺）。此謂「欺君不得」，王子得位而不居，故云「君臨臣位」。

宏智正覺云：

僧問。如珠發光光還自照時如何。師云。珊瑚枝上月三更【佛性】。進云。恁麼則虛而靈空而妙。師云。上座髑髏瀝得盡也未。進云。爭奈赤心片片。師云。你且道。威音那畔是什麼人。進云。烏張三黑李四。師云。果然瀝未盡。進云。如何得徹底去。師云。不要強名言。師乃云。虛淨無染。霽天無雲而秋水無風。清白自持。玉壺無塵而冰鑒無垢。到恁麼田地。也更須借光施設。借路經過。與虛空合其心。與萬象同其用【子歸就父】。

「如珠發光光還自照」與「髑髏瀝得盡」（識陰盡）相關。形容識陰盡證入涅槃正位轉身退位佛性出世。「月」喻涅槃，「與虛空合其心」即「子歸就父」。「珊瑚枝上月三更」與「珊瑚枝枝撐著月」比喻佛性。佛性是涅槃的鏡像，含蘊「月光」，此句意謂「正偏兼帶」。「須借光施設。借路經過」表明不居正位。「又須回頭窺本位，顧位卻回頭。便能闊步過今時」，此謂佛性返照。「回頭不見楚王城」，證得佛性回光返照才知經歷「涅槃正位」。從有漏涅槃證入涅槃正位子歸就父，不居正位轉身退位佛性出世的過程極其重要。

宏智正覺云：

功勳消階級盡。尊貴不知名。威嚴莫得近。子退步而就父。臣轉身以合君。**徹照淵源細中之細。**混然明瑩。一色無痕。**更須轉身過裡許始得。所以喚作能紹家業。機絲不掛。光影杳絕。就父一蹊。妙在體處。**

衲僧本有田地。清曠丕平。望絕崖岸。在其間耕雲種月。明白虛廓。自家受用。或出或沒。任收任放。**直得二儀同其生成。萬象同其起滅。**設使萬里無寸草。淨地卻迷人。長空絕點埃。青天須吃棒【有漏】。更乃著腳威音路上。橫身建化門頭。

以上引述宏智正覺法語，可謂句句重要。學人須仔細琢磨。用心推究。

林泉老人《空谷集》云：

然危巒峻嶺突屼嵯峨。未足安身。更宜轉位。不見道莫守寒岩異草青。坐卻白雲終不妙。正如以癡絕工夫打疊妄心。內守幽閒外絕幻境。灰身滅智撥喪無餘。緊閉玄關施呈妙悟。然則漸修頓悟頓悟漸修。翻覆看來。到底終須親到一回始得。不見道。未到無心需要到。及到無心無也休。

・暗中移足。鶴出銀籠【小五位】

（鼓山元賢注）此不守尊貴。正當轉位時。同安察云。涅槃城裡尚猶危。故須轉也。

鼓山元賢評語不夠明白。「暗中移足。鶴出銀籠」指從有漏涅槃證入正位後轉身退位證得佛性。鼓山元賢說「此不守尊貴。正當轉位時」意謂從正位轉身退位。「銀籠」應指「有漏涅槃」。前此「一色若消方名尊貴」，表示已入正位。鼓山元賢評語意謂從「正位」轉身退位。此與「鶴出銀籠」矛盾。從未有將「涅槃正位」形容為「銀籠」。「雪屋」、「銀籠」色白，絕對不能形容「涅槃正位」。宏智正覺云「而洗開夜色。銀籠鶴出。而飛渡寒煙」（《廣錄》）。此中有「兩步」，「銀籠鶴出」謂脫離有漏涅槃，「飛渡寒煙」意謂「飛渡涅槃正位」，轉身退位證得佛性。筆者謂，從有漏涅槃脫胎換骨進入涅槃正位，不居正位轉身退位證入首楞嚴。「月巢鶴作千年夢。雪屋人迷一色功」形容有漏涅槃。「鶴出銀籠」意味從有漏涅槃脫胎換骨證入涅槃正位而不居正位，不滯涅槃正位。從正位轉身退位鶴不停機證入首楞嚴大定。一步密移飛渡涅槃則佛性出世。此謂「透法身」。此處「小五位」「鶴出銀龍」的說法以及鼓山元賢解釋皆有疑問。

同安察禪師《十玄談》云：「涅槃城裡尚猶危」，「還鄉」以後要「破還鄉」，進入涅槃乃是「家破人亡」的境界。「人亡」指禪師泯滅自我意識以後「脫胎換骨」已非「故我」。清淨涅槃即誕生王子父。到此父子合體而「同質化」。子歸就父後不居正位，佛祖玄關橫身直過，鶴不停機直入蓮花。《玄中銘》云「**峰巒秀異。鶴不停機。靈木迢然。鳳無依倚**」，宏智正覺云「夜明簾外轉身難」。這是「如來逆流」的根本意旨。可以參考《十玄談》「還鄉曲」以及「破還鄉曲」。

「誕生王子父」指謂涅槃正位，正位無人識得。若證得首楞嚴大定，**回光返照才能識得半面（石霜慶諸公案**）。禪師若「不居正位」而「**暗中移足。鶴出銀籠**」。銀籠即謂有漏涅槃，這時淹留在此必是有漏涅槃，落在法身邊。只成鈍阿羅漢。「**莫戀白雲深處坐。切忌寒灰煨殺人**」，故此「不守尊貴之位」。同安察云「涅槃城裡尚猶危」，故須轉也。「度盡無遺影，還他越涅槃」、「徹底無依知轉身」。禪者不守寂滅涅槃，不在死水淹殺。轉身退位證入首楞嚴大定，佛性出世菩薩再入人間。「**手指空時天地轉，回途石馬出紗籠**」，菩薩定心這邊那畔往復。

「尊貴之人不守尊貴之位」。此謂進入涅槃以後，不滯化城、不居正位、不守空王殿、不守寒岩、不在死水淹殺、不在鬼窟裡作活計、不能淹留在涅槃境界沉空滯寂，「**莫戀白雲深處坐。切忌寒灰煨殺人**」，金龍豈守於寒潭。故此「不守尊貴之位」，「寶殿無人空侍立」。澄源湛水尚棹孤舟，佛祖玄關橫身直過。鶴不停機由涅槃正位轉入首楞嚴等覺之境界，此謂：「**密移一步六門曉，無限風光大地春**」。**從有漏涅槃密移一步，脱胎換骨命根斷，進入正位不居正位，轉身退位證得佛性**，此謂「**鶴騰霄漢出銀籠**」。佛性出世建立世界。比起證入涅槃死守枯樁，法執法愛未泯。猶如鯉魚跳龍門，雖然跳上龍門又被激流沖下。禪者謂「龍門不留宿客」，故點額而回。所謂「**月巢鶴夢。雪屋人迷**」**滯在死水**，故百尺竿頭須進步。「**密移一步**」也意味進入涅槃不居正位，轉身退位**證得首楞嚴，故此洞山良价説**「**未離兜率界**」。首楞嚴大定與涅槃滅盡定只有細微差別。即等覺與妙覺的差別。「**易分雪裡粉。難辨墨中煤**」謂之「**無影樹頭暗辨春秋**」。

《十玄談》云「**還鄉曲調如何唱，明月堂前枯木花**」，意謂證入涅槃全身入理卻不居正位，轉身退位證得首楞嚴。佛性建立世界，禪師謂「枯木生花冰河發燄」。「枯木生花始與他合」驗證定心是否與清淨涅槃同質化。《玄中銘》云：「**峰巒秀異。鶴不停機。靈木迢然。鳳無依倚。**」意謂證入正位卻不居正位，轉入首楞嚴大定。轉身退位的過程剎那完成。定心從「祖父寶殿」一過而已，瞬間完成「子歸就父」

轉身退位佛性出世。**從有漏涅槃脫胎換骨識陰盡**，禪師進入涅槃時，暫時不在如同死人。這時禪師的娘生眼並無作用。內無六根外無六塵。**證入涅槃正位轉身退位，從涅槃正位轉身進入首楞嚴。這個過程是成佛的關鍵**。由正出偏轉身進入首楞嚴，禪師謂之「**平蕪盡處是青山，行人更在青山外**」。「青山」比喻涅槃，「青山外」即透法身或佛性出世。這是正中來最後境界。洞山良价云：**枯木花開劫外春**。「**未離兜率界，烏雞雪上行**」。「**烏雞**」**比喻涅槃本體**，「**雪上行**」**謂由正入偏**。此句謂「正偏兼帶」。

圓悟克勤云：

寸絲不掛猶有赤骨律在。萬里無片雲處猶有青天在。若乃不盡去未免者也周由。直饒一切坐斷。已落佛祖圈繢。到這裡作麼生舉揚。**作麼生提持。雖然如是。從上來有個現成公案。不免提持去也。古者道。吾有大病非世所醫。僧後問曹山。未審是什麼病。山云。攢簇不得底病。僧云。未審一切眾生還有此病也無。山云。眾生若病即非眾生。僧云。只如和尚還有麼。山云。正覓起處不得。大眾。此病即非世所醫。需要本分作家以金剛錐與他頂上一扎。正覓起處不得也。與一服直教祖病佛病玄妙之病。**機緣境界悉灑灑落落。脫然解脫。不住解脫機。**到這裡羅籠不肯住。呼喚不回頭。古聖不安排。至今無處所。只這無處所。早是處所了也。**直須千峰萬峰那邊承當得去好。

證入涅槃境界死守枯樁，鬼窟裡作活計，此謂法執法愛。故此不能死水淹殺，百尺竿頭須進步。**由有漏涅槃脫胎換骨證入涅槃正位而不居正位，從涅槃正位轉身退位，鶴不停機證入首楞嚴大定。一步密移佛**

性出世，此謂透法身。即謂「鶴騰霄漢出銀籠」。涅槃與佛性是「父子不離」的關係，兩者只有細微差別。

同安察《十玄談》云：「涅槃城裡尚猶危」，故「還鄉」後要「破還鄉」，進入涅槃乃是「家破人亡」的境界。「人亡」指禪師泯滅自我意識以後「脫胎換骨」，已非「故我」。清淨涅槃即誕生王子父。到此父子合體而「同質化」。

宏智正覺云：

因雪上堂。若恁麼也難得。清光浩蕩無瑕隙。人言千里本同風。我道十方渾一色。渾一色須轉側。才轉側透關隔。透關隔。酬爾平生今脫白。儂家龜鶴自成仙。昨夜龍門無宿客。

「雪」謂偏，指有漏涅槃。「渾一色須轉側」謂由有漏涅槃脫胎換骨證入涅槃正位，刹那間轉身透出正位，即「才轉側透關隔」。此謂不居正位透出涅槃。這個過程「鶴不停機」刹那完成。「今脫白」謂脫胎換骨。佛祖玄關橫身直過，轉身退位證佛性。「龜鶴自成仙」意謂佛性出世。龍門無宿客謂禪者不滯涅槃正位。

涅槃正位是不可言說不可形容的境界。一色若消即證入涅槃正位，故云尊貴。雖處尊貴而不居。方名尊貴。貪圖尊貴滯留涅槃，即法愛執著。禪師謂坐在死水中，鬼窟裡作活計，則一死不能再活，僅能證入小乘滅盡定，灰身滅智，鈍阿羅漢的境界。到正位若能轉身退位證得首楞嚴，回頭才識王子父。否則落在「有漏涅槃」而非究竟涅槃，「莫守寒岩異草青，坐卻白雲終不妙」。即謂不滯涅槃正位，不能「死水淹殺」，所謂「佛祖玄關橫身直過」，密移一步**出離涅槃證得首楞嚴大定**。轉身墮位由父轉子，君臨臣位。此即夜明簾外轉身，進入菩薩境界，重入人間普度眾生。

鶴出銀籠指定心從有漏涅槃證入涅槃正位轉身退位證得佛性。佛性回光返照方知「楚王城」即涅槃城。自得慧暉頌涅槃：「**岩房闃寂冷如冰。妙得真符處處靈。轉側無依功就位。回頭失卻楚王城**」。「楚王城」比喻涅槃，返照不見涅槃城，轉身退位在剎那完成。**萬松老人云：「此退位朝君。轉身就父處。不道同。只是無別。」退位朝君，即「君臨臣位」，退位已得首楞嚴佛性，轉身就父處在涅槃正位**。

投子義青云：

孤村陋巷莫掛缶盂。祖佛玄關橫身直過。早是蘇武觸塞求路難回。項主臨江何逃困命。諸禪德。**到這裡進則落於天魔。退則沉於鬼趣。若是不進不退。正在死水中**。諸仁者。作麼生得平穩去。良久云。**任從三尺雪。難壓寸靈松**。

「**孤村陋巷莫掛缶盂**」意謂到此空寂境界要泯除一切法愛法執，「涅槃城裡猶孤危」，「**到這裡進則落於天魔。退則沉於鬼趣**」，正是「百尺竿頭作伎倆」的時節。不進不退則死水淹殺。百尺竿頭須進步，「**任從三尺雪。難壓寸靈松**」，「雪」白色比喻有漏涅槃。禪者密運神機暗中移足，進入正位不居正位。夜明簾外轉身退位，靈松喻佛性，佛性出世。此即見性成佛（佛性顯現）。**從涅槃正位轉身退位極其重要而且微妙**。**宏智正覺**說「**夜明簾外轉身難**」。禪者到此脫胎換骨命根斷。「不戴寶華冠」、「不戀涅槃」。泯滅法執法愛。「小五位」謂之「暗中移足」、「密移一步」。宏智正覺云「飛渡寒煙」。全身入理卻不居正位，鶴不停機轉身退位證得首楞嚴。可知正中來的境界轉身再轉身。**萬松老人云：**「密移一步六門曉，無限風光大地春」。此**密移一步**，鶴不停機飛渡寒煙。禪師謂「踏破澄潭月，穿開碧落天」。意謂出離涅槃證得首楞嚴，等覺的首楞嚴大定定心即金剛心，**按照**《涅槃經》、《金剛三昧經》，**首楞嚴定心即是佛性**。

簡堂行機謂：「殊不知打破鏡來。正是貼肉汗衫。」由此可知「打破鏡」的境界正是有漏涅槃。「貼肉汗衫」、「寶華冠」皆形容有漏涅槃境界「細中之細」妄識流注。須脫胎換骨識陰盡，拈卻寶華冠，脫盡尊貴垢，證入無漏涅槃。父指彼岸威音那畔的涅槃正位。父即正位，父子不離，父子不分。「子能成其父」，君可臨臣位。只是一個尊貴之人變幻無窮。此即大定意識，在正偏之位優游無間。誕生王子指借位誕生，指有漏涅槃。脫胎換骨之際子歸就父與清淨涅槃同質化，卻不居正位而轉身退位證入首楞嚴大定（「佛性」）。首楞嚴大定作為「子」實際上與「涅槃正位」（「理體法身」）完全同質。不同定境則「功用不同」。此處「轉身退位」過程太重要也很難闡明，我們認為有必要反覆講述。

天童如淨云：

鑽冰取火憑誰信。拚命工夫入死門。脫體一交翻得活。金剛正燄透乾坤。

「拚命工夫入死門」謂大死一回證入涅槃。「脫體一交翻得活」謂透出涅槃，證得首楞嚴佛性。

・回機入俗。月鋪金地【小五位】

（鼓山元賢注）此正垂手接人之事。同安察云。披毛戴角入塵來。優鉢羅花火裡開。是也。

不居正位佛性出世建立世界，謂回機入俗。菩薩入塵垂手普度眾生，即《楞嚴經》所說「如來逆流」。菩薩入廛垂手普度眾生，也謂「異類行」。回機入俗，意謂佛性出世建立世界，定心從「涅槃正位」轉身退位進入首楞嚴大定。此謂「君臨臣位」，菩薩指謂佛性非謂「人」。菩薩入廛垂手普度眾生。禪師謂「手指空時天地轉，回途石馬出紗籠」。到此佛性與涅槃「凡聖分離」，非一非二非異非同。涅槃如同「光明殿」存在於威音那畔。首楞嚴定心（佛性）出世後，定心開始「金針往復」。「月鋪金地」即謂凡聖分離。「月色」為白，金地為金。涅槃與佛性「父子不離」或隱或顯。「披毛戴角」形容菩薩「異類行」，菩薩消融自我意識，類同動物。「火」比喻紅塵世界如「火宅」。「優鉢羅花」比喻佛性，佛性進入紅塵喻之「優鉢羅花火裡開」。

菩薩入廛後經過長期修證，進入兼帶境界。月鋪金地，與兼中至相接，佛性出世後金針往復。鉤鎖連環證得正偏兼帶。佛性「靈光獨耀迥脱根塵」。菩薩以佛性為主人公，佛性一塵不染。「百花叢裡過，一葉不沾身」。

・正不孤滯。偏自雙行【小五位】

【按】形容「正中來」之後佛性出世。菩薩定心往復，經過「金針雙鎖鉤鎖連環」進入正偏兼帶境界。

涅槃佛性混居一身。「前釋迦後彌勒」謂佛真法身。

十四、天童正覺四轉靈機

・未轉靈機。了忘擔荷【四轉靈機】

（鼓山元賢注）此正轉大功而至一色。但坐在一色中。所謂月巢鶴作千年夢。雪屋人迷一色功也。

【按】鼓山元賢誤也。此境界謂「涅槃前一色」。正中來初始次第，未入有漏涅槃。月巢、雪屋、銀巢、銀籠皆比喻有漏涅槃。「未轉靈機。了忘擔荷」即「內守幽閒」。《十牛圖》「獨照」「牛兒無處牧童閒」之「閒」謂大功稍歇。鼓山元賢論此為有漏涅槃，誤也。「所謂月巢鶴作千年夢。雪屋人迷一色功也」皆形容有漏涅槃。下面「機雖轉紐。印未成文」形容有漏涅槃。雖然用功，寶印尚未彰顯。

・機雖轉紐。印未成文【四轉靈機】

（鼓山元賢注）一色既消。如機轉紐。但尚守尊貴。機用亦未全彰也。

「機雖轉紐」表示作功。「打破鏡」之功。從「涅槃前一色」打破鏡進入有漏涅槃。到此「墮黯黯青青之處」（見宏智正覺論述）。「印未成文」尚在有漏涅槃。鼓山元賢說「一色既消如機轉紐。但尚守尊貴」。此說不通。到此尚未證入「正位」，「尚守尊貴」無從談起。宏智正覺表明「機雖轉紐。印未成文」指有漏涅槃，是謂「黯黯青青處」。見下面宏智正覺語錄。

宏智正覺（《廣錄》）云：

師云。出門是草。涉芉芉莽莽之間。葉落知秋。墮黯黯青青之處。到者裡。須體取機雖轉紐印未成文處始得。還端的麼。良久云。水明老蚌懷胎後。雲重蒼龍退骨時。

宏智正覺云「墮黯黯青青之處。到者裡。須體取機雖轉紐印未成文處始得」，宏智正覺清楚表明「機雖轉紐印未成文」正是有漏涅槃。到此要「蒼龍退骨」證入無漏涅槃，剎那轉身退位佛性出世，即謂「印已成文」。

有漏涅槃謂「正位前一色」，到此須明「水明老蚌懷胎後。雲重蒼龍蛻骨時」。蒼龍退骨形容脫胎換骨。從有漏涅槃脫胎換骨進入正位轉身退位佛性出世才是「印已成文」，進入正位要不居正位，鶴不停機轉身退位證得佛性。佛性出世枯木生花，驗證「始與他合」，即與清淨涅槃同質化。脫胎換骨形容蒼龍退骨，玄豹變文。與無漏滅盡定同質化。

機雖轉紐，形容作功進入有漏涅槃，「墮黯黯青青之處」，尚在有漏涅槃。「機雖轉紐。印未成文」，意謂在有漏涅槃境界作功。此時「澄源湛水尚棹孤舟，佛祖玄關橫身直過」，進入有漏涅槃要作功泯滅細心，脫卻尊貴脂，不戴寶華冠。脫胎換骨命根斷，「大死的人卻活」，絕後復蘇不居君位而轉身退位。

・靈機密運。印已成文【四轉靈機】

（鼓山元賢注）位裡轉身。從正出偏。文彩全彰。應用無闕者也。

靈機密運，意謂在有漏涅槃境界脫胎換骨識陰盡。「玄契」涅槃本體與無漏滅盡定同質化，印已成文意思是進入涅槃正位轉身退位佛性出世，故謂「從正出偏」。到「有漏涅槃」要「靈機密運」，即脫胎換骨識陰盡證入涅槃正位轉身證得佛性。無文寶印即謂涅槃本體。印已成文意謂證入首楞嚴大定佛性出世，此即正中來最後階次。佛性出世建立世界。「密移一步玄路轉，無限風光大地春」謂佛性出世。涅槃作為「理體法身」生成佛性建立世界，即「印已成文」。

「印」謂宇宙本體，禪宗宇宙本體是多元多層次的結構。涅槃與佛性乃是「寶印」一體兩面。林泉老人謂「而況無文寶印本來尊貴。何由彰顯而已哉」。涅槃是寶印之體即「無文寶印」，佛性是寶印之用即「成文寶印」，兩者非一非異。寶印不當風，涅槃本體對人隱秘不彰。涅槃本體自在存在。無文寶印本來尊貴。印已成文則謂佛性出世，文彩全彰。佛性出世則「無限風光大地春」。寶印當風，迴超文彩，佛性出世。「寶印當風妙。重重錦縫開」謂正偏兼帶。

・寶印當空。迴超文彩【四轉靈機】

（鼓山元賢注）此乃通身無影。應用無跡。不可得而思議也。

鼓山元賢所說語義不明。曹洞宗綱宗偈「寶印當風妙。重重錦縫開」，此兩句形容菩薩正偏兼帶境界。「寶印當風妙」謂涅槃，「重重錦縫開」形容佛性建立森羅萬象。此謂凡聖分離正偏兼帶境界，佛性出世大機大用建立世界。「迴超文彩」不限於眾生現象界，佛性出世後菩薩定心往復，「鉤鎖連環」進入「正偏兼帶」的境界，經過修證進入理事無礙法界、事事無礙法界。故謂「迴超文彩」。「寶印」比喻涅槃本體。涅槃本體具有尊貴地位，「無文寶印」無比尊貴。印已成文意謂定心證入涅槃正位轉身退位證得佛性。佛性出世正偏兼帶則「重重錦縫開」。

夾山善會云「機絲不掛梭頭事，文彩縱橫意自殊」。第一句指涅槃，第二句指佛性出世呈現萬法。兩句謂正偏兼帶。佛眼清遠云「試將寂滅那伽定。暗寫雕蟲篆刻章」，即謂森羅萬象皆是心識所成，「寶印當風妙。重重錦縫開」形容涅槃（鏡體）之鏡面（佛性）合作彰顯萬法。此謂正偏兼帶，「前釋迦後彌勒」。正偏兼帶境界，可以演繹理事無礙法界、事事無礙法界。

綱宗偈（《古𨎌》）（鼓山元賢注解）云：

> **金針雙鎖偈曰。金針雙鎖備。挾路隱全該。寶印當風妙。重重錦縫開。**
> **金針句。言偏正並用。**不落一邊。亦非執於中道也。挾路句。言應機之路。正必挾偏。偏必挾正。其一雖隱而弗顯。其實偏正無不全該也。**寶印句。言正中妙挾之印。**

【按】此處解釋「寶印」為「正中妙挾之印」，即謂清淨涅槃。尚有「無文寶印」與「當風寶印」。「寶印當風妙。重重錦縫開」乃「正偏兼帶」。洞山良价「綱要偈」「敲唱俱行偈」表明此意。「敲唱俱行」即謂正偏兼帶。

洞山良价「綱要偈」三首（《五燈會元》）：

敲唱俱行偈曰：金針雙鎖備，協路隱全該。寶印當風妙，重重錦縫開。

曹洞宗「敲唱俱行」謂「正偏兼帶」。「寶印當風妙。重重錦縫開」形容正偏兼帶。此是曹洞宗「綱要偈」之一，意義明確。

宏智正覺云：

浩然遍域內。無私如陽春。個是萬法之生緣也【佛性】。靈照妙環中。離染而清淨。個是眾生之歇地也【涅槃】。直須玉線貫金針之穴。金針引玉線之蹊。方能回互旁參。轉身通氣。還會麼。寶印當風妙。重重錦縫開【兼帶】。

涅槃正位是不可言說不可形容的境界，故云尊貴。雖處尊貴而不居，方名尊貴。貪圖尊貴滯留涅槃，法愛執著。坐在死水中，鬼窟裡作活計，則一死不能再活，僅能證入小乘滅盡定，灰身滅智，鈍阿羅漢的境界。到正位若能轉身退位證得首楞嚴，回頭才識王子父，否則落在「有漏涅槃」而非涅槃正位。「夜明簾外轉身難」，修證者進入涅槃留戀涅槃安樂而不懂轉身退位證得佛性。涅槃正位只是虛位，無人長居。此謂「寶殿無人空侍立」。到此「佛祖玄關橫身直過」，脫胎換骨證入正位。鶴不停機鳳無依倚。不滯寒岩死水。踏破澄潭月，穿開碧落天。夜明簾外轉身退位證得佛性。

菩薩境界，定心「不居中間與兩頭」而「隨流得妙」。「夜深不向蘆灣宿，迥出中間與兩頭」。蘆灣謂死水。夜宿蘆花即隨流得妙。菩薩境界中大定意識「妙體本來無住處，通身何更有蹤由」。須知「應無所住而生其心」。

萬松老人《從容錄》第九十六則「九峰不肯」云：「坐斷十方猶點額（切忌生根）。密移一步看飛龍（別般造化）」（宏智正覺）。萬松老人云：「此退位朝君。轉身就父處。不道同。只是無別。」萬松老人指出，涅槃與佛性定境相似，「不道同。只是無別」。毫釐有差天地懸隔。退位朝君，即「君臨臣位」，退位已得首楞嚴佛性，轉身就父尚在涅槃正位。

十五、天童正覺三一色

一色者。由轉功就位。**證一片清虛境界。乃法身初立也。**此中分三。大功一色者。由功力成就。猶存功力也。**正位一色者。理境之空寂也。今時一色者。事境之潔白也。**

大功一色頌【佛性】：

白牛雪裡覓無蹤。功盡超然**體浩融。**月影蘆花天未曉。靈苗任運剪春風。

【按】牛指定心。「白牛雪裡覓無蹤。功盡超然體浩融。月影蘆花天未曉」。「**露地白牛**」謂菩薩的**佛性定心。菩薩境界尚有枝末無明。露地白牛（明覺性聰）**：

本然清淨絕纖塵，遍界堂堂白牯身，兩角觸翻滄海月，四蹄踏破碧郊春，靈明歷劫原無相，妙性超方沒比倫，異號彰名隨別類，風流意氣樂天真。

正位一色頌**【到涅槃正位點額而回，處於有漏涅槃】**：

無影林中鳥不棲。空階密密向邊啼。寒岩芳草何曾綠。正坐堂堂失路迷。

【按】**涅槃境界，坐著即死水淹殺，落在法身邊。**宏智正覺「三一色」的「**正位一色**」即「有漏涅槃」。謂已經「跳過龍門」卻「點額而回」，沉空滯寂留戀涅槃安樂，妄識未泯法執猶存。此與《十玄談》「正位前一色」不同境界。

今時一色頌【佛性出世正偏兼帶】：

髑髏識盡勿多般。狗口才開落二三。日用光中須急薦。青山只在白雲間。

【按】狗口才開落二三，菩薩入世說法也是「傳言送語人」，禪宗不立文字，但有語言皆提婆宗。**髑髏識盡喻菩薩，菩薩無法說明「第一諦」，說法只落「二三諦」。青山只在白雲間，謂「山河與大地，全露法王身」。菩薩當體即空。百草頭上識得法身。森羅萬象「遍界不曾藏」，塵塵剎剎皆是真身。**

百愚淨斯解釋宏智正覺三一色：

問如何是正位一色。師云。午夜黑漫漫。

【按】午夜黑漫漫。有漏涅槃。進入正位若不知轉身退位，自以為坐在正位，其實坐在「法身邊」。死水淹殺，鬼窟活計，坐斷十方猶點額，也是有漏涅槃。

如何是大功一色。師云。白牛露地眠。

【按】白牛露地眠，即謂佛性定心。菩薩尚有枝末無明，處於偏位。

如何是今時一色。師云。眉毛八字分【八字打開，放開】。

【按】眉毛八字分。捏聚放開，此謂放開，帝命旁分，凡聖分離。處於今時。

正中來最後佛性出世建立世界，由正入偏。開始金針往復的修證。「木人夜半穿靴去。石女天明戴帽歸」，指定心在涅槃與佛性之間往復來去。菩薩（定心）入世則貌似凡人穿衣戴帽入廛垂手，返回涅槃從外表看也是菩薩形象。木人石女比喻大定定心。菩薩外表是人，實際「換了主人公」。菩薩已經轉識成智。泯滅自我意識後佛性成為菩薩主宰，故云「今人非昔人」。我們所謂菩薩、佛皆指大定定心，一般不指謂人。佛菩薩與「人」大不同矣。

周敦頤講「無極而太極」，在程朱理學與心學之間展開一場很大的爭論。從中國哲學史來看，「無極」這個概念來自道家。大致上即是「道可道非常道」的意思。魏晉時代玄學所謂「無中生有」。**曹洞宗所說「夜明簾外主」即究竟涅槃，絕對的宇宙本體如如不動，不理會人間事物，人要「親近」於他。**涅槃在禪宗認為是「威音以前」、空劫之前、混沌未開、象帝之先，天地未分，在人類出現之前就存在，能生成（「為」）萬象主的無始無終無生無滅的宇宙本體，曹洞宗提出「夜明簾外主，不落偏正方」，「**了然一氣大極前**」（投子義青），豈不是「無極」之謂？《太極圖說》謂「無極而太極」，老子云「道生一，一生二」；《信心銘》云「一有多種」。禪宗的宇宙本體是多元多層次的結構。清淨涅槃兼具主觀客觀意蘊。涅槃只能「過」而「不居」，南泉普願說「不居正位」。「寶殿無人空侍立」是故「玉殿苔生」。禪師死亡後最終契合「夜明簾外主」。

主中主、夜明簾外主、究竟涅槃、理之本體（鼓山元賢）等皆謂絕對本體。正位指清淨涅槃，而不落正偏即主中主。六祖說「葉落歸根來時無口」，指契合絕對本體，即客觀存在的精神性絕對本體。這是禪

宗終極關懷的根本意旨。

圓悟克勤云：

撥正三界窠窟。放出無位真人。透過荊棘叢林。便居常寂光土。非如非異耀古騰今。非色非心超宗越格。淨裸裸絕承當。赤灑灑沒回互。只如今在諸人頂門貫通一切。若能各各返照內觀。即坐自己家堂。所以祖師道。有一物上柱天下柱地。常在動用中。動用中收不得。謂之本源佛性顯成。

宏智正覺云：

清淨無相。妙明絕緣。個一片田地子。古今移不得。一切法生也。自是諸法生。了不干它事。一切法滅也。自是諸法滅。了不干它事。從本以來底。元不曾借借。廓大周遍。無所不至。正恁麼時。還有畔岸也無。若有畔岸。即於爾本心。自作界至去也。正無畔岸時。全與虛空合卻。靈然不是空。透頂透底去。中間無一塵。若恁麼也。混融不隔越。個是諸佛出生處。個是山河大地建立處。有情也恁麼地出生。無情也恁麼地建立。所以道。情與無情共一體。處處皆同真法界。到恁麼時。山是個時山。水是個時水。森羅萬象。與爾地水火風。皆是個時建立。乃至長短大小方圓等相。更無有異。才起分別心。便成差別相。

萬松老人解釋「雲門兩病」。解述從「偏中正」證入「涅槃前一色」，再入有漏涅槃，然後從有漏涅槃證入無漏涅槃。到此正位卻不居正位，轉身退位證得佛性，佛性出世。此公案非常重要，筆者故作詳細解釋。

十六、公案解說：雲門兩病

雲門兩病（《從容錄》第十一則）（萬松老人）：

示眾云。無身人患疾。無手人合藥。無口人服食。無受人安樂。且道。膏肓之疾。如何調理【無手無身謂首楞嚴大定意識，佛性】。

舉雲門大師云。光不透脫。有兩般病（還覺口乾舌縮麼）。**一切處不明。面前有物是一**（**白日見鬼莫是眼花**）【偏中正】。**透得一切法空。隱隱地似有個物相似**【內守幽閒真常流注，法塵影事。涅槃前一色】。亦是光不透脫（早是結胸那堪喉閉）。**又法身亦有兩般病**（禍不單行）。得到**法身為法執不忘。己見猶存。墮在法身邊是一**（不唯邪祟更有家親）【有漏涅槃】。**直饒透得。放過即不可**（養病喪軀）。仔細點檢將來。有什麼氣息。亦是病（醫博未離門又早痼病發）【透法身佛性出世，鉤鎖連環正偏兼帶】。

師云。越州乾峰和尚。法嗣洞山悟本。雲門遍參曾見師與曹山疏山。此則公案先有來源。乾峰示眾云。法身有三種病二種光。須是一一透得。更須知有向上一竅。雲門示眾云。**只如庵內人。為甚不知庵外事**【凡聖分離】。峰呵呵大笑。門云。猶是學人疑處。峰云。子是什麼心行。門云。也要和尚相委悉。峰云。直須恁麼始得穩坐地。門云。諾諾。乾峰道。法身有三種病。雲門道。**法身有兩種病**。萬松行腳時。諸方商量道。**未到走作，已到住著。透脫無依**【**坐在死水**】。**是三種病。今言二種。少未到走作。後二種病顯然大同。佛眼和尚道。騎**

驢覓驢是一【未到走作】。騎驢了不肯下【已到住著】。亦是病。乃前二病少後一種。師家一期應病施方。各垂方便。其二種光與光不透脫有兩般病。無別。且一切處不明面前有物是一者。洞山道。分明覿面別無真。爭奈迷頭還認影【偏中正】。若具把定乾坤眼。綿綿不漏絲毫。方得少分相應【須開正眼】。又道。透得一切法空。隱隱地似有個物相似。亦是光不透脫。溈山所謂。無一法可當情。見猶在境。《楞嚴經》云。縱滅一切見聞覺知。內守幽閒。猶為法塵分別影事。南院顒道。我當時如燈影裡行相似。所以道。亦是光不透脫【涅槃前一色】。洞上宗風。靜沉死水。動落今時。名二種病。爾但出不隨應。入不居空。外不尋枝。內不住定。自然三病二光一時透脫。然後透脫不透脫。拈放一邊。仔細點檢將來。有什麼氣息亦是病。如何得安樂去。更請天童診候。頌云。

森羅萬象許崢嶸（聽他何礙汝識得不為冤）。透脫無方礙眼睛（悶捧著帽朵）【偏中正，面前有物迷頭認影】。掃彼門庭誰有力（拂跡成痕欲隱彌露）。隱人胸次自成情（心疑生暗鬼）【隱人內守幽閒，見猶在境，前塵影事】。船橫野渡涵秋碧（死水浸卻）【涅槃前一色】。棹入蘆花照雪明（住岸卻迷人）【有漏涅槃，心月孤圓，清光照眼】。串錦老漁懷就市（著本圖利）。飄飄一葉浪頭行（隨流得妙）【定心往復隨流得妙】。

師舉。《法句經》云。森羅及萬象一法之所印。一即萬萬即一。即此物。非他物。一任崢嶸磊落。荒田不揀草。淨地卻迷人。直饒透脫無方正是礙眼睛處。《圓覺經》道。於諸妄心。亦不息滅。洞山道。靈苗瑞草。野父愁耘。何必掃彼門庭。空一切法。雲門道。一切處不明。

面前有物是一【偏中正，迷頭認影**】**。不是教爾除幻境滅幻心。別覓透脫處。三祖道。**六塵不惡。還同正覺【**見色即空**】**。與《圓覺經》知幻即離不作方便。離幻即覺亦無漸次。便見作止任滅如金剛與泥人揩背也。又道。**隱人胸次自成情【內守幽閒】。此頌隱隱地似有個物相似。正是圓覺存我覺我。潛續如命。細四相病【圓覺四我相】**。故普覺云。大悲世尊快說禪病。**船橫野渡涵秋碧。此頌得到法身。纜船於澄源湛水【內守幽閒真常流注，此湛非真】。疏山以法身為枯樁。此真繫驢橛也。直待撥轉船子。未免棹入蘆花照雪明處。到此清光照眼似迷家【有漏涅槃，心月孤圓，細心未泯】。明白轉身還墮位【脫胎換骨識陰盡】。入正位而不居正位，轉身退位證得佛性】。此頌直饒透得。放過即不可【透得涅槃佛性出世，放過即不可】**。到此雲門道盡。天童頌徹也。然後要見雲門意旨天童眼目。**這裡便是計利害處【佛性出世還要定心往復，然後正偏兼帶】**。如何是雲門意旨。不見道。仔細點檢將來。有什麼氣息。亦是病。雲門但指其病不說治法。如何是天童眼目。述雲門治方。云。**串錦老漁懷就市。飄飄一葉浪頭行。雲門大意。在入廛垂手不避風波。可謂自病既除。復愍他疾。淨名之心也。還知麼。病多諳藥性。得效敢傳方。**

【按】菩薩境界有漏涅槃也有真常流注，與涅槃前一色內守幽閒真常流注不同。

【按】且一切處不明面前有物，謂偏中正。出離三界未入法身，未入「正中來」。

【按】隱人胸次自成情，「隱隱地似有個物相似」。內守幽閒真常流注。

【按】「佛眼和尚道。騎驢覓驢是一。騎驢了不肯下」。迷頭認影即偏中正境界。

【按】細四相病。《圓覺經》云「四我相」。

萬松老人「雲門兩病」公案對偏中正、涅槃前一色、有漏涅槃、涅槃正位與透法身有清楚解述，值得認真解說。

光不透脫，兩種情形：

光不透脫第一病。「**雲門道**。**一切處不明**。**面前有物是一**」，**此謂偏中正**。萬松老人引洞山良价偏正五位，「**洞山道**。**分明覿面別無真**。**爭奈迷頭還認影**」，**此頌「偏中正」**。**偏中正不屬於法身境界，未到「正中來」**。**光不透脫乃是法眼未明**，「且一切處不明，面前有物是一者」。偏正五位之「偏中正」。「偏中正。失曉老婆逢古鏡。分明覿面別無真。休更迷頭猶認影。」「失曉老婆逢古鏡」謂「瞥見古鏡」。**克符道者頌偏中正**。「**演若玉容迷古鏡**。**可笑騎牛更覓牛**。**寂然不動毗盧印**。」「騎驢覓驢」形容不識法身。迷頭認影不識「古鏡」謂「未到走作」。**偏中正未到正中來，未到法身境界**。「分明覿面別無真」表明「不識驢」故「騎驢覓驢」。「寂然不動毗盧印」謂人既「不識」則涅槃寂然不動。

光不透脫乃是法眼未明，菩薩若開正眼即「見色明心」、「正眼」即「首楞嚴定心」所具有的「爍伽羅眼」，六根互用之眼。這是理事無礙法界的正眼。世法佛法打成一片，菩薩「見色明心」而不必「掃除萬法」或「撥卻萬象」，不必「空一切法」。修證到此豁開正眼。偏中正云「分明覿面別無真。爭奈迷頭還認影」。若開正眼，萬象之中百草頭上，菩薩佛性與現象背後的佛性本體互相感應。體會「六塵不惡，還同正覺」（《信心銘》）。

菩薩若開正眼即「見色明心」、世法佛法打成一片，菩薩所見萬法「處處皆真」。「菩薩見色無非觀空」。菩薩佛性觀照下可見萬法，只是「影流萬象心鏡空」（宏智正覺），「如印印空」而已。《壇經》云：「善知識，真如自性起念，六根雖有見聞覺知，不染萬境，而真性常自在。故經云：能善分別諸法相，於第一義而不動。」菩薩意根久滅，見相而不受染污。菩薩大定定心可見萬法，現象只是「借來聊爾了門頭」（宏智正覺）。菩薩不生癡愛業因而不受染污。佛性出世建立世界，即「第二門頭」入廛垂手普度眾生。經過長期修證到正偏兼帶理事無礙境界，「世法佛法打成一片」，即「色不異空空不異色」。「見山是山見水是水」，世間相常住。

光不透脫第二病。「隱人胸次自成情（心疑生暗鬼）。船橫野渡涵秋碧（死水浸卻）」此即「涅槃前一色」。「隱人」謂「內守幽閒」，隱隱有物謂「法塵影事」。「溈山云。無一法可當情。見猶在境」。此頌涅槃前一色，已到法身，乃正中來的初級次第。「船橫野渡涵秋碧」，萬松老人說：「此頌得到法身。纜船於澄源湛水。」以法身為枯樁，表明已到法身卻不會向上前進。「《楞嚴經》云。縱滅一切見聞覺知。內守幽閒。猶為法塵分別影事。南院顯道。我當時如燈影裡行相似。所以道。亦是光不透脫。」正中來初步次第，涅槃前一色屬於法身境界。涅槃前一色在宏智正覺「四轉靈機」有所表述（靈機未轉即內守幽閒），「法塵影事」猶如夢境。又謂「前塵影事」，夢中影事知幻即離。

萬松老人在此說「直待撥轉船子。未免棹入蘆花照雪明處。到此清光照眼似迷家」表明從「涅槃前一色」進入「心月孤圓」、「蘆花照雪」的有漏涅槃。

「涅槃前一色」，真常流注識陰未盡。《楞嚴經》云：「**阿難。當知此湛非真。如急流水。望如恬靜。流急不見。非是無流**」，「似鏡長明」謂水面平靜如鏡而「真常流注」。我們謂之「涅槃前一色」。由此境界證入有漏涅槃要「打破鏡相見」（靈雲志勤）。

涅槃前一色謂「內守幽閒」、「真常流注」，由此小死一回絕後復蘇進入有漏涅槃。即入「**法身初立一片清虛**」的有漏涅槃。到有漏涅槃不能獨守寒岩坐卻白雲，否則死水淹殺。澄源湛水尚棹孤舟，金龍豈守於寒潭。百尺竿頭須進步，十方大地是全身。由此要脫胎換骨識陰盡，子歸就父進入涅槃正位，立刻轉身退位證入首楞嚴大定，子歸就父意謂與清淨涅槃同質化。進入正位卻不居正位，此謂「夜明簾外轉身難」。入塵回途再入人間，「回途石馬出紗籠」，此謂凡聖分離。涅槃境界涵蓋有漏、無漏涅槃，這是「法身境界」。

盤山寶積和尚謂「心月孤圓，光吞萬象」，修證者不要以為這裡「到家」。「**清光照眼似迷家，明白轉身還墮位**」。趙州從諗云「**老僧不在明白裡**」。有漏涅槃「淨地迷人」。盤山寶積云：「**光境俱亡復是何物？**」萬松老人云「**天地黯黑如一錠墨，正是衲僧脫胎換骨轉身一路**」。有漏涅槃《圓覺經》謂「**細四相病**」。尚有補特伽羅細心。「粗中之細，人牛不見處正是月明時」。「百尺竿頭坐的人，雖然得入未為真。」若滯留於此則「**月巢鶴作千年夢，雪屋人迷一色功**」，禪師謂之「銀籠」「雪屋」。「黯黯青青處」。「萬里無寸草」，「萬里無雲」卻「天有過」，要「青天吃棒」。到此「折斷拄杖」，形容脫胎換骨，「子歸就父」證入涅槃卻不居正位（南泉普願）。「**尊貴之人不居尊貴之位**」。禪者從涅槃前一色進入有漏涅槃，脫胎換骨進入涅槃正位子歸就父，還要「**鶴不停機飛渡寒煙**」。意謂「不居正位」，若滯留涅槃安樂即「落在法身邊」。脫胎換骨即謂「龍蛻骨」、「豹變文」。意謂泯滅粗細妄識後與無漏涅槃同質化，即「子歸就父」。禪者脫胎換骨徹底消融「細中之細」妄識，不戴寶華冠，脫卻尊貴脂。進入涅槃正位不可滯留。要「踏破澄潭月，穿開碧落天」。若留戀涅槃不會轉身退位，最終「點額而回」落在法身邊，仍是有漏涅槃。猶如鯉魚跳龍門被沖下不得佛果。禪者由正位轉身退位出離涅槃，證得首楞嚴大定即佛性。佛性出世建立世界。禪師經歷「不入驚人浪，難得稱意魚」即見性成佛。就父剎那轉身退位證得首楞嚴佛性。涅槃與佛性本質相同，只有細微差別。佛性大定意識要保持與涅槃同質化。

萬松老人云：「直待撥轉船子。未免棹入蘆花照雪明處。到此清光照眼似迷家。明白轉身還墮位。」即形容從涅槃前一色進入有漏涅槃。有漏涅槃「一片清虛法身初立」。從有漏涅槃要脫胎換骨識陰盡，子歸就父與無漏滅盡定同質化，進入涅槃正位鶴不停機轉身退位證得首楞嚴，即「透法身」。趙州從諗云「老僧不在明白裡」。「明白」意謂清光照眼。菩薩處於有漏涅槃具所知障。故謂「漁父宿蘆花」。菩薩已泯滅根本無明。進入有漏涅槃者，尚有無明妄識。

雲門文偃說「直饒透得。放過即不可」，意謂「透法身」。佛性出世也要明白「向上一竅」。「定心」要在涅槃與首楞嚴大定之間往復優游。此謂「金針往復」。按照萬松老人解釋，「串錦老漁懷就市。飄飄一葉浪頭行。雲門大意。在入廛垂手不避風波。」此謂定心優游要「不居中間與兩頭」而隨流得妙。菩薩境界尚有枝末無明，處於有漏涅槃。故要時時「回爐重烹煉」，菩薩要保任。直到「金針雙鎖鉤鎖連環」然後證得「正偏兼帶」。涅槃佛性混居一身而成「前釋迦後彌勒」的「佛真法身」。若定心不來不去則證入理事無礙法界。若涅槃佛性混融一體不分彼此，則證得事事無礙法界。到此「惑障清淨種智圓滿」，證得「一心三觀」、「中道」，即證得一切種智，成就妙覺佛位。

入世菩薩在有漏涅槃已經泯除根本無明。與未入正位滯留有漏涅槃不可相提並論。禪師以「粗中之細，人牛不見處，正是月明時」形容有漏涅槃。到此泯滅「粗中之細」，尚有「細中之細」。「細中之細，今年貧錐也無」形容證入無漏涅槃。禪師進一步「和光混俗隨流得妙」證得「那伽定」。

十七、四今時（為霖道霈《廣錄》）

為霖道霈是鼓山元賢弟子，然而「見過於師」。他對曹洞宗宗旨理解正確。

《四今時》著語並頌（為霖道霈）：

洞宗以知有為頭。以盡卻今時為尾。故今立盡四今時。**以但有功勳皆落今時也。未入正位則總未離念。是界內今時。既入正位而坐在尊貴。是界外今時。轉位就功而功位並顯。是大用今時。功位雙泯而不落言詮。是究竟今時也。**

【按】盡卻意味超越，兼中到最終超越涅槃，謂主中主，夜明簾外主，絕對本體。

【按】未入正位是界內今時，涵蓋正位前之境界。未入正位前有漏涅槃屬於此境。

【按】已入正位點額而回落在有漏涅槃屬界外今時，有漏涅槃屬偏位。

【按】「既入正位而坐在尊貴」，指證入涅槃點額而回，宏智正覺謂「正位一色」，處有漏涅槃。「尊貴」之位無人。「坐在尊貴」即非「尊貴」，正是坐在死水。

問。如何是盡卻界內今時底句。答曰。大功才轉後。潔白卻難留。頌曰。空華滅處荷擔輕。一片晴光映太清。行過雪山歸那畔。方知尊貴自天成。

【按】界內今時，未離念則妄識未乾，如有漏涅槃，皆可謂「界內今時」。

【按】「空華滅處荷擔輕。一片晴光映太清」，指從涅槃前一色證入有漏涅槃。

【按】「行過雪山歸那畔」即謂脫胎換骨證入清淨涅槃。正位黑色，故潔白難留。修證者自以為到家，頭戴寶華冠、身著貼體衫子、萬里無雲天有過、清光照眼似迷家、寸絲不掛赤骨律在、坐在死水、鬼窟裡作活計，皆屬有漏涅槃。此有漏涅槃指未入正位前境界。與已經進入正位卻點額而回落入「正位一色」不同。

【按】界外今時的「正位」指涅槃正位。「既入正位而坐在尊貴」，留戀涅槃安樂，法執未泯妄識猶在，並未真正進入無漏涅槃。「假入正位」，實則滯留有漏涅槃，此謂「正位一色」（宏智正覺）。若「由偏入正」，「行過雪山歸那畔」即進入威音那畔的涅槃正位即清淨涅槃，如同君王登基子歸就父，剎那轉身退位證得首楞嚴佛性。宏智正覺「正位一色」形容已入涅槃正位而留戀涅槃安樂不肯轉身退位，點額而回落在「法身邊」即有漏涅槃。即謂「界外今時」。

【按】「盡卻界內今時」則離念、無心、脫胎換骨識陰盡。此時進入正位尚未轉身。須知「尊貴之人不居尊貴之位」，證入尊貴之位要轉身退位不居正位。

【按】白色謂偏。轉大功就位，由偏入正。到此尚不知是否真正進入「正位」。

【按】「空花」指「界內今時」，現象界或正位前境界皆是「捏目生花」，也指「偏中正」境界的「面前有物」。「空花滅處」即超越三界，也超越偏中正的「一切處不明，面前有物」。進入「正中來」初階，即「純清絕點真常流注」，筆者謂之「涅槃前一色」，猶有「法塵影事」。須「打破鏡」證入有漏涅槃，「一片晴光映太清」即「心月孤圓光呑萬象，光非照境，境亦不存」。「一片清虛法身初立」，已到「法身」境界。「盡卻界內今時」，即超越「一片晴光映太清」的「有漏涅槃」。「行過雪山歸那畔」，意謂證入那畔尊貴之位，即「涅槃境界」，包含有漏涅槃與清淨涅槃。那畔謂「威音那畔」。證入涅槃境界後，先入有漏涅槃。很多人會在有漏涅槃死水淹殺，守在有漏涅槃，坐卻白雲死在鬼窟。「懸崖撒手大死一回絕後復蘇欺君不得」，必須脫胎換骨識陰盡證入涅槃正位而不居正位。子歸就父後轉身退位證得首楞嚴佛性。

「大功才轉後潔白卻難留」，謂由偏入正。法身初立進入涅槃境界。「心月孤圓光呑萬象」即「一片晴光」。「行過雪山歸那畔」，進入那畔涅槃境界，方知「涅槃正位」是最尊貴地位，喻為「君」、「父」。

問。如何是盡卻界外今時底句。答曰。踏翻空界月。掌上立乾坤。頌曰。不戴華冠御寶筵。翻身濁界恣留連。蓮華火裡隨時發。樂事欣欣遍大千。

【按】前此已經進入涅槃境界。「界外今時」指「既入正位而坐在尊貴」，即有漏涅槃。證入涅槃境界，枯木岩前岔路多，從「內守幽閒」的境界「打破鏡相見」進入有漏涅槃。尚有細中之細妄識。「粗中之細，人牛不見處正是月明時」。「細中之細」尚在。到此有漏涅槃命根未斷。「清光照眼似迷家，明白轉身還退位」。禪者要脫胎換骨識陰盡證入涅槃正位。《十玄談》言「雲水隔時君莫住。雪山深處我非忘」即形容有漏涅槃。「雪山深處我非忘」意謂進入禪定極深境界（有漏涅槃）仍有「圓覺四我相」。識陰未盡真常流注。故要「拗折拄杖」，不戴寶華冠，脫掉貼體衫子，青天也要吃棒，大死一回脫胎換骨命根斷，證入清淨涅槃與涅槃正位同質化，子歸就父轉身退位證得首楞嚴。

「懸崖撒手大死一回，絕後復蘇欺君不得」，意謂證入有漏涅槃要「不坐死水」，到此有漏涅槃，落在「黯黯青青處」，「坐斷十方猶點額」，須「佛祖玄關橫身直過」。百尺竿頭進步，「天地黯黑如一錠墨相似，正是衲僧脫胎換骨轉身一路」（萬松老人），盤山寶積云：「光境俱亡復是何物？」修證者到此脫胎換骨識陰盡，進入正位卻「不居正位」，要「踏破澄潭月，穿開碧落天」則出離涅槃，不居空王之位，鶴不停機轉身退位證得首楞嚴佛性，佛性出世建立世界。「密移一步玄路轉，無限風光大地春」。此即枯木生花冰河發燄。所謂佛性出世建立世界。

證入有漏涅槃要脫胎換骨命根斷，比喻為不戴寶華冠，脫卻尊貴脂，此即「不戴華冠御寶筵」，「清光照眼似迷家」而要「老僧不在明白裡」（趙州從諗）。脫胎換骨證入清淨涅槃卻不居正位，「踏翻空界月」意謂出離涅槃轉身退位證得佛性，證得首楞嚴佛性，佛性建立世界。佛性出世菩薩入廛垂手進入紅塵世界（濁界），即「翻身濁界忞留連」。「掌上立乾坤」即謂佛性建立世界。「手指空時天地轉，回途石馬出紗籠」。禪師進入「紅塵濁界」普度眾生。對菩薩而言，如來藏佛性「靈光獨耀迥脫根塵」，如同「火裡蓮花」不染塵埃。

「既入正位而坐在尊貴。是界外今時」，「界外今時」即有漏涅槃，宏智正覺謂之「正位一色」。「盡卻」意謂到此境界要翻身出離涅槃，即「踏翻空界月」。脫胎換骨進入正位而轉身退位，「輪王不戴寶華冠」。不能滯留死水鬼窟，轉身退位佛性出世。菩薩轉入世俗濁界，入廛垂手普度眾生。濁界謂紅塵。「蓮華火裡」謂菩薩境界。佛性靈光獨耀迥脫根塵。「掌上立乾坤」謂佛性出世菩薩在「心內」建立世界，鼓山元賢頌「隔塵埃」，意謂菩薩初始與眾生業力所成世界尚未重合。只有證入正偏兼帶理事無礙法界才能世法佛法打成一片，盡卻界外今時即謂佛性出世枯木生花。

問。如何是盡卻大用今時底句。答曰。萬方皆順化。一默自無為。頌曰。汗馬勳成已太平。六門無鎖自虛明。深宮窈窕誰能到。漫說簫韶奏九成。

【按】「轉位就功而功位並顯。是大用今時」，此謂佛性出世大機大用，建立世界。定心「金針雙鎖」而至「鉤鎖連環」。進入正偏兼帶以後，涅槃佛性混居一身，演繹理事無礙法界、事事無礙法界。證得一心三觀，一切種智。由此證那伽定。

「盡卻大用今時」即頌妙覺佛，那伽定，不再作功。「得的人。如愚若魯。」《請益錄》「南泉頌牛」，謂「全白轉黑」，和光混俗隨流得妙，進入那伽定。那伽定「恆納虛空時含法界」。佛性出世後定心往復乃至「鉤鎖連環」，證得正偏兼帶。涅槃佛性混融一體證得事事無礙法界。即到「一心三觀」，即「中道」，證得那伽定即佛位。

「深宮窈窕誰能到。漫說簫韶奏九成。」盡卻大用今時即「功成名就」，六門無鎖意謂大定境界並無六根六識等六門。到此大功告成。此謂「簫韶九成，鳳凰來儀」（《尚書》），定心時時處於涅槃。雖處佛位尚有時時進入法界應對世界的時節。「恆納虛空時含法界」（入就瑞白）。從外部看，菩薩如愚若癡默然少語。「得的人終日閒閒的」。「一默自無為」形容如愚若魯，卻有金鳳夜棲無影樹，獨坐大雄峰的時節。「得的人」，「潛行密用。如愚若魯。但能相續，名主中主。」菩薩得道謂「主中主」只是名義。

真正的「主中主」即謂絕對本體，與人無關。「四今時」最後「究竟今時」即頌「主中主」。下面介紹證得「那伽定」的性相。

九帶（浮山法遠）九、平懷常實帶：

僧問南泉。如何是道。泉云。平常心是道。如達平常道也。見山是山。見水是水。信手拈來。無可不可。風來樹動。浪起船高。春生夏長。秋收冬藏。大地皆然。有何差異。但得風調雨順。國泰民安。邊方寧靜。君臣道合。豈在麒麟出現。鳳凰來儀。方顯祥瑞哉。只須理歸其道。事用平實無聖可求。無凡可捨。內外平懷。泯然自盡。所以諸聖語言。隨順世諦。會則途中受用。不會則世諦流布。

《請益錄》第六十節南泉水牯（節錄）（萬松老人）云：

清居皓昇師。頌牧牛圖一十二章。太白山普明禪師。頌牧牛圖十章。佛國惟白禪師。頌牧牛圖八章。昇明二師等。皆變黑為白**【由正出偏。佛性出世枯木生花】**。惟佛印四章。全白復黑。頌曰。已白仍回黑。還君自在牛。亂山閒放去。千古更無憂。赫赫當中日。騰騰不繫舟。超然凡聖外。誰敢向前收。此正是南泉隨分納些些處。**諸師以人牛不見處。正是月明時。為總不見得【菩薩尚有無明】**。唯佛印與南泉。以混俗和光。隨流得妙。為總不見得。雲門云。且道牛內納。牛外納。直饒你說得納處分明。我更問你覓牛在。**萬松道。抵著和尚。大溈喆云。雲門止解索牛。不解穿他鼻孔。拈起拄杖云。三世諸佛。天下老和尚鼻孔。**

盡被山僧拄杖一時穿卻。且道山僧鼻孔在什麼處。良久云。誣人之罪。以全罪科之。萬松道。首到強如捉獲。雖然。南泉水牯牛無鼻孔。你作麼生穿。是以天童道。南泉牧牛。可謂奇特。直得一切處關防不得。勝默和尚道。在一切。同一切。一切處收不得。又道。南泉水牯牛。雙角無欄圈。且道隨分納些些了後如何。芻蕘莠稗愁耘處。蹄角皮毛趁贊時。

普明頌牛，以佛性出世枯木生花為極則。唯佛印與南泉普願以混俗和光隨流得妙為極則，是以「混俗和光隨流得妙」比喻「那伽定」、「妙覺佛位」。按照勝默光和尚道，「在一切。同一切。則遍界不曾藏」，或謂「洞然全是釋迦身」。

【按】那伽定，恆納虛空時含法界（入就瑞白）。

【按】所謂全白復黑，處於那伽定。**定心時時在涅槃正位。禪師謂：金鳳夜棲無影樹**。

【按】「得的人，終日閒閒的」。「**到頭霜夜月，任運落前溪**」。

【按】**為霖道霈四今時**：汗馬勳成已太平。即謂獲得妙覺佛位，那伽定。

究竟今時（「四今時」）：

功位雙泯而不落言詮。是究竟今時也【超越究竟今時即究竟涅槃】。**問。如何是盡卻究竟今時底句。答曰。炭庫放光明。嶄新懸日月。頌曰。**坐斷上頭無貴位。卻來岩谷掛煙蘿。沉沉古井深千丈。時湧無風匝匝波。

「究竟今時」指謂清淨涅槃、超越清淨涅槃指主中主、究竟涅槃、夜明簾外主。六祖所謂「葉落歸根」後「楊柳為官」。禪師肉體遷化，其禪定意識經由涅槃契合「絕對本體」，與永恆存在的宇宙本體契合為一，即謂「身滅影不滅」（神秀），「一朝風月萬古長青」。主中主即謂絕對本體，「性海無風金波自湧」，「宇宙本體」無風起浪、天使其然無中生有。「沉沉古井深千丈」比喻絕對本體，而「時湧無風匝匝波」，波浪比喻現象界。

「坐斷上頭無貴位」**比喻絕對本體**。「卻來岩谷掛煙蘿」比喻本體生成萬法之現象界。**曹洞宗偏正五位最後之「兼中到」比喻「全黑」的涅槃本體**。「兼中到」最後「終歸炭裡坐」。超越此境即「盡卻究竟今時」。**「炭庫放光明」指謂絕對本體或謂「究竟涅槃」**。**鼓山元賢頌「兼中到」使用「究竟涅槃」表徵「絕對本體」**。「炭庫放光明。嶄新懸日月」**意謂絕對本體必然無中生有地生成世界**。**「炭庫放光明」**意謂陰中有陽。**此處詮釋禪宗解脫生死的最後宗旨在契合主中主，絕對本體。禪者滅度佛性定心進入涅槃，經過涅槃最終契合終極的「究竟涅槃」，即絕對本體**。

禪師肉體入滅，其禪定意識不能存在於「心內」，入滅時禪定意識要與客觀存在的宇宙本體契合為一。因此在兼中到一位，定心首先契入涅槃，但是並不停留。故此大陽警玄禪師「妙玄無私句」說**「寶殿無人不侍立，不種梧桐免鳳來」**，而琅邪慧覺禪師對此和曰：**「金鳳不棲無影樹。玉兔何曾下碧霄。」**這裡，「妙玄無私句」按照《洞上古轍》所說，「妙玄無私句。即入尊貴位也。」我們知道「尊貴位」即謂涅槃正位，不止於此，「向上還有事在」，例如宏智正覺禪師語錄說：「進云。**如何是兼中到。師云。寶殿無人不侍立。不種梧桐免鳳來。**進云。五位已蒙師指示。向上還更有事也無。師云有。進云。如何是向上事。師云。乍可截舌。誰敢當頭。」這就表示在正偏五位以上還有更高的境界，此即絕對本體境界。這裡注意「玉兔何曾下碧霄」，此「玉兔」高懸天外，謂絕對本體。

十八、佛真法身　前釋迦後彌勒

禪師有以「前釋迦後彌勒」的佛真法身為「萬法歸一」之依歸，這畢竟是與人有關的「一」。真正的「一」在於客觀存在與人無關的絕對本體。

菩薩高級境界，**凡聖分離正偏兼帶**，禪師謂「前釋迦後彌勒」，「前三三後三三」，形容佛真法身乃是涅槃佛性「混居一身」而成。涅槃與佛性皆有特殊認知，類比人的六識，故謂「三三」。此與凡夫「六根六識」不同。

佛性出世後定心往復，謂之「金針往復來」（自得慧暉）。定心在涅槃與佛性兩邊優游往復。所謂「金針雙鎖玉線貫通」。修證到「鉤鎖連環。血脈不斷」，則能證到正偏兼帶。涅槃佛性混居一身。「佛真法身猶若虛空」指清淨涅槃。「應物現形如水中月」指佛性。**兩者「合體」才是「佛真法身」。清淨涅槃乃是產生佛性的本體**（為霖道霈）。**謂之父子關係，刀斧斫不開。高級菩薩的禪定意識乃是「正偏兼帶」的混合體。涅槃佛性混居一身，「凡聖同居龍蛇混雜」**。「前釋迦後彌勒」意謂涅槃佛性父子合作建立世界。**萬松老人曾辯駁圭峰宗密批判馬祖道一派不懂「自體用」，以「明鏡也有背面」闡述「鏡體鏡面」合體而成「佛真法身」而建立世界。正偏兼帶是禪宗最玄妙最重要的境界。若金針不來不去則到理事無礙境界，若涅槃佛性混融一體，則到事事無礙法界。證得一心三觀，中道，證得一切種智。由此即證得那伽定。**

虎丘紹隆云：

正當十五日。諸人作麼生通個消息。直鐃向朕兆未萌。文彩未彰時會去。正落第二月。且作**麼生是第一月。還會麼。**九年孤坐少人識。千古風光照天地。

【按】此處，**虎丘紹隆謂**「直鐃向朕兆未萌。文彩未彰時會去。正落第二月」，**將涅槃喻為第二月。「九年孤坐」謂涅槃，「千古風光」謂佛性。「九年孤坐少人識。千古風光照天地」兩句即謂佛真法身，「前釋迦後彌勒」謂之「第一月」。**

佛鑒慧懃云：

古佛頭拄天。露拄腳踏地。上古今來成一體。頭拄天兮戴帽子。腳踏地兮沒草鞋。同赴大悲院裡齋。

【按】「上古」比喻涅槃，「今來」比喻佛性。「上古今來成一體」即「前釋迦後彌勒」，是謂「佛真法身」。「同赴大悲院裡齋」見普化臨濟公案。

天童如淨云：

上堂。涅槃堂裡死工夫。風滾葫蘆水上浮。**恁麼點開參學眼。釋迦彌勒是他奴。忽有個漢出來道。爭似春眠不覺曉。落花處處聞啼鳥。**

【按】「涅槃堂裡死工夫」謂涅槃，「風滾葫蘆水上浮」謂佛性，正偏兼帶。「釋迦彌勒是他奴」。

《頌古鉤距》云：

雲門缽桶（僧問雲門如何是塵塵三昧門云缽裡飯桶裡水）。缽裡飯（馨香彌上國合盤托出了也不得咬著）。桶裡水（波浪湧千尋驀頭瀉過來也險）。大用堂堂不存軌（拈放一邊棒打石人頭誰能近傍）。釋迦彌勒是他奴（撞著露柱狸奴白羖放毫光）。且道他為誰之子（從來共住不知名渠無國土描）。

【按】「**缽裡飯桶裡水**」謂正偏兼帶。涅槃佛性「**從來共住不知名**」。「前釋迦後彌勒」即是「佛真法身」，故謂「**釋迦彌勒是他奴**」。

圓悟克勤云：

豁開戶牖當軒者。誰無面目可見。遍界不藏。無形相可睹。**全機獨用。以無面目而諸相歷然**。以無形相而十身具足。解脫門廣啟。選佛場宏開。作不可思議功勳。成無量殊勝奇特。**直得一為無量無量為一。小中現大大中現小。坐微塵裡轉大法輪。獨未是衲僧本分事**。於中若得桶底子脫五色線斷。目前無法心外無機。則圓融一切無有所為。成就諸法全體顯現。且正當恁麼時。**不落功勳一句作麼生道。三尺龍泉光照膽。萬人叢裡奪高標**。

「**三尺龍泉光照膽**」謂涅槃，「**萬人叢裡奪高標**」謂佛性。謂正偏兼帶。

> 同安觀志禪師（《洞上古轍》）云：
> 在同安。值丕將示寂。上堂曰。**多子塔前宗子秀。五老峰前事若何。**如是三舉。未有對者。末後師出曰。夜明簾外排班立。萬里歌謠道太平。

排班立比喻臣子祝賀夜明簾外主登基。最後不限於涅槃，證入夜明簾外主，契合絕對本體。鼓山元賢云「此洞宗最後之旨也」，可惜如今懂的人極少。

禪宗的宇宙本體是多元多層次的結構，即絕對本體、涅槃本體與佛性本體。涅槃生成佛性，故謂涅槃為第一義諦。涅槃兼具主觀、客觀性質，人出現後經過禪定修證可以證入涅槃境界（「涅槃本體」），此時可說是無漏滅盡定的定心。馬祖道一說「即心即佛」關鍵在此。馬祖又說「非心非佛」。由於涅槃兼具主觀性與客觀性，作為「空劫以前」的宇宙本體，不能單純以「禪定意識」理解。混沌未分指涅槃，是「無」的境界。混沌之竅謂佛性出世，是「有」的境界。涅槃生成佛性顯現世界，此謂真如不守自性，性海無風，金波自湧。涅槃作為本體，真如不甘寂滅。時湧無風匝匝波，性海無風起浪呈現現象界。混沌未分無人無佛。混沌初分時剎那（剎那際）產生「天地人」。涅槃本體不守自性。佛性隨緣而生世界。這是自發的「發生」，涅槃本體天然含蘊佛性，也必然有時生成佛性呈現現象界。法爾如是。混沌未分時與人無關。人在六道輪迴中受苦受難，現象界即作為佛性所產生的世界存在。**「世界」對人呈現。涅槃可以視為兩段，無人無佛時即客觀存在的究竟涅槃，混沌初開人出現後作為滅盡定禪定意識。**

「混沌初開」，一般稱佛性為混沌之竅，涅槃謂混沌之前。混沌未開時無人無佛，混沌初開時正偏分開，佛性出世顯現山河大地森羅萬象。「人類」出現後，萬法即是「人的定心」所呈現。我們說涅槃不守自性，隨緣變現萬法。涅槃在無人類的時候並不以人的「滅盡定定心」而存在，因此涅槃也是具有客觀性的精神性存在，涅槃不必依賴人而存在故此具有客觀性。無論人類存在與否，涅槃本體必然通過某種方式呈現世界。人出現以後，佛性以首楞嚴大定定心的形式存在而且建立世界。

十九、公案解說

【公案】《請益錄》第九十四則古德法身（萬松老人）

舉古德云。長者長法身（主山高按山低）。短者短法身（拄杖長。拂子短）。天童拈云。且道舜若多神。喚什麼作法身（虛空無面目。不用巧妝眉）。良久云（十字打開）。還會麼（兩手分付）。不可續鳧截鶴。夷嶽盈壑去也（持鉢不得道不饑）。

師云。教中道。無邊身菩薩。窮上界而有餘。劬尸羅長者。睹三尺而無盡。萬松道。釋迦老子。能為下劣。忍於斯事。老老大大。舞罐燈戲。見人道。長也長也。便長。見人道。短也短也。便短。只如清淨法身。還有長短也無。若無。古德為甚道。長者長法身。短者短法身。不見道。**佛真法身。猶若虛空。應物現形。如水中月**。此頌兩聯。大似前言不副後語。**殊不知鉤鎖連環。血脈不斷**。《楞嚴經》道。舜若多神。無身覺觸。舜若。西音。此云虛空。天童道。舜若多神。喚什麼作法身。他只知佛真法身。猶若虛空。忘卻應物現形。如水中月。還知天童不可續截夷盈處麼。隨分三尺一丈六。明明觸處露堂堂。

【按】虛空指清淨涅槃，佛性應物現形如水中月，兩者非一非異非此非彼。所謂「前釋迦後彌勒」，「前三三後三三」，比喻菩薩正偏兼帶「涅槃佛性混居一身」。

【按】證入清淨涅槃脫胎換骨命根斷，泯滅自我意識無明妄識，也是轉識成智的過程。涅槃也是禪定境界。涅槃心也是禪定意識。所謂捏聚即意謂進入涅槃。

涅槃具有「寂而常照」的功能，「等覺照寂」。佛性定心具有「六根互用」類同六識的作用。「後三三」指首楞嚴佛性所具有的特殊的見聞覺知。

「正偏兼帶」境界，菩薩「雙眼圓明」。禪師謂「誰共澄潭照影寒」、「夜深同看千岩雪」。又謂：萬里神光頂後、金剛腦後鐵崑崙、腦後長腮莫與來往、「兩個無孔鐵鎚，就中一個最重」等，皆形容正偏兼帶境界。

【公案】《頌古聯珠》

洞山示眾曰。秋初夏末。兄弟或東去西去。直須向萬里無寸草處去始得。又云。只如萬里無寸草處且作麼生去。後有僧到瀏陽舉似石霜。霜云。出門便是草。僧回舉似師。師曰。大唐國裡能有幾人。頌曰。

【按】「萬里無寸草」比喻有漏涅槃，「出門便是草」意謂「涅槃境界」以外紅塵世界無明妄識。「不出門也是草」意謂「室內紅塵」。有漏涅槃尚有「細心」一類妄識。即使證入菩薩境界，也有「所知障」（枝末無明），指已經證入正位轉身退位後入廛垂手的菩薩。至於「沉空滯寂」在有漏涅槃「死水淹殺」，則法執法愛未泯。謂之「鬼窟裡作活計」，也是「不出門也是草」。

天童正覺云：

草漫漫。門裡門外君自看。荊棘林中下腳易。夜明簾外轉身難。看看幾何般。且隨老木同寒瘠。將逐春風入燒瘢。

【按】「**夜明簾外轉身難**」意謂進入有漏涅槃，要脫胎換骨識陰盡，證入涅槃正位卻不居正位，轉身退位證得首楞嚴佛性。轉身再轉身。「春風」謂佛性出世。

圓悟克勤云：

萬里無寸草。出門便絆倒。爭如不動塵。四山日杲杲。壁立萬仞絕承當。天上人間無處討。無處討。忽然突出拄杖頭。直趨寶山親取寶。

【按】「萬里無寸草。出門便絆倒」比喻有漏涅槃。「**壁立萬仞絕承當。天上人間無處討**」比喻涅槃正位。「忽然突出拄杖頭。直趨寶山親取寶」比喻出離涅槃佛性出世。

大陽警玄云：

直得不出門。亦是草漫漫地。且道合向什麼處行履。莫守寒岩異草青。坐卻白雲終不妙。

【按】「**莫守寒岩異草青**。**坐卻白雲終不妙**」，教示學人不可在有漏涅槃「坐守寒岩死水」。若證入正位要轉身退位證得佛性，「枯木生花始與他合」。「不出門」指室內紅塵。有漏涅槃。

《圓覺經直解》云：

此示壽命相也。謂前能了之心為眾生相。今觀智增明，照此了心，亦不可得，唯一清淨覺體，所謂覺心源，故名究竟覺。到此境智俱泯，一切俱離，謂以即心之智，還照寂滅之體，境智一如。如眼不見眼，故云一切業智所不自見。**以返妄歸真**，至法身極則處。但守住寂滅不能轉位回機。所謂抱守竿頭，靜沉死水，宗門名為尊貴墮，**即此墮處，不能超越，故猶如命根，為壽命相。語云：百尺竿頭坐的人，雖然得入未為真，百尺竿頭重進步，大千世界現全身。故以坐守玄微，命根不斷。前云不住生死，不住涅槃，此正住涅槃相耳。**

宏智正覺云：

設使萬里無寸草。淨地卻迷人。長空絕點埃。青天須吃棒。更乃著腳威音路上。橫身與化門頭。步步不觸物。心心無處所。仔細點檢將來盡是功勳邊事。

「正位」屬於「空界」，「空界」是宇宙本體界。我們在前面詳細地闡釋過。我們要說明的是，「空界」並非來自玄學的空想或者哲理的思辨。這是菩薩親證實修的境界。禪師所謂空劫之前威音那畔，即謂無漏涅槃，也可稱為無漏滅盡定。這是人可以通過證入的禪定境界。曹洞宗將這些禪定實踐總結為理論。「空界」分為佛性本體以及涅槃本體。曹洞宗所謂「夜明簾外主，不落偏正方」。即是空劫之前就客觀存在的宇宙本體，我們稱為「究竟涅槃」。為霖道霈云：「學道之士先須究明萬法生起根本。根本若明入道自然無惑。」解脫生死要了悟世間萬法從何而來。宇宙間不生不滅的只有宇宙本體，人解脫生死進入永恆的唯一途徑是「契合本體」（「契如如」），「身滅影不滅」而契入涅槃本體解脫生死。

涅槃正位是「實際理地」，佛性經歷涅槃而成。佛性本體是禪師的禪定意識，在心內發生萬法。佛性具有主觀性。真正的宇宙本體必須是客觀存在。對此，禪宗祖師是完全理解的。曹洞宗提出偏正五位中的「兼中到」，意謂成佛禪師肉體滅度以後進入涅槃正位，而又契合超越涅槃的「夜明簾外主」。「夜明簾外主，不涉偏正方」，表明「兼中到」最終超越涅槃正位，最終契合不涉偏正的夜明簾外主或謂「主中主」，乃是終極意義的宇宙絕對本體。禪師入滅其定心與絕對本體契合為一，成為宇宙本體而永恆存在。這是禪宗終極關懷的根本意旨。

圓悟克勤云：

楊岐又道。**群靈一源假名為佛。體竭形消而不變。金流朴散而常存**。如此則亙古亙今不生不滅。羅籠不住呼喚不回。古聖不安排。至今無處所。且始終不變一句作麼生道。還委悉麼。不從千聖中傳得。透出威音更那邊。

應庵曇華云：

雖示世人有去有來。極其本體不動不變。所以羅籠不肯住。呼喚不回頭。佛祖不安排。至今無處所。塵塵剎剎普現威光。物物頭頭全彰勝相。殊勝中殊勝。奇特中奇特。佗方此界全心淨土。人間天上同一真境。正當恁麼時。且道留守樞密大資相公。即今在什麼處。手提殺活金剛劍。誰敢當頭正眼看。

【公案】《請益錄》第四十八則香嚴枯木（萬松老人）

舉僧問香嚴如何是道（看腳下）。嚴云。枯木裡龍吟（不因牆外底。爭得到長安）【牆外指有漏涅槃】。僧云。如何是道中人（解行巇險路。不在繫行纏）。嚴云。髑髏裡眼睛（貪尋芳草路。迷卻故園春）。僧舉問石霜。如何是枯木裡龍吟（這啞漢何不高聲問）。霜云。猶帶喜在（蒼天蒼天）。僧云。如何是髑髏裡眼睛（這瞎漢還見山僧麼）。霜云。猶帶識在（莫錯認）。天童拈云。王居門裡（穴不棲巢）。臣不出門（明不越戶）【有漏涅槃】。

師云。鄧州南陽香嚴寺智閑禪師。依大溈究涅槃之理。溈曰。我不問汝平生卷冊上記得底學解。汝未出母胞胎。東西不辨時。何者是汝自己。師懵然。久之進數語。溈並不許。嚴曰。卻請和尚道。溈曰。吾道於汝何益。限二日道得。契則記汝。嚴歸堂遍閱所集。無一語堪對。歎曰。畫餅不充饑。遂焚之曰。此生不學佛法。且作個長行粥飯僧。免役心神。泣辭而去。一僧問何往。嚴舉前話云。下山歇去。僧曰南陽香嚴寺古基在。兄可結茅。吾化米給汝。嚴後治基芟草。聞瓦礫擊竹作聲。大悟。薰沐遙禮謝云。和尚大慈。恩逾日月。當時若為我說。何有今日耶。住時。後僧問如何是道。道之一字。猶是強名。**洞山道。龍吟枯木。異響難聞。萬松嘗問僧如何是異響。僧云。不會。萬松道。善解龍吟。**香嚴答枯木裡龍吟。

何異強名曰道。無盡燈作僧云不會。嚴云。髑髏裡眼睛。天童道。僧再問如何是**道中人**。驢事未了。馬事到來。道既強名。人從何立。故嚴答云。髑髏裡眼睛。這僧不會。舉問石霜。**如何是枯木裡龍吟。石霜隨手點破道。猶帶喜在。又問如何是髑髏裡眼睛。霜云。猶帶識在**。有道則有喜。有人則有識。這僧展轉不會。又問曹山。山以偈示之曰。枯木龍吟真見道。髑髏無識眼初明。喜識盡時消息盡。當人那辨濁中清。僧再問。如何是枯木裡龍吟。山曰。**血脈不斷**。僧曰。**如何是髑髏裡眼睛**。山曰。**乾不盡**。僧曰。未審還有得聞者不。山曰。盡大地未有一個不聞者。僧曰。未審龍吟是何章句。山曰。不知是何章句。聞者皆喪。有本頌在後。**玄沙別師之初句云。龍藏枯木**。佛果云。念不異。心不差。圓融五位君臣。跳出無為三毒。便可向枯木上生花。寒嚴中吹律。看他三個老宿。一人透語滲漏。一人透情滲漏。一人透見滲漏。若善參詳。便可玄關獨步。還委悉麼。莫守寒岩異草青。坐卻白雲終不妙。這香嚴公案。勘會移台。引惹詞訟。天童舉綱要。只以兩句斷之道。王居門裡。臣不出門。能以無量法門作一句說。有時一字法門。海墨書而不盡。還識天童安家樂業處麼。**獨鶴有時常伴水。好雲無事不離山**。

【按】「王居門裡。臣不出門」，意謂死守寒岩枯木不會轉身退位，謂有漏涅槃。

【按】龍吟枯木，比喻無漏涅槃、涅槃本體。「龍吟霧起」意謂生成佛性。枯木、骷髏皆謂涅槃境界。洞山良价云「**龍吟枯木。異響難聞**」，**此句表明涅槃本體不甘寂滅，時時「無風起浪」**。枯木裡龍吟謂有漏涅槃，謂之「王居門裡。臣不出門」。「枯木裡龍吟」謂滯留寒岩枯木。涅槃作為理體法身，與佛性父子不離。**枯木龍吟真見道**，「有道則有喜。有人則有識」，「人」強名曰「道」表明「人在」。「有人則有識」表明「識在」。「喜識盡時消息盡」，指清淨涅槃，無聲無息。**「濁中清」謂現象之本體，宏智正覺指教，不能死守有漏涅槃，臣必出門，即佛性出世。**「王居門裡（穴不棲巢）。臣不出門（明不越戶）」。王比喻清淨涅槃，臣比喻大定定心。**王須轉身退位，君臨臣位，臣要成為「塞外將軍」**，佛性出世。

曹山本寂云：

枯木龍吟真見道。髑髏無識眼初明。喜識盡時消息盡。當人那辨濁中清。

【按】石霜慶諸指示「喜識盡時消息盡」，形容脫胎換骨識陰盡進入清淨涅槃。香嚴智閑回答謂**有漏涅槃**。萬松老人云「有道則有喜。有人則有識」。回答「道」，回答「道中人」，則有「人」在。「道之一字。猶是強名」。洞山良价說「**龍吟枯木異響難聞**」，謂清淨涅槃作為涅槃本體，龍吟枯木強調本體的主動作用。所謂「赤肉團體露真常」。「**喜識盡時消息盡。當人那辨濁中清**」，此謂證入清淨涅槃，識陰盡即謂涅槃正位。萬松老人云：「赤肉團獨露真常。髑髏眼瀝乾漏識。」「濁中清」謂清淨涅槃。

【公案】《碧巖錄》二

舉趙州示眾云：這老漢作什麼，莫打這葛藤。至道無難，非難非易。唯嫌揀擇。眼前是什麼，三祖猶在。才有語言，是揀擇是明白？兩頭三面，少賣弄。魚行水濁，鳥飛落毛。老僧不在明白裡，賊身已露，這老漢向什麼處去？是汝還護惜也無？敗也，也有一個半個。時有僧問：即不在明白裡，還護惜個什麼？也好與一拶，舌拄上齶，州云：我亦不知。拶殺這老漢，倒退三千，僧云：和尚即不知為什麼卻道不在明白裡？看走向什麼處去，逐教上樹去。州云：問事即得，禮拜了退。賴有這一著，這老賊【有漏涅槃，銀籠雪屋】。

趙州和尚，尋常舉此話頭，只是唯嫌揀擇。此是三祖《信心銘》云：至道無難，唯嫌揀擇，但莫憎愛，洞然明白。才有是非，是揀擇，是明白？才恁麼會，蹉過了也，鉸釘膠黏，堪作何用？州云：是揀擇，是明白，如今參禪問道，不在揀擇中，便坐在明白裡，老僧不在明白裡，汝等還護惜也無？汝諸人既不在明白裡，且道，趙州在什麼處？為什麼卻教人護惜？五祖先師當說道：垂手來似過爾，爾作什麼生會？且道，作麼生是垂手處？識取鉤頭意，莫認定盤星，這僧出來，也不妨奇特。捉趙州空處，便去拶他。既不在明白裡，護惜個什麼？趙州更不行棒行喝，只道：我亦不知。若不是這老漢，被他拶著，往往忘前失後。賴是這老漢，有轉身自在處，所以如此答他。如今禪和子，問著也道，我亦不知不會，爭奈同途不同轍。這僧有奇特處方始會問。和尚既不知，為什麼卻道不在明白裡？更好一拶，若是別人，往往分疏不下。趙州是作家，只向他道問事即得，禮拜了退。這僧依舊無奈這老漢何，只得飲氣吞聲。此是大手宗師，不與爾論玄論妙，論機論境，一役本分事接人。所以道：相罵饒爾接嘴，相唾饒爾潑水。殊不知，這老漢，平生不以棒喝接人，只以平常言語。只是天下人不奈何，蓋為他平生無許多計較，所以橫拈倒用，逆行順行，得大自在。如今人不理會得，只管道，趙州不答話，不為人說，殊不知，當面蹉過。

至道無難（三重公案，滿口含霜，道什麼），言端語端（魚行水濁，七花八裂，搽胡也）。一有多種（分開好，只一般，有什麼了期）。二無兩般（何堪，四五六七，打葛藤作什麼？）。天際日上月下（覿面相呈，頭上漫漫，腳下漫漫，切忌昂頭低頭）。檻前山深水寒（一死更不再活，還覺寒毛卓豎麼？）。髑髏識盡喜何立（棺木裡瞠眼，盧行者是它同參）。枯木龍吟銷未乾（咄，枯木再生花，達摩遊東土）。難難（邪法難扶，倒一說，這裡是什麼所在，說難說易）。揀擇明白君自看（瞎，將謂由別人，賴值自看，不干山僧事）。

雪竇知他落處，所以如此頌，至道無難便隨後道，言端語端。舉一隅不以三隅反，雪竇道：一有多種，二無兩般，似三隅反一。爾且道，什麼處是言端語端處？為什麼一卻有多種？二卻無兩般？若不具眼，向什麼處摸索，若透得這兩句，所以古人道：打成一片，依舊見山是山，水是水，長是長，短是短，天是天，地是地。有時喚天作地，有時喚地作天。有時喚山不是山，喚水不是水，畢竟怎生得平穩去？風來樹動，浪起船高，春生夏長，秋收冬藏。一種平懷，泯然自盡，則此四句頌頓絕了也。只是頭上安頭道：至道無難，言端語端，一有多種，二無兩般。雖無許多事，天際日上時月便下，檻前山深時水便寒。到了這裡，言也端，語也端，頭頭是道，物物全真，豈不是心境俱忘，打成一片處。雪竇頭上太孤峻生，末後也漏逗不少，若參得透見得徹，自然如醍醐上味相似。若是情解未忘，便見七花八裂，決定不能會如此說話。髑髏識盡喜何立，枯木龍吟銷未乾。只這便是交加處。這僧恁麼問？趙州恁麼仍答？州云：至道無難，唯嫌揀擇，才有語言，是揀擇是明白？老僧不在明白裡，是汝還護惜別也無？時有僧便問：既不在明白裡，又護惜個什麼？州云：我亦不知。僧云：和尚既不知，為什麼卻道不在明白裡？州云：問事即得，禮拜了退。此是古人問道底公案，雪竇拽來一串穿卻，用頌至道無難，唯嫌揀擇。如今人不會古人意，只管咬言嚼句，有甚了期？若是通方作者，始能辨得這般說話。不見僧問香嚴：如何是道？嚴云：枯木裡龍吟。僧云：如何是道中人？嚴云：髑髏裡眼睛。僧後問石霜：如何是枯木裡龍吟？霜云：猶帶喜在。如何是髑髏裡眼睛？霜云：猶帶識在。僧又問曹山：如何是枯木裡龍吟？山云：血脈不斷。如何是髑髏裡眼睛？山云：乾不盡。什麼人得聞？山云：盡大地未有一個不聞。僧云：未審龍吟是何章句？山云：不知是何章句。聞者皆喪。復有頌云：枯木龍吟真見道，髑髏無識眼初明。喜識盡時消息盡，當人那辨濁中清。雪竇可謂大有手腳，一時與爾交加頌出，然雖如是，都無兩般，雪竇末後有為人處，更道難難，只這難難，也須透過始得。何故？百丈道一切語言，山河大地，一一轉歸自己，雪竇凡是一拈一掇，到末後須歸自己。且道：什麼處是雪竇為人處？揀擇明君自看。既是打葛藤頌了，因何卻道，君自看，好彩教爾自看，且道，意落在什麼處？莫道諸人理會不得，設使山僧到這裡，也只是理會不得。

垂示云：一機一境，一言一句，且圖有個入處。好肉上剜瘡，成窠成窟，大用現前不存軌則。且圖知有向上事，蓋天蓋地又措索不著。恁麼也得，不恁麼也得，太廉纖生；恁麼也不得，不恁麼也不得，太孤危生，不涉二途，如何即是，請試舉看。

【按】「至道無難唯嫌揀擇」講修證成佛的正道，這句講的是「心」。因為只有「心」才有「揀擇」。《圓悟心要》云：「至道無難，唯嫌揀擇，誠哉是言！才有揀擇即生心，心既生，即彼我愛憎，順遠取捨，縱然而作。其趨至道，不亦遠乎？至道之要，唯在息心。心既息，則萬緣休罷。廓同太虛，了然無寄，是真解脫，豈有難哉？」所謂「無心」，意謂消融自我意識之意。若沒有「我」何來揀擇？何來憎愛？「枯木裡龍吟」、「髑髏裡眼睛」表明識陰未盡。香嚴智閑以「枯木龍吟」回答「道」，表明既然有「人」強言即有「人」在。

【公案】《頌古聯珠》

石霜在方丈內。僧在窗外問。咫尺之間為什麼不睹師顏。師曰。遍界不曾藏。僧舉問雪峰。遍界不曾藏意旨如何。峰曰。什麼處不是石霜。師聞曰。這老漢著什麼死急。峰聞曰。老僧罪過。玄沙云。山頭老漢蹉過石霜。頌曰。

【按】「不睹師顏」意謂不見和尚真面目。石霜真面目即涅槃，故云「遍界不曾藏」。雪峰說「什麼處不是石霜」，意謂萬法皆涅槃（佛性）本體。「著什麼死急」意謂佛性出自涅槃，要大死一回絕後復蘇才能證得佛性。此處涅槃佛性不分。

南華知昺云：

咫尺之間不睹師顏。幸然獨露誰作遮攔。老倒石霜曾指月。區區雪老重饒舌。釣魚船上謝三郎。金剛腦後添生鐵。

【按】「幸然獨露」意謂「萬象之中獨露身」。佛性本體「遍界不曾藏」。「老倒石霜曾指月」意謂透過現象直觀涅槃本體。「釣魚船上謝三郎。金剛腦後添生鐵。」玄沙師備自謂「釣魚船上謝三郎」指菩薩普度眾生，要尋找繼承心印的後來人。「金剛腦後添生鐵」意謂「凡聖分離正偏兼帶」。佛性出世分身萬象。涅槃與佛性，喻為「兩個無孔鐵鎚」。正偏兼帶謂「前釋迦後彌勒」為「佛真法身」。「金剛腦後添生鐵」謂正偏兼帶。

【公案】《頌古聯珠》

夾山因僧問。撥塵見佛時如何。師曰。直須揮劍。若不揮劍。漁父棲巢。僧後問石霜。撥塵見佛時如何。霜曰。渠無國土。甚處逢渠。

【按】「撥塵見佛時如何」意謂證入有漏涅槃。「直須揮劍。若不揮劍。漁父棲巢」意謂進入涅槃正位，不得滯留。要「踏破澄潭月，穿開碧落天」。打翻天關地軸，否則死水淹殺（「漁父棲巢」），即謂落在有漏涅槃，到此脫胎換骨命根斷。「直須揮劍」泯滅自我。石霜慶諸云「渠無國土。甚處逢渠」，涅槃定心處於「無住處涅槃」。到此早已「有佛處不得住」。涅槃既無面目也無住處，「甚處逢渠？」

丹霞子淳云：

當機一句玉珊珊。內外玲瓏溢目寒，無漏國中曾不住。月華影裡見應難。

【按】「無漏國中曾不住」**表明已經證入涅槃正位而不居正位，轉身退位佛性出世。**

【公案】《頌古聯珠》

金陵志公和尚。或名寶公。令人傳語南嶽思大云。何不下山教化眾生。一向目視雲霄作麼。思云。三世諸佛被我一口吞盡。何處更有眾生可度。頌曰。

【按】此頌「**有漏涅槃**」，「**不見一色猶是半提**」。南嶽思大云「三世諸佛被我一口吞盡。何處更有眾生可度」指謂有漏涅槃。**到此脫胎換骨進入正位，轉身退位證得佛性，建立世界。**

尼閑林英云：

佛與眾生一口吞。纖毫不立道方存。杖頭日月才挑起。鼓動三千海嶽昏。

本覺守一云：

【按】「杖頭日月才挑起。鼓動三千海嶽昏」即謂佛性出世建立世界。

目視煙霄臥白雲。不知山下有乾坤。從何更有眾生度。三世如來一口吞。

【按】「不知山下有乾坤」，還要進入涅槃正位，轉身退位證得佛性建立世界，如此才有山河大地與眾生。「臥白雲」形容坐在有漏涅槃。

圓悟克勤云：

撥正三界窠窟。放出無位真人。透過荊棘叢林。便居常寂光土。非如非異耀古騰今。非色非心超宗越格。淨裸裸絕承當。赤灑灑沒回互。只如今在諸人頂門貫通一切。若能各各返照內觀。即坐自己家堂。所以祖師道。有一物上柱天下柱地。常在動用中。動用中收不得。謂之本源佛性顯成。知解宗徒更云。說似一物即不中。亦不免涉三寸路。直得不墮常情不拘格式。諸人若能於此定當得。更不在指東畫西。若定當不得。不免重重指注去也。不見道。有物先天地。無形本寂寥。能為萬象主。不逐四時凋。既不逐四時凋。又能為萬象主。且當陽截斷路頭。如何趣向。還委悉麼。八月秋何處熱。復云。抖擻自精神。構取自家底。如斬一綟絲。不分前後際。力刃既雙行。一斬截一切。倘能劍刃上承當。一口吸盡西江水。赤肉團上人人古佛家風。毗盧頂門處處祖師巴鼻。拈一機千機萬機通透。用一句千句萬句流通。不假他人全彰己用。若也人人恁麼返照。則亙古亙今。凝然寂照。一段光明。非中非外。非色非心。行棒也打他不著。行喝也喝他不得。直得淨裸裸赤灑灑。是個無生法忍不退轉輪。截斷兩頭歸家穩坐。正當恁麼時。不須他處覓。只此是西方。

時有僧問。勿謂無心便是道。無心猶隔一重關。如何是一重關。師云。十重也有。進云。如何是關中主。師云。放過一著。進云。作何面目。師便喝。師乃云。只恁麼早多事也。如今直饒舉一則語。盡古今言教一時明得。正是和泥合水。拈一件物。盡大地一時見透。亦是好肉上剜瘡。看他從上得底人。口如臘月扇直得醭生。心如枯木縱逢春夏未曾變動。不是強為任運如此。豈要爾舉古明今拋沙撒土。今夜事不獲已。將錯就錯。與諸人打葛藤去也。還知此事麼。盡十方界窮虛空際。無絲毫透漏。是個金剛眼睛更無外物。所以尋常與兄弟道。爾才觀色早塞卻眼。才聽聲早塞卻耳。才嗅香早塞卻鼻。才吐氣早塞咽喉。才動轉早塞卻身。才起念早塞卻意。六根門頭淨裸裸赤灑灑。只是不肯回光返照。看他古人於先德言下契證通個消息也。不妨親切。

山僧不免作一場獨弄雜劇去也。未恁麼前是第二頭。正恁麼時是第三首。餉間恁麼去。只是隨波逐浪。如今且向隨波逐浪處。與諸人商量。還蓋覆得麼。還有一法與他為伴侶麼。所以道。他能成就一切法。能出生一切法。一切諸佛依之出世。一切有情因他建立。六道四生以他為本。只如諸人即今在此座立。悉皆在他光中顯現。還見得他麼。若也見得。直下無一絲髮隔礙。無一絲髮道理。更有什麼見聞覺知為緣為對。但恐自家不能返照。所以生疑。

若是明眼人。明瞭四大空寂五蘊本虛知四大五蘊中。有個輝騰今古迴絕知見底一段事。若能返照。無第二人。根腳下淨裸裸赤灑灑。六根門頭亦淨裸裸赤灑灑。乃至山河大地窮虛空界。盡無邊香水海。亦淨裸裸赤灑灑。恁麼說話。莫是撥有歸無麼。且喜沒交涉。若撥有歸無。杳杳冥冥。墮在豁達空撥無因果處。則永劫出他地獄三塗因果不得。若真實徹證。到真淨明妙實際理地。則四聖六凡三世諸佛天下祖師有情無情。悉於是中流出顯現。所以證入金剛正體。自然亙古亙今。廓周沙界。水不能溺。火不能燒。世界壞時。此個常住。為山河大地之本。六凡四聖之家。而蘊在各各當人方寸之下。若能方寸穎悟。獨露真常。於萬別千差說處。終不起異見。於千差萬別境上。終不作別解。須是打併淨盡。方可全體見成。

【公案】《擊節錄》第七十三則智門般若（圓悟克勤）

舉僧問智門。如何是般若體（硬糾糾地）。門云。蚌含明月（通身是眼覷不破）。僧云。如何是般若用（爛泥相似）。門云。兔子懷胎（通身是口說不得）。雪竇云。非唯把定世界。亦乃安貼家邦（是即是。德山門下即得）。若善能參詳。便請丹霄獨步（作麼生是丹霄獨步）。

師云。北塔因緣。欲知佛性義。當觀時節因緣。據古人得個妙處。一言一句。為人不妨奇特。雲門下尊宿。一句是三句。北塔既究到這裡。後人只管黏皮差骨。昔日雲門北斗話。並祚和尚般若體話。眾中浩浩地商量。今時人或聞一句半句。不以為事。蚌含明月。乃中秋月夜。蚌含月光以生珠。**盤山垂語云。心月孤圓。光含萬象。盡十方世界。只是般若光。光未**

發時。無佛無眾生。雪竇云。非唯把定世界（云云）。兔子懷胎。兔子無雄。中秋月夜。吞月光而孕。從口產子。答得安貼家邦。舉體露金風。缽裡飯。桶裡水。銀碗裡盛雪。珊瑚枝枝撐著月。宗師眼目須至如此。復舉玄沙示眾云。十方世界不漏一絲毫。

【按】「般若體」謂涅槃本體。「正中有偏」，陰中有陽。「正則龍銜異寶」。「般若用。門云。兔子懷胎」。「中秋月夜。吞月光而孕。從口產子。」此謂佛性。「月光」比喻涅槃本體。涅槃本體謂「理體法身」生成佛性。佛性本體則大機大用，生成世界。「珊瑚枝枝撐著月」皆謂正偏兼帶。「般若體」「般若用」合體即成「佛真法身」。「把定世界」謂涅槃，「安貼家邦」謂佛性。前釋迦後彌勒。中秋月夜，正當十五日，證得正偏兼帶，涅槃佛性混居一身。

《碧巖錄》九十（圜悟克勤）云：

僧問智門：如何是般若體？（通身無影像，坐斷天下人舌頭，用體作什麼？）門云：蚌含明月（光吞萬象，即且止，棒頭正眼事如何，曲不藏直，雪上加霜又一重）。僧云：如何是般若用？（倒退三千里，要用作什麼？）門云：兔子懷胎（險，苦瓠連根苦，甜瓜徹蒂甜，向光影中作活計，不出智門窠窟，若有個出來，且道是般若體是般若用，且要土上加泥）。

智門道：蚌含明月，兔子懷胎，都用中秋意，雖然如此，古人意卻不在蚌兔上。了是雲門會下尊宿，一句語須具三句。所謂函蓋乾坤句，截斷眾流句，隨波逐浪句，亦不消安排，自然恰好，便去險處，答這僧話，略露些子鋒芒，不妨奇特。雖然恁麼，他古人終不去弄光影，只與爾指些路頭教人見。這僧問：如何是般若體？智門云：蚌含明月。漢江出蚌，蚌中有明珠，到中秋月出，蚌於水面浮，**開口含月光，感而產珠**，合浦珠是也，若中秋有月則珠多，無月則珠少。如何是般若用？門云：**兔子懷胎，此意亦無異。兔屬陰，中秋月生，開口吞其光，便乃懷胎，口中產兒**，亦是有月則多，無月則少。他古人答處，無許多事，他只借其意，而答般若光去言句上作活計。不見盤山道：心月孤圓光吞萬象，光非照境境亦非存。光境俱亡復是何物？如今但瞠眼喚作光，只去情上生解，空裡釘橛。古人道：**汝等諸人，六根門頭晝夜放大光明，照破山河大地，不只眼根放光，鼻舌身意亦皆放光也。到這裡直須打迭六根下無一星事，淨裸裸赤灑灑地，方見此話落處。**雪竇正恁麼頌出：

一片虛凝絕謂情（擬心即差動念即乖，佛眼也覷不見）。人天從此見空生（須菩提好與三十棒，用這才漢作什麼，設使須菩提也倒退三千里）。蚌含玄兔深深意（也須是當人始得，有什麼意？何須更用深深意）。曾與禪家作戰爭（干戈已息天下太平，還會麼，打云：闍梨吃得多少？）。

一片虛凝絕謂情，雪竇一句便頌得好，自然見得古人意。六門湛然，是個什麼？只這一片虛明凝寂，不消去天上討，也不必向別人求，自然常光現前，是處壁立千仞，**謂情即是絕言謂情塵也。法眼圓成實性頌云：理極忘情謂，如何得諭齊。到頭霜夜月，任運落前溪。果熟兼猿重，山遙似路迷。舉頭殘照在，元是住居西。**所以道：心是根法是塵，兩種猶如鏡上痕。塵垢盡時光始現，心法雙忘性即真。又道三間茅屋從來住，一道神光萬境閑，莫把是非來辨我，浮生穿鑿不相關。只此頌亦見一片虛凝絕謂情也【隱山公案】。云：**人天從此見空生**，不見須菩提岩中晏坐，諸天雨花讚歎。尊者云：空中雨花讚歎，復是何人？天云：我是梵天。尊者云：汝云何讚歎？天云：我重尊者善說般基波羅蜜多。尊者云：我於般若未嘗說一字，汝云何讚歎？天云：**尊者無說，我乃無聞，無說無聞是真般若**，雙復動地雨花，看他須菩提善說般若，且不說體用，若於此見得，便可見智門道蚌含明月兔子懷胎。古人意雖不在言句上，爭奈答處有深深之旨，**惹得雪竇道蚌含玄兔深深意，到這裡曾與禪家作戰爭。天下禪和子，鬧浩浩地商量，未嘗有一人夢見在**。若要與智門雪竇同參，也須是自著眼始得。

【按】「如何是般若體？通身無影像，坐斷天下人舌頭」此謂涅槃本體。「六根門頭晝夜放大光明，照破山河大地，不只眼根放光，鼻舌身意亦皆放光也。到這裡直須打迭六根下無一星事，淨裸裸赤灑灑地」皆謂清淨涅槃，頌「一片虛凝絕謂情」。「人天從此見空生」，「空」謂宇宙本體。「蚌含玄兔深深意」，真歇清了云「正則龍銜異寶」。「正中有偏」也。「般若體」謂涅槃，「般若用」謂佛性，兩者即正偏兼帶義。中秋月出，正當十五日，證得正偏兼帶。「種智漸圓惑障欲盡」，離成佛不遠。

黃龍慧南云：

舉智門祚。因僧問如何是般若體。門云。蚌含明月。僧云。如何是般若用。門云。兔子懷胎。師云。大小智門。**卻向言語中明體用**。黃龍即不然。如何是般若體。一堆屎。如何是般若用。一堆屎中蟲。

【按】「屎中蟲」來自「一堆屎」。其意自明。

長靈守卓云：

蚌含明月兔懷胎。無限禪人劈不開。鐵眼銅睛何擬擬。三千里外笑咍咍。

【按】「蚌含明月兔懷胎。無限禪人劈不開」，正是涅槃佛性混居一身，父子不離，「刀斧斫不開」。若定心不來不去，則到理事無礙法界。「鐵眼銅睛何擬擬」，若涅槃佛性混融一體則到事事無礙法界，證得一切種智。

佛鑒慧勤云：

蚌含明月秋波冷。兔子懷胎夜魄寒。皎皎清光成一片。直須回首好生觀。

【按】「蚌含明月」謂涅槃，「兔子懷胎」謂佛性。中秋月夜，正當十五日，證得正偏兼帶，涅槃佛性混居一身。「皎皎清光成一片」，若混融一體則到事事無礙法界。中道圓成法界量滅。到此證得一心三觀，中道、一切種智。到此「回光返照」也不得，「渾淪一個花木瓜」也。

慈受懷深云：

玉兔懷胎。蚌含明月。乘時正在中秋節。一顆明珠轉玉盤。徹底無瑕光皎潔。

【按】正當十五日，證得正偏兼帶。明珠一顆，「正去偏來無非兼帶」。若涅槃佛性混融一體證入事事無礙法界。則億萬明珠互相映照，華嚴法界光皎潔。「徹底無瑕」意謂「惑障清淨種智圓滿」，到此證得一切種智，妙覺佛位。

【公案】《請益錄》第十則蓮華不住（萬松老人）

舉蓮華庵主。拈拄杖示眾云（奪取便打）。古人到這裡。為什麼不肯住（客僧不合作寺主）。眾無語（羞殺拄杖）。自代云。為他途路不得力（遠客歸去來。在家貧亦好）。復云。畢竟如何（折作八截。燒灰颺卻）。又自云。楖栗橫擔不顧人。直入千峰萬峰去（借師拄杖。暫出山門）。天童拈云。負入不負出。本色住山人（且無刀斧痕）。思大呑盡諸佛（要且吐不出）。普眼不見普賢（瞎）。且道病在什麼處（必死之疾。難為針艾）。驀拈拄杖卓一下云（且作死馬醫）。官不容針。私通車馬（不但登山兼打狗）。

師云。江州廬山蓮華峰祥庵主。嗣奉先深禪師。雲門嫡孫。知見甚高。氣壓諸方。履踐分明。非常情所測。師臨終上堂。舉拄杖問眾曰。**汝道古佛到這裡。為什麼不肯住。萬松道。生怕枯樁繫鈍驢**。石室行者。善道禪師時遭沙汰。常以拄杖示眾曰。過去諸佛也恁麼。未來諸佛也恁麼。現在諸佛也恁麼。萬松道。歷代祖師不恁麼。不見道。丈夫自有沖天志。不向如來行處行。雪峰一日僧堂前拈拄杖示眾云。這個只為中下根人。時有僧出問云。忽遇上上人來時如何。峰拈拄杖便去。雲門云。我即不似雪峰。打破狼藉。僧問未審和尚如何。雲門便打。萬松道。狼藉不少。駙馬都尉李文和公。公主貴降。命三大宗師同日升座。**末後葉縣。橫拄杖就膝上**。拗作兩截【泯滅妄識】。便下座。公曰。老作家手段終別。縣云。都尉也不得無過。庵主舉此話示眾。臨終散場。大作佛事。眾竟無語。一曲離騷歸去後。汨羅江上獨醒人。**自代云。為他途路不得力。萬松恁麼舉。諸人恁麼聽。若無得力處。彼各圖個什麼。卻道途路不得力。蓋色見聲求。是行邪道。忘聲泯色。是斷滅相。途路之樂。終不到家**。燈錄廣本。更有一句。復問作麼生得力去。萬松道。臨行之際。撒手還家。指出路頭。還須拄杖。燈錄復有橫拄杖於肩上曰。榔栗橫擔不顧人。卻入千峰萬峰去。天童作直入。各有理在。嚴陽尊者。路逢一僧。拈拄杖云。是什麼。僧云不識。嚴云。拄杖一條也不識。嚴復以拄杖地上扎一下云。還識麼。僧云。不識。嚴云。土窟個也不識。嚴復拈拄杖擔云。會麼。僧云。不會。嚴云。榔栗橫擔不顧人。直入千峰萬峰去。便見蓮峰末後轉身吐氣。羅籠不住。呼喚不回【佛性無住處】。**紅塵擾擾道常在。何況碧山深更深**。天童拈道。負入不負出。本色住山人。只有受壁心。而無割城意。羅什道。有非真要。時復暫遊。空為理宗。以為常宅。華嚴。普眼入百千三昧。終不見普賢。亦猶大通智勝佛。十劫坐道場。竟不成佛道。梁志公。遣僧傳語南嶽思大和尚云。何不下山教化眾生。向山頭目視雲漢作麼。思大云。三世諸佛。被我一口吞盡。何處更有眾生可度。天童密罰卻道病在什麼處。不見道。莫守寒岩異草青。坐卻白雲終不妙。任是深山更深處。也應無處避征徭。風穴拈云。若立一塵。家國興盛。故天童拈起拄杖卓一下云。官不容針。私通車馬。古人以向上路為本分事。

以建化門頭曲為今時。慈覺道。有為雖偽。棄之則功行不成。無為雖真。趣之則聖果難克。天童經事多矣。

【按】「任是深山更深處，也應無處避征徭」，證入有漏涅槃要脫胎換骨命根斷證入涅槃正位。轉身退位證得佛性，佛性出世建立世界，「普度眾生」乃菩薩之「征徭」。禪師不可死水淹殺，不可坐在寒岩枯木，要佛性出世普度眾生。

【按】「有為雖偽。棄之則功行不成」。佛事門中不捨一法。禪者證入有漏涅槃，不得停留。「榔栗橫擔不顧人。直入千峰萬峰去。借師拄杖。暫出山門」，意謂到有漏涅槃不得滯留不得止步。脫胎換骨識陰盡，大死一回絕後復蘇。轉身退位佛性出世，「千峰萬峰」皆是佛性所成。

【按】「羅什道。有非真要。時復暫遊。空為理宗。以為常宅。」

【按】**劫外今時**，**暗通一線**。本體界與現象界暗通一線。玉線貫通。

【按】「有為雖偽。棄之則功行不成。」猶見建立萬法之重要。**不居涅槃死水，轉身退位證得佛性建立世界，建立有為法**。

【按】**「一曲離騷歸去後。汨羅江上獨醒人」**，**經歷涅槃證得永恆**。**宇宙本體不生不滅**。**蓮花峰庵主「榔栗橫擔不顧人。直入千峰萬峰去」**。

「這裡」指有漏涅槃。到此要脫胎換骨識陰盡證入正位，轉身退位，不居正位。**「這裡不肯住」，意謂不住有漏涅槃**，不在鬼窟作活計。踏破化城，不居正位，轉身退位進入首楞嚴大定境界，佛性出世建立世界。在涅槃本體界與事法現象界之間，金針往復潛通一線，「**官不容針。私通車馬**」。千峰萬峰即比喻事法界。建化門頭，菩薩要親證本體。要驗證佛性的作用，更要驗證涅槃本體。要建立世界才行。雖然證入涅槃，卻要密移一步飛龍在天。**拈拄杖曰，為他途路不得力。此時拄杖子只是拄杖子，以此比喻禪定意識，未能證得首楞嚴，未能鶴騰霄漢出銀籠，尚未證得佛性建立世界。要拄杖子得力，尚須百尺竿頭進步，脫胎換骨識陰盡，進入涅槃正位不居正位。轉身退位出離涅槃，證得首楞嚴，建立千峰萬峰山河大地。此即：「櫛栗橫擔不顧人。直入千峰萬峰去」**。

【按】拄杖子比喻大定定心。既云不得力，在有漏涅槃。要百尺竿頭進步。

【公案】《從容錄》第四十六則德山學畢（萬松老人）

示眾云。萬里無寸草。淨地迷人。八方無片雲。晴空賺汝。**雖是以楔去楔。不妨拈空掛空。腦後一槌。別看方便**。

舉德山圓明大師示眾云。及盡去也（有這個在）。直得三世諸佛口掛壁上（留取吃茶）。猶有一人呵呵大笑（且道是誰）。若識此人（是何面目）。參學事畢（與碗茶吃）【細心未泯】。

師云。鼎州德山第九世圓明大師。諱緣密。雲門嗣中唯師傳嗣最廣。師創三句。函蓋乾坤。截斷眾流。隨波逐浪。今傳為雲門三句者。檢討不審也。一日示眾云。及盡去也。直得三世諸佛口掛壁上。此言廣長舌相。話會不及。猶有一人呵呵大笑。且道。是何人笑個什麼。若識得此人。參學事畢。是真個更有事在。投子青和尚拈云。藏盡楚天月。猶存漢地星【正位前一色】。萬松道。車也去了。借甚油缸。此可與竿頭進步者道。寶峰照和尚道。直須如大死底人死了更死。僧云。莫是死中卻活麼。師云。爾且死莫活。爾但吃飯裡急自去屙屎。爾飯也未吃。早問屙屎作麼。此乃貴大休大歇親到自證。說得一丈。不如行取一尺也。只如行不得處作麼生說。問取天童。頌云。

收（向甚處著）。把斷襟喉（正好轉身吐氣也）。風磨雲拭（纖塵必去）。水冷天秋（打成一片）。錦鱗莫謂無滋味（腥羶不少）。釣盡滄浪月一鉤（不犯清波意自殊）。

師云。圓明示眾不消。天童下個收字和圓明盛在布袋裡也【有漏涅槃】。思大云。三世諸佛被我一口吞盡【有漏涅槃】。何處更有眾生可度。此水泄不通。凡聖路絕也【有漏涅槃】。正恁麼時。盡空法界。如一面古鏡用壞劫毗嵐風。磨瑩成劫金藏雲揩拭。水天一色。雲月交光。皆取純清絕點邊事。這裡言淡而無味。如月鉤雲餌。魚龍無可吞啖。成湯祝網從君意。呂望垂鉤信我緣。不見道。山田脫粟飯野菜。淡黃齏。吃則從君吃。不吃任東西。

【按】萬松老人道「此可與竿頭進步者道」。寶峰惟照和尚道「直須如大死底人死了更死」。此謂證入有漏涅槃已是正位前一色。所謂：如一面古鏡，皆取純清絕點邊事，形容進入有漏涅槃。要脫胎換骨識陰盡證入涅槃正位。直須如大死底人死了更死，進入清淨涅槃須轉身退位進入首楞嚴證得佛性。否則雪屋人迷一色功，死水淹殺坐在法身邊。

【公案】《空谷集》第九十六則德山上堂（林泉老人）

示眾云。無說無言難愜維摩本意。有鞭有影用除慶喜疑心。只為當局者迷。故惹旁觀者哂。具眼禪和還有辨得的麼。

舉德山和尚上堂云。及盡去也。直得三世諸佛口掛壁上（欲隱彌露）。猶有一人呵呵大笑（點檢將來不可放過）。若識此人。參學事畢（自來無眼孔。那有閒工夫）。

投子青拈云。雖然如是。**德山大似藏盡楚天月。猶存漢地星**（收得安南又憂塞北）。師云。靈龜雖曳尾。拂跡轉成痕。可笑區區者。無門為法門。正當此際。外不隨應內不居空。方有少分相應。所以雲門道。**光不透脫有兩般病。一切處不明。面前有物。是一**。透得一切法空。隱隱地似有個物相似。亦是光不透脫。**法身亦有兩般病。得到法身。為法執不忘。己見猶存。墮在法身邊是一。直饒透得。放過即不可**。仔細點檢將來。有什麼氣息。亦是病。論至於此。豈免那人呵呵大笑。林泉道。問你諸人笑個什麼。**只知荊玉異。那辨楚王心。若識此人。參學事畢。林泉道。有甚面孔與伊相見**。投子青拈道。**藏盡楚天月。猶存漢地星**。若是伶利衲僧。於此一十字內便見投子青分星擘兩別是知非底手段。仔細參詳。不宜造次。頌曰。

雙盲入暗路崎嶇（牢看腳下）。日落棲蘆暫得蘇（欺君不得）【絕後復蘇】。爭似石人眠半夜（都在南柯一夢中）。免教舜讓守休居（坐著即不可）。須知花綻非乾木（別是一般春）。無腳行時早觸途（心萌口膺三千里）。昨朝風起長安道（撲頭撲面是紅塵）。元是崑崙進國圖（不因師指示。幾乎錯商量）。
師云。**雲暗不知天早晚。雪深難辨路高低**。正中妙協誰能曉。萬水千山徒自迷。何止雙盲入暗石徑崎嶇。六戶當明情塵汩沒。不甘日落撥棹棲蘆。偶爾煙收夢魂蘇息。何如木女發錦機而獨閱三更。爭似石人推桂枕而孤眠半夜。擬待灑灑落落。焉知半半和和。**直饒及盡今時**。**未免口掛壁上**。不如通今會古見賢思齊。舜以天下讓於單卷。卷曰予立於宇宙之中。冬日衣皮毛。夏日衣葛絺。春耕種。形足以勤勞。秋收斂。形足以休食。**日出而作日入而息**。**逍遙於天地之間而心意自得**。吾何以天下為。單卷。姓單名卷。但能心地平穩意根牢實。何慮覺花而煩木葉者哉。雖不動步而周遍十方。奈因狂念而已經三際。**不必長安道上漫逐風塵**。**進國圖中崑崙說夢**。未審此時合作麼生話會。師高聲唱云。莫寐語。

【按】「直饒及盡今時」意謂證入有漏涅槃。到此有漏涅槃尚要「大死一回」證入清淨涅槃，故謂「死了更死」。有漏涅槃「為法執不忘。己見猶存」，此謂「室內紅塵」。墮在法身邊，需要泯滅一切妄識，還要轉身退位證得佛性。

【公案】《請益錄》第六十五則長沙轉物（萬松老人）

舉僧問長沙。作麼生轉得山河大地歸自己去（話作兩橛）。沙云。作麼生轉自己歸山河大地去（打成一片）。天童拈云。雖然主賓互喚（未免天童點檢）。要且泥水不分（多謝和尚證明）。忽然捩轉鼻孔（事無一向）。恁麼不恁麼總不得（不妨省力）。又合作麼生（山河不離大地。自己不是別人）。如今王令稍嚴（不犯之令）。不許人攙行奪市（必合依行）。

師云。湖南長沙招賢大師。上堂云。我常向汝諸人道。三世諸佛。共盡法界眾生。是摩訶般若光。光未發時。汝等諸人向什麼處委。光未發時。尚無佛無眾生消息。何處得山河國土來。萬松嘗道。混沌未分時。還有天地人不。父母未生時。還有己身不。心念未起時。還有迷悟凡聖不。這僧尚問如何轉得山河大地歸自己去。一大藏教。只說個三界唯心。萬法唯識。肇法師云。會萬物為自己者。其唯聖人乎。《楞嚴經》道。若能轉物。即同如來。白雲端頌云。若能轉物即如來。春暖山花處處開。自有一雙窮相手。不曾容易舞三台。所以天童道。不許人攙行奪市。此轉物話。忝解教乘者。亦皆知有。而飽參衲子。卻不得受用。所以長沙卻與倒過道。如何轉得自己歸山河大地去。天童已曾道。撒手懸崖下。分身萬象中。石頭和尚道。聖人無己。靡所不己。佛日堯於此大悟道。頭上拈卻一座太行山相似。諸人還曾恁麼一回麼。萬松昔年參勝默。教看此話。半載全無入由。勝默曰。我只願汝遲會。後來一日打破漆桶。歡喜數日。寢而不寐。勝默更將玄沙點靈雲未徹處教看。只這歡喜地。猶成法愛。所以道忘他尚易。忘己最難。岑大蟲。南泉之子。趙州之兄。大手作家。名不虛得。這僧問如何轉得山河大地歸自己去。沙云。如何轉自己歸山河大地去。僧曰不會。沙曰。湖南城下好養民。米賤柴多足四鄰。其僧無語。師有偈曰。誰問山河轉。山河轉向誰。圓通無兩畔。法性本無歸。天童只將長沙拈轉這僧話頭處。直捷示人道。雖然主賓互喚。要且泥水不分。天童用四賓主。批判這話。將四料揀。顛拈倒用。轉見分明。天童末後人境俱奪。要與長沙光未發時相見道。如今王令稍嚴。不許人攙行奪市。一狀解與萬松。萬松先斬後奏。

【按】「作麼生轉自己歸山河大地去（打成一片）」，若能佛性出世建立世界，「撒手懸崖下，分身萬象中」。「自己」謂佛性本體。「身先在裡」，即謂「轉自己歸山河大地去」。森羅萬象從心中流出。「作麼生轉得山河大地歸自己去」則難，需要證到理事無礙法界。塵塵剎剎皆是法身，皆是自己，萬法皆空。「山河不離大地。自己不是別人」。「若能轉物即如來」。「天童末後人境俱奪。要與長沙光未發時相見道」，即臨濟「四料揀」的「人境俱奪」之清淨涅槃。「天童用四賓主批判這話，將四料揀顛拈倒用，轉見分明」。

【公案】《請益錄》第九十則雪峰淘米（萬松老人）

舉雪峰在洞山作典座（分明供養心）。一日淘米次（童行不得氣力）。山問。淘沙去米。淘米去沙（弄險作麼）。峰云沙米一時去（唯嫌揀擇）。山云。大眾吃個什麼（託和尚法蔭）。峰便覆卻盆（可惜抛撒常住）。山云。子他後別見人去在（從苗辨地）。天童拈云。雪峰只管步步登高（不解從空放下）。不覺草鞋跟斷（任誰接續不上）【有漏】。若也正偏宛轉（孤輪匪運）。敲唱俱行（隻翼難衝）。自是言氣相合（鸞逢鳳舞）。父子相投（蛆見蠅嗚）。且道洞山不肯雪峰意在什麼處（好意問便惡發）。萬里無雲天有過（下不論上）。

碧潭似鏡月難來（生怕死水裡浸卻）。

師云。青華嚴拈此話云。洞山恁麼道。是甚道理。雖然一色乾坤。爭奈山高水闊。所以野人云。工夫不到不方圓。言語不通非眷屬。乃代云。淘沙去米。淘米去沙。無影長生桂。經霜結子頻。大眾吃個什麼。金鳳采香銜不盡。玉雛食蕊葉長新。萬松道。青華嚴雖然答盡深深意。**爭奈投機句未親**。忽有人問。萬松代云。淘沙去米。淘米去沙。只向道滌盡塵沙。不遺顆粒。大眾吃個什麼。向道粥將木杓舀。飯用笊籬撈。雪峰全機大用。投子青說妙談玄。行令底只知盡法。不管無民。談玄底只解敲唱俱行。未得應時納祜。萬松不能天水合同秋。要且不壞世間相。何也。廚中典座窮精細。且作長行粥飯僧。

【按】「沙米一時去」，即謂「不見一色猶是半提」。「萬里無雲天有過。碧潭似鏡月難來」形容有漏涅槃。「粥將木杓舀。飯用笊籬撈」其中有龐公典故。即謂正偏兼帶，敲唱俱行。「萬松不能天水合同秋」，只得「應時納祜」。此謂正位前一色，有漏涅槃。要脫胎換骨識陰盡，不能坐在死水淹殺，萬松老人代云，「淘沙去米淘米去沙。只向道滌盡塵沙不遺顆粒」，形容命根斷處識陰盡。

【公案】

羅山初謁石霜。問起滅不停時如何。霜云。直須寒灰枯木去。一念萬年去。函蓋乾坤去。純清絕點去。師不契。後謁岩頭理前問。頭喝曰。是誰起滅。師於此大悟。

【按】禪師開始修習禪定時，意識不易入定，如同頑猴野馬。這裡「起滅不停時」即謂這個情形。石霜指示「直須寒灰枯木去。一念萬年去。函蓋乾坤去。純清絕點去」，這是「正位前一色」，即有漏涅槃。岩頭大喝一聲，振聾發聵問道：「是誰起滅？」這就「直搗黃龍」，直接提示學人的「自我意識」，學人於是大悟。石霜所謂「直須寒灰枯木去」，只是提示禪定的境界，須知「莫守寒岩異草青，坐卻白雲終不妙」。到「寒灰枯木」境界，必須轉身，「寒灰枯木淹殺人」。禪師說「雪屋人迷一色功」，到有漏涅槃要脫胎換骨命根斷。

天童正覺云：

斫斷老葛藤。打破狐狸窟。豹披霧而變文。龍乘雷而換骨。咄。起滅紛紛是何物。

【按】這裡「斫斷老葛藤。打破狐狸窟」意旨在於打破「自我意識」的「老葛藤」、「狐狸窟」。「**豹披霧而變文**。**龍乘雷而換骨**」形容泯滅自我意識而「脫胎換骨」。對禪宗大師而言，「起滅紛紛是何物」的自我意識已經泯滅。故云：「咄」。

【公案】《虛堂集》第十七則洞山初秋（解結）（林泉老人）

示眾云。這邊那畔。孰能推倒界牆。正去偏來。你試蹴踏芳草。作麼生囑咐則是。舉洞山价禪師解夏上堂云。秋初夏末。兄弟或東或西。直須向萬里無寸草處去（好因緣是惡因緣）。良久云。**只如萬里無寸草處**。**作麼生去**（伏取處分）。顧視左右云。欲知此事。直須如枯木上花開方與他合（乾暴暴時須潤濕。冷清清處要溫和）。石霜云。出門便是草（動落今時猶自可）。明安云。直得不出門。亦是草漫漫地（靜沉死水更難甘）【密移一步見飛龍】。

師云。一大圓覺為我伽藍。云何解制而論東西。直饒指教深隱寒岩飽看冷翠。坐白雲而終須不妙。守丹嶠而未必便宜。教人指默垛根。到了枉稱鱉古。所以洞山恐伊墮在無事界中弄巧成拙弱喪忘歸。良久云只如萬里無寸草處作麼生去此。皆養子之緣怕折奸便。可謂兒行千里母行千里。翻覆尋思再三招撥。顧視左右云。欲知此事直須枯木上生花方與他合。可謂正雖正而偏。偏雖偏而圓。一日藥山指枯榮二樹問道吾曰。枯者是榮者是。道吾云榮者是。山曰灼然一切處光明燦爛去。又問雲岩云枯者是榮者是。岩云枯者是。山曰灼然一切處放教枯淡去。高沙彌忽至。山云枯者是榮者是。彌云。枯者任他枯。榮者任他榮。山回顧道吾云岩曰不是不是。其實此事轉轆轆活鱍鱍。如盤走珠了無滯跡方為可也。**若一向指教無寸草處去**。**石上釘橛何時得出**。**許令枯木生花**。**似許放開一線**。致令石霜點罰道。出門便是草。汝但起心動念。豈非落在今時。後明安云。直得不出門亦是草漫漫地。此雖難會卻最易知。不見道。**斫卻月中桂**。**清光應更多**【枝末無明】。天童後來一併頌出。草漫漫。門裡門外君自看。荊棘林中下腳易。夜明簾外轉身難。若論轉身一路。寧免丹霞指出。頌曰。

歸家豈坐碧雲床（久靜思動）。出戶不行青草地（久動思靜）。南北東西本自由（放浪多日）。渠無向背那迴避（心不負人面無慚色）。

師云。**不立纖塵處。寂寥事事無。到來家蕩盡。免作屋中愚。**雖處碧雲深處。應須緩步移身。當於皓月輝時莫避入廛垂手。既辭竺土豈戀胡床。**此乃正不居正之小樣也。**為入息不居陰界。故出息不涉眾緣。**非嫌面上夾竹桃花。唯怕肚裡侵天荊棘。曾不墮青青黯黯。那肯滯莽莽芊芊。任觸目之荒林。盡論年之放曠。可謂百花叢裡過。一葉不沾身。此乃偏不垂偏之大略也【迴脫根塵】**。是他得的人千自由百自在。不於石室生根。且向草庵止宿。不見石頭和尚道。問此庵。壞不壞。壞與不壞主元在。不居南北與東西。基址堅牢以為最。又云。**回光返照便歸來。廓達靈根非向背。恁麼看來。有迴避無迴避。還委悉麼。相逢無話說。**不見又思量。

【按】「只如萬里無寸草處」正是有漏涅槃。「萬里無雲」同此。洞山良价說「直須枯木上生花方與他合」，指示不能滯留有漏涅槃，要脫胎換骨識陰盡證得涅槃正位，子歸就父後轉身退位證得佛性。佛性出世建立世界，此即「枯木生花」。

「歸家豈坐碧雲床」表明不居正位。「家」喻正位。「出戶不行青草地」謂佛性定心「不吃一粒米」，「南北東西本自由」形容定心往復自由自在，「金針往復來」。「妙體本來無處所，通身何更有蹤由」。林泉老人教示：「雖處碧雲深處。應須緩步移身。當於皓月輝時莫避入廛垂手。既辭竺土豈戀胡床。**此乃正不居正之小樣也。為入息不居陰界。故出息不涉眾緣。**」此意甚明，值得品味。

「**斫卻月中桂。清光應更多**」意謂泯滅菩薩境界枝末無明。

【公案】《虛堂集》第二十七則洛浦歸鄉（省訪）（林泉老人）

示眾云。動即影現。莫教虛費草鞋錢。覺即塵生。枉使靈龜空曳尾。泯蹤絕跡一句誰解歌揚。

舉僧問洛浦。學人擬歸鄉時如何（舉步即錯）。浦云。家破人亡。子歸何處（禍不單行。福無並至）。僧云恁麼則不歸去也（已涉途程）。浦云。庭前殘雪日輪消。室內紅塵遣誰掃（收得安南。又憂塞北）。

師云。利名縈繫忒多年。欲效淵明鄙世緣。人老菊殘無可賞。漫將心境玩壺天。不見雲門大師云。光不透脫有兩般病。一切處不明。面前有物。是一。透得一切法空隱隱地。似有個物相似。亦是光不透脫。又法身亦有兩般病。得到法身為法執不忘。己見猶存。墮在法身邊。是一。直饒透得。放過即不可。仔細點檢將來。有什麼氣息。亦是病。所以洛浦道。庭前殘雪日輪消。室內紅塵遣誰掃。復有偈曰。決志歸鄉去。乘船渡五湖。舉篙星月隱。停棹日輪孤。解纜離邪岸。張帆出正途。到來家蕩盡。免作屋中愚。亦如仰山問僧什麼處人。僧云幽州人。曰還思彼中麼。云常思。曰。能思是心。所思是境。彼中樓台殿閣人畜等物。返思底心還有許多般麼。云某甲到這裡總不見有。曰。**信位即是。人位未是**。云和尚莫別有指示否。曰。別有別無即不中。據汝見處。只得一玄。得坐披衣向後自看。林泉道。**到此分劑應須活鱍鱍。不可死郎當**。擬議著邊徼。難稱大法王。所以道。既號法王於法自在。只如時清道泰。長安大道合作麼生指教。頌曰。

太平鄉國路空賒（遠堠一千里。近堠胳肘底）。歸興悠悠思莫涯（有口應難說。無言心自知）。撒手到家何所有（本來無一物。何用苦追求）。琉璃寶殿鎖蟾華（明白轉身還墮位）。

師云。皇道太平無忌諱。縱橫何處不風流。汝但一切時中。行住坐臥。運水搬柴。著衣吃飯。拈匙舉箸。不遺時不失候。念念相應心心無間。於斯何慮道遠乎哉。想伊但辦肯心。到底必不相賺。既能乘輿豈涉途程。撒手到家一無所有。不見僧問秪林和尚。十二年前為什麼降魔。曰賊不打貧兒家。云十二年後為什麼不降魔。曰賊不打貧兒家。趙州亦云。我十八上解破家散宅。恁麼看來。不見一法即如來。方得名為觀自在。雖然如是。當可從偏入正。捨妄歸真。升琉璃寶殿。玩皎潔蟾華。還許朝覲也無。良久云。東宮雖至嫡。不面舜堯顏。

【按】「東宮雖至嫡。不面舜堯顏」，謂進入有漏涅槃，是謂「誕生王子」。誕生王子即儲君，卻不識君王面目即「本來面目」。到此大死一回命根斷，證入清淨涅槃子歸就父。卻不居正位轉入首楞嚴，佛性反觀不見聖顏。「從偏入正。捨妄歸真。升琉璃寶殿。玩皎潔蟾華。還許朝覲也無」，此乃祖父寶殿有位無人。「玉殿苔生」可知**「寶殿無人空侍立」**，故「不面舜堯顏」，雖為父子卻未見面。涅槃正位，無形無相只是虛位（見為霖道霈注解），教中謂學位，非證位。**筆者願稱為「祖父寶殿」**，**「祖父從來不出門」**。**定心到此一過就父後轉身退位證得佛性**。

「歸家」謂證入涅槃正位。「本來無一物。何用苦追求」即六祖所頌。《十玄談》謂「撒手到家人不識。更無一物獻尊堂」，**「撒手到家一無所有」**。證得涅槃正位，已經泯滅根本無明，自我意識消融，

「吾非昔人」也。

「庭前殘雪日輪消。室內紅塵遣誰掃」，此謂有漏涅槃尚有細中之細妄識，也要掃除。「趙州亦云。我十八上解破家散宅」，可謂到家。「室內紅塵」也謂法執法愛等。

【公案】《請益錄》第七十五則南泉玩月（萬松老人）

舉南泉與趙州玩月次（不能免俗）。州云。幾時得似這個去（是尚不是。要似作麼）。泉云。王老師二十年前也曾恁麼來（兒時作處老知羞）。天童拈云。二十年前且置（猶是這個在）。二十年後又作麼生（月落來與你相見）。還知王老師行履處麼（曾遭鬼覷見）。屋裡無靈床（坐著即不堪）。渾家不著孝（縱橫無忌諱）。

師云。似鏡常明。打破鏡來相見。正是月明時。月落來與你相見。南泉十八上解作活計。所以道。二十年前也曾恁麼來。趙州十八上破家散宅。得似這個。堪作什麼。所以馬祖與西堂百丈南泉玩月。三人著語畢。祖云。經入藏。禪歸海。唯有普願。獨超物外。所以天童道。二十年後。王老師行履處作麼生。屋裡無靈床。渾家不著孝。且道王老師與牛頭見四祖後。與況如何。枯河岸上妝龍女。破炕頭邊畫灶君。

【按】南泉普願與趙州從諗玩月次，此境「心月孤圓」，「清光照眼似迷家」，此謂有漏涅槃。南泉普願說「王老師二十年前也曾恁麼來」，表明自己曾經經過有漏涅槃。「兒時作處老知羞」點評證得有漏涅槃尚未到家，只是「兒時作處」。

宏智正覺評「二十年後又作麼生（月落來與你相見）」，這就揭示「月落來與你相見」要脫胎換骨證入涅槃正位。「**似鏡常明。打破鏡來相見。正是月明時**」意謂從涅槃前一色打破鏡進入有漏涅槃。「**月落來與你相見**」，謂泯滅真常流注的細心。故云「**趙州十八上破家散宅**」真正到家也。「**屋裡無靈床。渾家不著孝**」，南泉普願修證到此，自由自在所謂「得大自在」，豈能在涅槃死水淹殺？

【公案】《請益錄》第三十一則雪峰古澗（萬松老人）

舉僧問雪峰。古澗寒泉時如何（為甚無風浪起）。峰云。瞪目不見底（許你眼明）。僧云。飲者如何（甘露洋銅。有利有害）。峰云。不從口入（玉液華池納百川）。僧舉似趙州（出一人口。入萬民耳）。州云。不可從鼻孔裡入（盡從這裡流出）。僧卻問州。古澗寒泉時如何（閩山遠接太行山）。州云苦（裂舌不堪嘗）。僧云。飲者如何（著甚來由）。州云。死（一坑埋卻）。雪峰聞云。趙州古佛（善哉甘口鼠。食人不害疼）。從此不答話（陰蛆內胃）。天童拈云。扶豎宗乘。須還大匠（久向天童）。雪峰辨一千五百人善知識身心（為人如為己）。趙州用一百二十歲老作家手段（儻理不儻親）。不妨奇怪（萬松慣見似尋常）。如今眾中隨言定旨（癡人面前。不得說夢）。亂作貶剝（舌頭壓殺人）。深屈古人（死無對證）。然則相席打令。似有知音（易開終始口）。鏤骨銘心。罕逢明鑒（難保歲寒心）【兼帶】。

師云。南院禮雪峰為古佛。雪峰禮趙州為古佛。當時雪峰法道大行。睦州讓雲門以嗣之。玄沙為法眼之祖。兩派之源。出於門下。趙州當燕趙亂罹之際。口如吹火。流俗薄之。及乎道力攝二王講和。攜手見師。禪床不下。時人方云。口似含珠。隱山所謂莫作是非來辯我。浮生穿鑿不相關。雪峰以其南泉之子。長沙之兄。以白眉尊宿待之。一日趙州問僧。自何處來。僧曰。雪峰來。州曰。雪峰有何言句示人。僧曰。和尚尋常道。盡十方世界是沙門一隻眼。你等諸人向什麼處屙。州云。闍梨若回。寄個鍬子去。僧問雪峰古澗寒泉時如何。動若雲行。靜如止水。正是湛不流處。死水裡活計。這僧工夫到此。拈來呈似雪峰。若是萬松門下。只道乾曝曝地。一滴也無。這僧問以蹄涔。雪峰答以巨海道。瞪目不見底。何曾辜負他。這僧忻然。披襟當之道。飲者如何。你參透古澗寒泉。只汝便是浮幢剎海。通身是水。誰吐誰吞。雪峰答個不從口入。大煞手親眼辨。若論順水推船。雪峰門下即得。其或逆風把柁。趙州門下不然。這僧疑根不斷。再買草鞋。不遠數千里。復舉前話問趙州。至不從口入。州云。不可從鼻孔裡入也。便用衲僧巴鼻。復問古澗寒泉時如何。州云。苦。這僧便合禮謝而退。不顧危亡。踏步向前。更問飲者如何。州云。死。沒人情漢。一向盡法。不管無民。僧問如何是玄中玄。州云。汝玄來多少時也。僧云。玄之久矣。州云。若不遇老僧。幾乎玄殺。趙州與睦州出語。毒如德山臨濟痛棒。雪峰後聞此語遙禮云。趙州古佛。峰從此不答話。此語疑殺天下人。你道以前還曾答話麼。後來何曾持不語戒。天童拈道。扶豎宗乘。須還大匠。大慧杲宗門武庫首篇云。王荊公一日問張文定公曰。孔子去世百年。生孟子亞聖。後絕無人何耶。文定公曰。豈無人。亦有過孔孟者。公曰。誰。文定公曰。江西馬大師。坦然禪師。汾陽無業禪師。雪峰岩頭。丹霞雲門。荊公意不甚解。乃問曰。何謂也。文定曰。儒門淡薄。收拾不住。皆歸釋氏焉。公欣然歎服。後舉似無盡。無盡撫几賞曰。達人之論也。遂援筆以紀之。故王荊公嘗云。三代以前。聖賢多生吾儒中。三代以降。聖賢多生吾佛中。近代老青州。潭柘開山性和尚。韓相國。昉施學士宜生。曰二老若非事佛出家。皆王霸之器。是知顏孟之時。佛法未至。倘能事佛。必馬鳴龍樹之儔也。故雪峰辨一千五百人善知識身心。趙州用一百二十歲老作家手段。不妨奇怪。棋逢敵手。琴遇知音。如今眾中。隨言定旨。亂作貶剝深屈古人。矮子看戲。隨人上下。然則相席打令。似有知音。便道趙州逢賤即貴。雪峰遇剛即柔。若存得失勝負。成何宗旨。鏤骨銘心罕逢明鑒。這僧一問。二老各出一隻手。提起示人。與萬世為龜為鑑。豈同參鐵騎禪者。爭鋒競銳。還會天童出身句麼。臨危知己少。閒話赤心多。

【按】萬松老人云「僧問雪峰古澗寒泉時如何。動若雲行。靜如止水。正是湛不流處。死水裡活計」，即謂有漏涅槃。「更問飲者如何。州云。死。沒人情漢」，指示僧人泯滅自我意識大死一回進入無漏涅槃。「沒人情漢」即謂泯滅自我意識證入無漏涅槃。趙州苦口婆心教授學人，比喻佛性出世普度眾生。雪峰云「趙州古佛。峰從此不答話」，雪峰以自己比喻涅槃，趙州喻佛性，比喻正偏兼帶境界。公案之意在正偏兼帶。「**二老各出一隻手。提起示人**」也。

【公案】《從容錄》第三十二則國師侍者（萬松老人）

舉國師三喚侍者（老不歇心）。侍者三應（少不努力）。國師云。將為吾辜負汝（落花有意隨流水）。誰知汝辜負吾（流水無心送落花）。天童拈云。仁義道中（不得不呼）。得資分上（不得不應）。再呼能再應（獨掌不浪鳴）。論實不論虛（我喚君須應）。且道有辜負無辜負（行說好話）。皓玉無瑕。雕文喪德（劈破面皮）。

師云。僧舉前話問玄沙意旨如何。沙云。卻是侍者會。萬松道。不得動箸。玄覺徵問僧。那裡是侍者會處。僧云。若不會。爭解恁麼應。玄覺云。汝少會在。萬松道。垛根衲子。有什麼限。又云。若於這裡商量得去。便見玄沙。萬松道。且歸林下去。趙州云。如人暗中書字。字雖不成。文彩已彰。萬松道。明眼人難瞞。玄沙舉處。以己方人。渾崙無孔鐵鎚。穿鑿千窗百孔。若是萬松見侍者三喚三應。只向道。輔弼宗師。不廢光彩。許大忠國師。著甚死急道。將為吾辜負汝。侍者當時見道。誰知汝辜負吾。好道和尚年尊。別請人好。可惜放過。被玄沙贓誣道。卻是侍者會。以至玄覺問僧道。若不會。爭解恁麼應。特捨漢。胡張三。黑李四。與汝同參。所以玄覺道。汝少會在。玄覺到此便合休去。又道。若於這裡商量得去。便見玄沙。所謂第三句薦得。自救不了。據實論之。若道這僧會。國師道。誰知汝辜負吾。若道這僧不會。爭解恁麼應。所以趙州道。字雖不成。文彩已彰。一鎚兩當。須是這老漢始得。天童拈處。一向裁長補短。就下平高。頗怪國師妄加穿鑿道。皓玉無瑕。雕文喪德。大小大天童。呆漢作保。忽有人問萬松又作麼生。向道只恐不是玉。是玉也大奇。

【按】「國師三喚侍者。侍者三應。國師云。將謂吾辜負汝。誰知汝辜負吾。」意謂人人皆有自我意識，「三喚侍者，侍者三應」表明侍者自我意識未泯。「將謂吾辜負汝。誰知汝辜負吾」意謂泯滅自我意識。此與趙州茶公案意旨相同。「將謂吾辜負汝。誰知汝辜負吾」常常使用，意在提示學人自我意識問題。

【公案】《從容錄》第九十六則九峰不肯（萬松老人）

示眾云。雲居不憑戒珠舍利。九峰不愛坐脫立亡。牛頭不要百鳥銜花。黃檗不羨浮杯渡水。且道。別有何長處。

舉九峰在石霜作侍者。霜遷化後。眾欲請堂中首座接續住持（便好學能無伎倆，不應如秀拂塵埃）。峰不肯乃云。待某甲問過。若會先師意。如先師侍奉（路見不平）。遂問。先師道。休去歇去（費力作麼）。一念萬年去（忘前失後漢）。寒灰枯木去（有甚氣息）。一條白練去（切忌點污）。且道。明什麼邊事（只要無事）。座云。明一色邊事（兩般了也）。峰云。恁麼則未會先師意在（一朝權在手）。座云。爾不肯我。那裝香來（果然不會）。座乃焚香云。我若不會先師意。香煙起處脫去不得（氣急殺人）。言訖便坐脫（這裡什麼所在恁麼去）。峰乃撫其背云。坐脫立亡則不無（出身猶可易）。先師意未夢見在（脫體道應難）。

師云。筠州九峰道虔禪師。親傳石霜之道。得殺活杖子。具衲僧巴鼻。首座擔板。只得一橛。當時見道恁麼則未會先師意在。只道吾不如汝。便教九峰無地容身傾心歸伏。不見道。爭之不足。讓則有餘。今時參學人只道。古人坐脫立亡。今人臨行手忙腳亂。又見歐陽文忠公見嵩山老僧。道今人念念在亂。臨終安得定。這回一向尋速生速滅。覺範頌云。死時應盡便應盡。坐脫立亡誇小兒。略出乳中無別法。死時何苦欲先知。二朝士問寶峰照和尚。古人臨終去住自在。何道致之。峰云。老僧將來自縊死去。臨終眾僧。求峰遺訓。峰作惡語數句而終。石霜首座。若到這個地面。免被九峰逼死。佛果示杲上人法語云。嗟。見一流拍盲野狐種族。自不曾夢見祖師。卻妄傳。達磨以胎息傳人。謂之傳法救迷情。以至引從上最年高宗師。如安國師趙州之類。皆行此氣。及誇初祖隻履。普化空棺。皆謂此術有驗。遂致渾身脫去。謂之形神俱妙。而人厚愛此身。怕臘月三十日慞惶。競傳歸真之法。除夜望影喚主人公。以卜日月聽樓鼓。驗玉池。覘眼光以為脫生死法。真誑謼閭閻。捏偽造窠。貽高人嗤鄙。復有一等。假託初祖胎息說。趙州十二時別歌。龐居士轉河車頌。遞互指授。密傳行持。以圖長年及全身脫去。或希三五百歲。殊不知。此真是妄想愛見。萬松道。今時下視諸方者。多以臨行要人看。好瘦上塗煙脂。有甚可喜【臨死表演炫耀】。石霜一生置枯木堂。安枯木眾。往往常坐不臥。坐脫立亡者極多。獨九峰不肯首座。今時好坐脫立亡底。何不參取九峰不肯處。且道。九峰具什麼作用。問取天童。頌云。

石霜一宗（蜂攢蟻聚）。親傳九峰（冰消瓦解）。香煙脫去（生死自在即不無）。正脈難通（先師意未夢見在）。月巢鶴作千年夢（樹倒不飛）【死守枯木】。雪屋人迷一色功（日出後一場懡㦬）【喻有漏涅槃】。坐斷十方猶點額（切忌生根）【生根即死守涅槃】。密移一步看飛龍（別般造化）。

師云。天童。仁義先於貧處斷。世情偏向有錢家。萬松道。門庭施設。不如九峰。入理深談。猶較元座百步。勝默和尚作祖庭詠史詩。元座徒亡一炷煙。九峰不是抑高賢。若將一色為承紹。辜負先師不借緣。石霜示眾有云。未嘗忘照。猶為外紹為臣種。亦曰借。若誕生。絲毫不隔。如王子生下。則能紹大位。謂之內紹。名王種。名句不借也。借則一色邊事耳。不得已。應機利生為兼帶。點額飛龍。亦禹門化魚之事。亦周易乾卦。九五飛龍在天。得位之象。豈比月巢鶴夢。雪屋人迷者哉。

【按】石霜教導學人向一色邊去。首座以為即是極則，不懂轉身退位，一死不活。

【按】密移一步，脫胎換骨命根斷，不居正位出離涅槃，轉身退位證得佛性，此謂鶴騰霄漢出銀籠。

九五飛龍在天，得位之象，比喻等覺佛位。九五飛龍在天，謂佛性出世，補處佛位。

【按】誕生王子內紹得位，比喻有漏涅槃。內紹者上根利智。

【按】萬松老人說：「九五飛龍在天。得位之象。豈比月巢鶴夢。雪屋人迷者哉。」即謂佛性出世，境界超越沉迷有漏涅槃的禪師。何況首座「一死不活」。

【按】雪屋比喻有漏涅槃，清光照眼似迷家，明白轉身還墮位，密移一步，必須脫胎換骨轉身退位。進入涅槃，澄源湛水尚棹孤舟，轉身退位證得佛性，回途重入人間普度眾生，自利利他普度眾生才能入佛果。

【按】「摘破香囊薰大國。撥開天竅吼真風」，此謂佛性出世建立世界。百愚淨斯問：「九峰不肯首座意在於何？」答：「雪屋夢猶寒。」「雪屋夢猶寒」指有漏涅槃。

丹霞子淳頌此公案別出機杼，指出「正偏兼帶」之義：

舉石霜和尚遷化。眾請首座繼鐘住持。虔侍者所問公案。師曰。宗師行處。如火消冰。透過是非關。全機亡得喪。盡道首座滯在一色。侍者知見超師。可謂體妙失宗。全迷向背。**殊不知首座如鷺鷥立雪。品類不齊【涅槃】。侍者似鳳翥丹霄。不縈金鎖。一人高高山頂立。一人深深海底行。**各自隨方而來。同會九重城裡。**而今要識此二人麼。竪起拂子曰。龍臥碧潭風凜凜【涅槃】。垂下拂子曰。鶴歸霄漢背摩天【佛性】**。

「**殊不知首座如鷺鷥立雪品類不齊**」即謂首座證得涅槃。「**侍者似鳳翥丹霄不縈金鎖**」形容侍者鶴騰霄漢證得佛性。「**龍臥碧潭風凜凜**（首座）。垂下拂子曰。**鶴歸霄漢背摩天**（侍者）」，一個證得涅槃，一個證得佛性。「各自隨方而來。同會九重城裡」，**此謂「正偏兼帶」**，「**前釋迦後彌勒**」，**佛真法身也**。丹霞子淳提升了公案的意旨，從「不滯死水」到「正偏兼帶」，祖師自有道理。

【公案】《空谷集》第三十三則韶山是非（林泉老人）

舉僧問韶山。是非不到處。還有句也無（掩耳偷鈴漢）。山云有（可知禮也）。僧云。是什麼句（是非到處）。山云。**一片孤雲不露醜**（無眼人見）。天童拈云。通身回互。不觸尊嚴（識法者恐）。退位旁提。要當宛轉（誰敢當頭）。還見韶山相為處麼（兒孫得力）。盡力推爺向裡頭（室內不知）**【內紹】**。

師云。雒京韶山寰普禪師。嗣夾山。當時遵布衲。機辯冠眾。與山往復詞多不錄。佛果云。遵布衲如虎帶角。凜凜威風。爭奈韶山。解據虎頭。收虎尾。直得步步登高。聲聲相應。還知二老落處麼。好手手中誇好手。紅心心裡射紅心。**諸方競傳韶山降遵布衲。拄白頭因。而不知深得洞上深細血脈**。一日僧問如何是本來面目。山云。磚鏡台前不露顏。天童不辜負他。對眾拈出。一日僧問是非不到處。還有句也無。永嘉道。是非之惑。綿微難見。神清慮靜。細而研之。言之與也。是非所以成。其實是非不到處。言思路絕。分別意窮。天童卻道。堂堂坐斷舌頭路。應笑毗耶老古錐。若是無舌人解語。借路能來。洞山道。但能莫觸當今諱。也勝前朝斷舌才。道個一片孤雲不露醜又何妨。洞山所謂胡家曲子。不墮五音。韻出清霄。任君吹唱。恁麼看來。韶山道。有又何妨。但能句不落言思。曲不犯宮商。雲不露醜拙。言滿天下。無口過也。所以天童道。通身回互。不觸尊嚴。與不犯宮商。不較多也。退位旁提。要當宛轉。此是善財於別峰參見德雲。回互正位底時節也。**還會盡力推爺向裡頭麼**。僧問九峰虔侍者。如何是外紹。峰云。不借別人家裡事。僧云。如何是內紹。峰云。推爺向裡頭。天童更加盡力兩字。喚作全身擔荷。徹底承當。忽遇趙州十八上破家散宅。又作麼生。到來家蕩盡。免作屋中愚。

【按】「是非不到處」指涅槃境界，無法形容無法正指，只能「旁敲」。「一片孤雲不露醜」形容涅槃正位。宏智正覺贊曰「通身回互。不觸尊嚴」。此謂曹洞宗修證設施。謂之「不觸當今諱」，對涅槃正位不能直指。「一片孤雲」並無「有對法」，「正中妙挾」無有能對者。「不露醜」表明涅槃正位無人可見。「僧云。如何是內紹。峰云。推爺向裡頭。天童更加盡力兩字。喚作全身擔荷。徹底承當」，此即入涅槃要「死了更死」、「全身入理」、「入理要深」之義。

【公案】《請益錄》第三十五則洞山體佛（萬松老人）

舉洞山垂語云。體得佛向上人。方有說話分（方無說話分）。僧問如何是佛向上人（有說話分。快說快說）。山云。非佛（借得口來）。法眼云。方便呼為佛（大似壓良為賤）。天童拈云。二老宿相去多少（料掉沒交涉）。直是刀刁相似（毫釐有差）。奈何魚魯參差（天地懸隔）。到這裡轉劫外機（洞山宗旨）。放風前箭（法眼家風）。橫身擔荷（法眼粗心）。撒手承當（洞山細意）。具這般眼目始得（洞山左眼半斤。法眼右上八兩）。還辨得麼（變蹌劈臉。改頭換面）。易分雪裡粉（一有多種）。難辨墨中煤（二無兩般）【涅槃與佛性】。

師云。洞山垂語。要體得佛向上人。方有說話分。萬松道。體得佛向上人。方無說話分。洞山已過犯彌天。萬松更彌天過犯。更有個不識好惡底僧。問如何是佛向上人。此喚作望空啟告。洞山道。非佛。此喚作傳言送語。我且問你。佛向上人。還解問答麼。張無盡。舉傅大士頌曰。空手把鋤頭。步行騎水牛。人從橋上過。橋流水不流。皓布褌曰。此即頌得法身邊事。頌不得法身向上事。無盡曰。請和尚頌。皓曰。昨夜雨霶烹。打倒蒲萄棚。知事普請行者人力。拄底拄。撐底撐。撐撐拄拄到天明。依舊可憐生【佛性】。雲居膺初見洞山。山問闍黎名什麼。居曰。道膺。山曰。向上更道。居曰。向上則不名道膺。山云。與吾在雲岩時只對一般。這個喚作識尊卑。分貴賤。法眼道。方便呼為佛。大似奴郎不辨。賓主不分。所以天童道。二老宿相去多少。直是刀刁相似。奈何魚魯參差。我且問你。洞山道。非佛。法眼道。方便呼為佛。如何是刀刁魚魯處。洞山轉劫外機。法眼放風前箭。一個是全提那畔。一個是曲為今時。洞山是撒手承當。法眼是橫身擔荷。具這般眼目始得。水中擇乳。還辨得麼。須是鵝王。易分雪裡粉。幸遇洞山。難辨墨中煤。皆因法眼。鏡清道。毗盧有師。法身有主。雲門嘗云。矢上加尖。法眼道。形興未質。名起未名。諸方皆謂如水作波。波即是水。雪粉各異。墨煤性同。不是天童。分疏不下。忽若圭峰道。鎔瓶盤釵釧為一金。攪酥酪醍醐為一味【一真法界】。又作麼生。也不如石頭道。衲被蒙頭萬事休。此時山僧都不會。

【按】涅槃佛性定境相似，「易分雪裡粉。難辨墨中煤」，定境轉變要認準不同定境非常困難。須「不萌枝上暗辨春秋」。萬松老人云：「穴細金針才露鼻。芒長玉線妙投關。」指金針雙鎖之難，宏智正覺云：「玉線金針相續難。劫壺空處妙投關。」定境的識別過程絕非語言可以描述。菩薩的定心在涅槃與首楞嚴大定之間變換是極其困難的事，因為涅槃與首楞嚴大定就「定境」來說差別極其細微。禪師謂「玉鳳金鸞分梳不下」。禪師到此要「紅心心中射紅心」。這個「識別」要有大善知識的「心心相印」的教導，非語言可以說明。

「佛向上人」指「非佛」即菩薩，「借得口來」如筆者所說，菩薩借用故我的肉體在人間行菩薩道。「洞山道。非佛。此喚作傳言送語。」須知，佛性奉清淨涅槃（君王）之「正令」在人間普度眾生。釋迦也是「傳言送語人」。

「昨夜雨霶烹。打倒蒲萄棚。知事普請行者人力。拄底拄。撐底撐。撐撐拄拄到天明。依舊可憐生。」**此謂透法身，佛性出世建立世界。「衲被蒙頭萬事休。此時山僧都不會。」此謂那伽定，妙覺佛位，禪者最高境界。**

【公案】《空谷集》第二十五則丹霞燒佛（林泉老人）

示眾云。熱則趁涼非為分外。寒時向火亦是尋常。於斯凡聖情忘。何必橫生異議。莫有旁不肯。惹禍臨身的麼。

舉丹霞和尚一日凝寒經院過宿（好客不如無）。乃取殿中木羅漢燒向（不見一法即如來。方得名為觀自在）。院主致怒乃感眉鬚墮落（心疑生暗鬼。惹禍自臨身）。師拈云。不會為客。勞煩主人（車不橫推。理無曲斷）。

師云。鄧州丹霞天然禪師。本習儒業。入長安應舉。方宿逆旅。忽夢白光滿室。占者曰解空之祥也。偶禪者問云。仁者何往。曰選官去。云選官何如選佛。曰選佛當往何所。云今江西馬大師出世。是選佛之場。仁者可往。遂直造江西。才見祖師。以手拓幞頭額。祖顧視良久云。南嶽石頭是汝師也。遽抵石頭。還以前意投之。頭云著槽廠去。師禮謝入行者房。隨次執爨役凡三年。忽一日石頭告眾曰。來日剗佛殿前草。至來日大眾諸童行各備鍬钁剗草。獨師以盆盛水沐頭於石頭前胡跪。頭見而笑之。便與剃髮說戒。師掩耳而出。淘汰有年而嗣法焉。唐元和中至洛京龍門香山。及至慧林遇天大寒。取木佛燒向。院主訶曰何得燒我木佛。師以杖子撥灰曰吾燒取舍利。曰木佛何有舍利。曰。既無舍利。更取兩尊燒。主自後眉鬚墮落。經不云乎。心生則種種法生。心滅則種種法滅。院主致怒。一念嗔心起。百萬障門開。眉鬚墮落。何怨乎哉。還達此理麼。一念不生全體現。六根才動被雲遮。未審此時孰能賞鑒。頌曰。

古岩苔閉冷侵扉（寒時寒殺闍黎）。飛者驚危走者迷（業識忙忙。無本可據）。夜深寒爇汀洲火（大小明白）。失曉漁家輒自疑（若能常克己。終不怨他人）。

師云。千山鳥飛絕。萬徑人蹤滅。孤舟蓑笠翁。獨釣寒江雪。正當此時。萬境消沉十方黯黑。乾剝剝兮滴水冰生。冷清清兮撼頦打戰。非止古岩苔閉。緊掩柴扉。飛走驚危。俱難覷向。忘情懷之計較。絕凡聖之階梯。知性火真空。了性空真火。徧周法界。普應河沙。欲使一切眾生了了明明頭頭不昧。其奈曲高和寡。以是為非。大抵東行不見西行利。巧兒作處拙兒嫌。莫怪漁家疑情尚在。咦。**夜塚髑髏元是水。客杯弓影竟非蛇。性空心月無圓缺。枉被迷雲取次遮。**

【按】經云「**凡所有相皆是虛妄**」。現象無非鏡花水月，「揑目而成」。木佛不過虛妄影像，提示云「不見一法即如來。方得名為觀自在」。丹霞燒佛表明「心生則種種法生。心滅則種種法滅」。廟宇中佛像莊嚴，不過「所有相」並非法身佛。眾生膜拜尚自可，高僧裝神弄鬼愚弄百姓則不可。公案教示：「**夜塚髑髏元是水。客杯弓影竟非蛇**。」菩薩見色明心。「**木佛**」**現象可滅，真身難滅**。

【公案】《空谷集》第三十則曹山出世（林泉老人）

示眾云。爭強競弱總是凡情。退己讓人那存聖解。向此還有不爭人我者麼。

舉僧問曹山。佛未出世時如何（雪山修苦行。要識五俱輪）。曰曹山不如（謙謙君子誰不稱揚）。僧云出世後如何（為憐三歲子。用盡老婆心）。曰不如曹山（將為要津全把斷。誰知逐浪與隨波）。

師云。撫州曹山慧霞了悟禪師。嗣先曹山本寂禪師。僧問四山相逼時如何。曰曹山在裡許。云還求出也無。曰在裡許即求出。林泉道。放去較危。收來太速。又僧問。佛未出世時如何。曰曹山不如。云出世後如何。曰不如曹山。此語本二世曹山了悟之語。非先曹山本寂禪師之語也。不知者師資不辨前後不分。而中驗討不審之疾。因載於此。學者應知。僧問德山緣密圓明禪師。佛未出世時如何。曰河裡盡是木頭船。云出世後如何。曰這頭踏著那頭掀。所以道。但參活句莫參死句。於死活句中定取一隻宗眼。這僧既問佛出與未出。必有深意。曹山答以如與不如。豈無理哉。還知麼。**這畔那邊無不可。放行把住總由他**。怕伊不信。試

> 問投子青便知仔細。頌曰。
> 月隱青山瑞氣高（斫額望不及）。梧藏丹鳳覷無寥（無你著眼處）。無端石馬潭中過（切忌拖泥帶水）。驚起泥龍之海潮（一任隨波逐浪）。
> 師云。洞山道。**正中偏。三更初夜月明前。莫怪相逢不相識。隱隱猶懷舊日嫌**。此明空劫以**前威音之際**。玉兔懷胎。深隱紫微。**萬壑千岩。俱無影像。皆正位中事也。惟騰騰瑞氣藹藹祥煙。碧梧高聳丹鳳獨棲。瞻之不及窺之莫得**。恰如佛未出世時。無法可說。無生可度。實際理地不受一塵。曙色未分人皆仰望。所以曹山道不如他也。無端石馬經歷寒潭。尀耐泥龍奔騰巨海。於無見中強見。無聞中強聞。三十二相歷歷分明。十二分教行行布置**【佛性出世卻是偏位】**。向佛事門中不捨一法。及乎天曉總見尋常。故言不如曹山也。林泉雖恁剖判將來。慎勿便以得失勝負而生計較。**若解無中能唱出。方知絲竹可傳心**。

【按】所謂「**佛未出世**」，**即謂「涅槃」**。「僧云出世後如何。曰不如曹山」，此時曹山本寂自謂「涅槃」，處於正位，故云「不如曹山」。宏智正覺說「曹山終不出世」，即此意也。「**無端石馬潭中過**（**切忌拖泥帶水**）。**驚起泥龍之海潮**（**一任隨波逐浪**）。」形容佛性出世建立世界。定心受到污染而成阿賴耶識。即謂「**驚起泥龍之海潮**」，意謂**真妄和合的阿賴耶識**（**泥龍**）**生成現象界**。泥龍象徵阿賴耶識，曹洞宗以「空劫以前威音之際」為「正」，即涅槃本體境界。

「長安雖樂，不是久居」（萬松老人語），菩薩必須在人間行菩薩道。定心須在「佛性」與「涅槃」

兩邊「自由來去」，這裡林泉老人謂之「這畔那邊無不可」。「手指空時天地轉，回途石馬出紗籠」，這表示「回途」即「凡聖分離」。菩薩「十字街頭灰頭土面」教化眾生，大定定心「一任隨波逐浪」。

【公案】《碧巖錄》四十一（圓悟克勤）

舉，趙州問投子青，大死的人卻活時如何？（有恁麼事，賊不打貧兒家，慣曾作客方憐客。）投子青云：不許夜行，投明須到（看樓打樓，是賊識賊，若不同床臥，焉知被底穿）。

趙州問投子青，大死的人卻活時，如何？投子青對他道：不許夜行，投明須到，且道是什麼時節？無孔笛撞著氈拍版，此謂之驗主問，亦謂之心行問。投子青趙州，諸方皆美之得逸群之辯，二老雖承嗣不同，看他機鋒機投一般。投子青一日為趙州置茶筵相待，自過蒸餅與趙州，州不管，投子青令行者過糊餅與趙州，州禮行者三拜，且道他意是如何？看他盡是向根本上，提此本分事為人。有僧問：如何是道？答云：道。如何是佛？答云：佛。又問：金鎖未開時如何？答云：開。金雞未鳴時如何？答云：無這個音響。鳴後如何？答云：各自知時。投子青平生問答總如此。看趙州問：大死的人卻活時如何？他便道：**不許夜行，投明須到，直下如擊石火，似閃電光，還他向上人始得**。**大死的人**，都無佛法道理，玄妙得物是非長短，到這裡保恁麼休去。古人謂之平地上死人無數，過得荊棘林是好手，也須是透過那邊始得。雖然如是，如今人到這般田地，早是難得。或若有依倚有解會，則沒交涉。哲和尚謂之見不淨潔。五祖先師謂之命根不斷。須是大死一番卻活始得。浙中永和尚道：言鋒若差，鄉關萬里，直須懸崖撒手，自肯承當，絕後再蘇，欺君不得，非常之旨，人焉廋哉！趙州問意如此。投子青是作家，亦不辜負他所問。只絕情絕跡，不妨難會，只露面前些子。所以古人道：欲得親切，莫將問來問，問在答處，答在問處。若非投子青，被趙州一問，也大難酬對。只為他是作家漢，舉著便知落處。頌云：

活中有眼還同死（兩不相知，翻來覆去，若不蘊藉，爭辨得這漢緇素）。藥忌何須鑒作家（若不驗過，爭辨端的，遇著試與一鑒，又且何妨，也要問過）。古佛尚言曾未到（賴是有伴，千聖也不傳，山僧亦不知）。不知誰解撒塵沙（即今也不少，開眼也著，合眼也著，闍梨恁麼舉，落在什麼處？）。

活中有眼還同死，雪竇是知有的人，所以敢頌。古人道：盡死人方見活人，活盡死人方見死人。趙州是活的人，故作死問，驗取投子青。如藥性所忌之物，故將去試驗相似。所以雪竇道：藥忌何須鑒作家，此頌趙州問處。後面頌投子青，古佛尚言曾未到，只這大死的人卻活處，古佛亦不曾到，天下老和尚亦不曾到，任是釋迦老子，碧眼胡僧也須再參始得。**所以道：只許老胡知，不許老胡會。**雪竇道：**不知誰解撒塵沙，不見僧問長慶，如何是善知識眼？龐大云：有願不撒沙。保福云：不可更撒也。天下老和尚據曲錄木床上，行棒行喝豎拂敲床，現神通作主宰，盡是撒沙，且道如何免得。**

垂示云：單提獨弄，帶水拖泥，敲唱俱行，銀山鐵壁。擬議則髑髏前見鬼，尋思則黑山下打坐。明明杲日麗天，颯颯清風匝地，且道古人還有淆訛處麼？試舉看。

【按】進入有漏涅槃，「光境俱亡復是何物」？萬松老人云「**天地黯黑如一錠墨，正是衲僧脫胎換骨轉身一路**」。**到此「大死一回絕後復蘇」**，是謂「大死的人卻活時如何」。「投子青云：不許夜行，投明須到」，即謂脫胎換骨只是剎那之間，「不許夜行」即謂「**不許夜行，投明須到，直下如擊石火，似閃電光，還他向上人始得**」。這個脫胎換骨的過程「電光石火」剎那即成，此即子歸就父。然後「**鶴不停機**」轉身退位證得佛性。「轉身」須在剎那完成。「**直須懸崖撒手，自肯承當，絕後再蘇，欺君不得**」，即謂大死一回後雖入正位而不居，「君位」不得妄住。必須「君臨臣位」，即謂「尊貴之人不居尊貴之位」。「大死的人」比喻涅槃，「卻活」謂佛性，兩者正偏兼帶，即「前釋迦後彌勒」，此謂佛真法身，「釋迦彌勒猶是他奴」，故云釋迦未到，老和尚未到云云。

【公案】《請益錄》第五十四則盤山心佛（萬松老人）

舉盤山垂語云。若言即心即佛（著甚死急）。今時未入玄微（爭奈大梅把得定）。若言非心非佛（惑亂人家男女。有甚了期）。亦是指蹤極則（將為是咬狼狗）。天童拈云。有錢不解使（濁富多憂）。解使卻無錢（清貧常樂）。且道作麼生得十成去（將上不足。匹下有餘）。娶他年少婦（秋樹春生葉）。須是白頭兒（冬瓜夏放花）。

師云。幽州盤山。寶積禪師。初參馬祖。差充街坊。因肉案頭。喪車後悟道。馬祖印之。無盡燈贊曰。肉案聞香。孝口得味。道足學足。滔滔無滯。一日上堂曰。心若無事。萬象不生。意絕玄機。纖塵何立。道本無體。因道而立名。道本無名。因名而得號。若言即心即佛。今時未入玄微。若言非心非佛。猶是指蹤極則。向上一路。千聖不傳。學者勞形。如猿捉月。天童略之曰。若言即心即佛。今時未入玄微。萬松道。有心有佛。豈非今時事。慚愧南泉。正位解云古殿苔生。不意盤山。也論今時劫外。明州大梅山。法常禪師。山居二十年。馬祖令僧問曰。和尚見馬大師。得何道理。便住此山。梅曰。大師向我道。即心即佛。我便向此住。僧曰。大師近日佛法又別。梅曰。作麼別。僧曰。近日又道。非心非佛。梅曰。這老漢惑亂人未有了日。任他非心非佛。我只管即心是佛。其僧回舉似馬祖。祖告大眾曰。梅子熟也。天童雙舉二段。恐人中偏枯之疾道。有錢不解使。解使卻無錢。今時路頭不得全體。故云有錢不解使。非心非佛。有缺神用。故云解使卻無錢。欲得十成去。除是三冬向火。六月賣冰。所以道。娶他年少婦。須是白頭兒。調和琴瑟一句作麼生。長翁短婆婆。遞互廝折磨。

【按】「若言即心即佛（著甚死急）」，意謂證入涅槃大死一回，故云「著甚死急」。馬祖道一「即心即佛」**意謂證入涅槃。涅槃定心即「佛」**。「若言非心非佛。亦是指蹤極則」，**「非心非佛」指「前釋迦後彌勒」，佛真法身無以名之，馬祖謂「非心非佛」**。既云「指蹤極則」，尚未道盡「佛」的含義。馬祖故云「體會大道」，即要學人明白「佛」乃是最終的宇宙本體即絕對本體。此謂「大道」。

「萬松道。有心有佛。豈非今時事。慚愧南泉。正位解云古殿苔生。」此謂「大道」並非「今時事」，也非語言可以描述。若以涅槃理解大道，「今時未入玄微」，表明涅槃並非大道。「古殿苔生」比喻涅槃正位，到此也非極則。

「前釋迦後彌勒」成就「佛真法身」。佛真法身無以名之，馬祖道一故謂「非心非佛」。馬祖說「體會大道」，「大道」或「絕對本體」難以理解，更難以用語言解釋。「佛」只有以宇宙本體來理解，而且「一有多種」。究竟涅槃乃絕對本體，與人無關。涅槃具有客觀性，與究竟涅槃同質；也具有主觀性，涅槃能以「禪定意識」存在於禪者心內。佛性只能作為禪定意識存在。禪者肉體遷化，佛性即「正法眼藏向瞎驢邊滅卻」，即謂佛性契合涅槃。此即「末後句」。

【公案】《碧巖錄》十三（圓悟克勤）

舉僧問巴陵，如何是提婆宗（白馬大蘆花，道什麼點）？巴陵云：銀碗裡盛雪（塞斷爾咽喉，七花八裂）。

這個公案，人多錯會，道此是外道宗，有什麼交涉。第十五祖，提婆尊者，亦是外道中一數，因見第十四祖，龍樹尊者，以針投缽，龍樹深器之，傳佛心宗，繼為第十五祖。《楞伽經》云：佛語心為宗，無門為法門。馬祖云：凡有言句，是提婆宗。只以此個為主，諸人盡是衲僧門下客，還曾體究得婆示麼？若體究得，西天九十六種外道，被汝一時降伏；若體究不得，未免著返袈裟去在；且道作麼生？若道言句是，也沒交涉；若道言句不是，也沒交涉；且道馬大理由意在什麼？後來雲門道，馬大師好言語，只是無人問。有僧便問：如何是提婆宗？門云：九十六種，汝是最下一種。昔有僧辭大隋，隋云：什麼處去？僧云：禮拜普賢去。大隋歸併起拂子云：文殊普賢盡在這裡。僧畫一圓相以手托呈師，又拋向背後。隋云：侍者將一貼茶來，與這僧去。雲門別云：西天斬頭截臂，這裡自領出去。又云：赤幡在我手裡。西天論議，勝者手執赤幡，負墮者返披袈裟，從偏門出入。西天欲論議，須得奉王敕，於大寺中，聲鐘擊鼓，然後論議，於是外道於僧寺中，封禁鐘鼓，為之沙汰。時迦那提婆尊者知佛法有難，遂駝神通，登樓撞鐘，欲擯外道。外道遂問：樓上聲鐘者誰？提婆云：天。外道云：天是誰？婆云：我。外道云：我是誰？婆云：我是爾。外道云：爾是誰？婆云：爾是狗。外道云：狗是誰。婆云：狗是爾。如是七返，外道自知負隨伏義，遂自開門，提婆於是從樓上持赤幡下來。外道云：汝是賤人。婆云：汝是良人。如是輾轉酬問，提婆折以無礙之辯，由是歸伏。時提婆尊者手持赤幡，義墮者幡下立，外道皆斬首謝過。時提婆止之，但化令削髮入道，於是提婆宗大興，雪竇後用此事而頌之。巴陵眾中謂人鑒多口，常縫坐具行腳，深得他雲門腳跟下大事，所以奇特。後出世法嗣雲門。先住岳州巴陵，更不作法嗣書，只將三轉語上雲門：**如何是道？明眼人落井**；如何是吹毛劍？珊瑚枝枝撐著月；如何是提婆宗？銀碗裡盛雪。雲門云：他日老僧忌辰齋，依雲門之囑，只舉此三轉語。然諸方答此話，多就事上答，唯有巴陵恁麼道，極是孤峻，不妨難會，亦不露此了鋒芒，八面受敵，著著有出身之路，有陷虎之機，脫人情見。若論一色邊事，到這裡須是自家透脫了，卻須是遇人始得，所以道：道吾舞笏同人會，石鞏彎弓作者諳，此理若無師印授，擬將何法語玄談。雪竇隨後拈提為人，所以頌出。

老新開（千兵易得，一將難求，多口阿師），端的別（是什麼端的？頂門上一著，夢見也未）。解道銀碗裡盛雪（蝦跳不出斗，兩重公案，多少人喪身失命）。九十六個應自知（兼身在內，闍梨還知麼，一坑埋卻）。不知卻問天邊月（遠之遠矣，自領出去，望空啟告）。提婆宗，提婆宗（道什麼，山僧在這裡，滿口含霜）。赤幡之下起清風（百雜碎，打云：已著了也，爾且去斬頭截臂來，與爾道一句）。

老新開，新開乃院名也。端的別，雪竇讚歎有分，且道什麼處是別處，一切語言，皆是佛法，山僧如此說話，成什麼道理去。雪竇微露些子意道，只是端的別，後面打開云，解道銀碗裡盛雪，更與爾下個注腳，九十六個應自知，負墮始得。爾若不知，問取天邊月。古人曾答此話云：問取天邊月。雪竇頌了，末後須有活路，有**獅子返擲**之句。更捍民與爾道，**提婆宗，提婆宗，赤幡之下起清風**。巴陵道銀碗裡盛雪。為什麼雪竇卻道赤幡之下起清風？還知雪竇殺人不用刀麼？

【按】「如何是提婆宗？銀碗裡盛雪」。銀碗盛雪諸家解釋不同。「蝦跳不出門」應謂有漏涅槃。未到「種智圓滿」。佛性法泰頌云：「銀碗裡盛雪。水壺含寶月。縱具四維陀。到此虛搖舌。西天令嚴此土還別。」「西天令嚴」謂涅槃，「**此土還別**」謂佛性，兩句即正偏兼帶義。

海印信云：

大冶精金。澄潭皎月。南北東西。孰分優劣。昨夜春風一陣來。掃盡千山萬山雪。

【按】所說即謂正偏兼帶，「昨夜春風一陣來」謂佛性，「**掃盡千山萬山雪**」謂涅槃，兩句謂正偏兼帶。

【公案】《空谷集》第八十則文殊九曲（林泉老人）

示眾云。攝末歸本。任伊加減乘除。即俗明真。試看彎環屈折。莫有不涉數量解計算者麼。

舉僧問鼎州文殊和尚。萬法歸一一歸何處（維摩曾漏泄。不必撥流星）。殊云黃河九曲（前三三。後三三）【前釋迦後彌勒】。

師云。文殊師利問維摩詰曰。身孰為本。答貪欲為本。問貪欲孰為本。答虛妄分別為本。問虛妄分別孰為本。答顛倒想為本。顛倒想孰為本。答無住為本。又問無住孰為本。答無住則無本。文殊師利從無住本立一切法。**這僧要將一切法歸無住本**。若知無住無本。自委無本無住。**恁麼會得。虛妄不生顛倒想滅。何貪欲而可形名者邪。所以文殊傳文殊法。要汝等諸人離虛妄分別。絕顛倒想像。忘貪欲。了形名處。分明指示道**。黃河九曲。不可向隨流得妙住岸不迷處折倒。若也恁麼摶剝。從上源頭自濁了也。雖則彎彎曲曲。就中了了明明。非止通浩渺辭源。況乃達汪洋性海。如或不爾。曹溪波浪如相似。無限平人被陸沉。試聽投子青為伊計較。頌曰。

問法窮因歸何處（一一如二。二二如四）。黃河透過碧波瀾（灘下接取）。須知雲外千峰上（高著眼看）。別有靈松帶露寒（只知其一。豈知其二）。

師舉睦州示眾云。裂開也在我。捏聚也在我。時有僧問如何是裂開。州云三九二十七。菩提涅槃真如解脫即心即佛。我且恁麼道。你又作麼生。曰某甲不與麼道。州云。盞子落地。楪子成七片。曰如何是捏聚。州乃斂手而坐。林泉道。放去了然忘計較。收來全不費工夫。有若叅乎酬一唯。堆灰何礙胔盧都。雖則黃河九曲。誰能直下承當。縱教白浪千尋。孰解其間薦得。透與不透盡自瀾翻。將心用心休教蹉過。直須知有，雲外立千峰。不可言無，岩前分萬壑。靈松帶露怪柏欺霜。傲四時而莫可凋零。超萬象而敢為主宰。憑何道理便乃如斯。天得一清。地得一寧。衲僧得一鼻直眼横。怕汝不信。試摸索看。

【按】「問法窮因歸何處」，人要追索「世界從何處來？」「萬法歸一一歸何處」，三祖《信心銘》說「一有多種，二無兩般」。禪宗宇宙觀認為宇宙本體是多元多層次結構。「黃河九曲（前三三。後三三）」意謂正偏兼帶境界的「佛真法身」，即「前釋迦後彌勒」。「黃河透過碧波瀾」謂正偏兼帶。「萬法歸一一歸何處」此處以「前釋迦後彌勒」回答。可見「佛真法身」超越涅槃，所謂「釋迦彌勒猶是他奴」。

靈松比喻絕對本體，「雲外千峰上」形容超越人間，絕對本體「超萬象而敢為主宰」。「別有靈松帶露寒」意味深遠。佛真法身與人有關，「雲外」與人無關。此公案特殊地表明，無論涅槃、佛性，還是佛真法身，真正客觀存在的絕對本體才是終極意義的宇宙本體。

【公案】《虛堂集》第四十六則枯木花開（花果）（林泉老人）

示眾云。潛通劫外曲為今時。既能綴葉聯枝。爭免蜂遊蝶戲。只如蠱惑之際合作麼生裁斷。**舉靈泉問疏山仁禪師**。枯木生花始與他合。是這邊句是那邊句（得坐披衣向後自看）。山云亦是這邊句（巧說不如直道）。泉云何是那邊句（閉口牢藏舌。安身第一方）。山云。石牛吐出三春霧。靈雀不棲無影林（無中能唱出。幾個是知音）。

師云。萬木凍欲折。孤根暖獨回。前村深雪裡。昨夜一枝開。既分春意必落今時。絕後重蘇欺君不得【轉身退位】。只知始與他合。到了終非自利。不見道密移一步六門曉。無限風光大地春。這邊那畔顯然無忒。偏來正去豁爾寧差。靈泉雖恁疑著。是他據實通報道亦是這邊句。豈免疑情杳邈玄路周遮。的確商量親切話會。復問如何是那邊句。是他疏山老漢不惜眉毛。撥向上關。縱無礙辯。語帶玄而無路。舌頭談而不談。十字打開兩手分付道。**石牛吐出三春霧。靈雀不棲無影林**。仔細看來。這邊尋不見。那畔覓無門。頌曰。

滄海無風波浪平（**高低普應**）。**煙收水色虛涵碧**（**上下冥通**）。**寒光一帶望何窮**（**觀之不足**）。誰辨個中龍退骨（**罕逢明鑒**）。

師云。**天共白雲曉**。**水和明月秋**。漁舟別古岸。停桌宿灘頭。管甚無明海闊。業習風恬。識浪狂波。任伊平穩。直得煙收霧斂龍隱魚潛。水色虛涵而碧落寂寥。寒光瀲灧而丹霄縹緲。枉將有限擬趁無窮。劫波空處妙難傳。至理明時應自委。深深莫辨隱隱那窺。匹似個中覓**蒼龍之退骨**。爭如向上看**丹鳳之沖霄**。不拘這畔那邊。論甚今時劫外。昧之者觸途成滯。明之者到處優游。活句休同死句參。鷓鴣啼在深花裡。

【按】「**石牛吐出三春霧。靈雀不棲無影林**」，每句即謂正偏兼帶。「石牛」謂涅槃，「**三春霧**」謂佛性，「**無影林**」謂涅槃，「**靈雀**」謂佛性。

【按】「**欺君不得**」表示不居正位。**絕後復蘇要轉身退位**，「**臣退位以朝君**」。

【按】蒼龍蛻骨，脫胎換骨識陰盡，證入涅槃正位。轉身退位枯木生花。「**只知始與他合**」。**佛性出世建立世界，以此驗證是否泯滅妄識證入涅槃即「子歸就父」**。如果「**子全身而就父**」，**佛性出世「枯木生花」證明定心「識陰盡」**。

「密移一步六門曉。無限風光大地春」，佛性出世後建立世界。須知涅槃生成佛性。定心經歷涅槃而成佛性建立世界。「石牛吐出三春霧。靈雀不棲無影林」兩句皆謂正偏兼帶。「鷓鴣啼在深花裡」謂正偏兼帶理事無礙境界。

【公案】《碧巖錄》一百（圓悟克勤）

舉僧問巴陵，如何是吹毛劍？斬險，陵云：珊瑚枝枝撐著月（光吞萬象，四海九州）。巴陵不動干戈，四海五湖多少從舌頭落地，雲門接人正如此，他是雲門的子，亦各具個作略，是故道：我愛韶陽新定機，一生與人抽釘拔楔，這個話正恁麼地也。於一句中，自然具三句，函蓋乾坤句，截斷眾斷句，隨波逐浪句，答得也不妨奇特。浮山遠錄公云：未透底人，參句不如參意，透得底人，參意不如參句。雲門下有三尊宿，答吹毛劍俱去了，唯是馬陵答得過於了字，此乃得句也。且道，了字與珊瑚枝枝撐著，是同是別？前來道，三句可辨，一鏃遼空。要會這話，須是絕情塵，意想淨盡方見他道珊瑚枝枝撐著月。若更作道理，轉見摸索不著。此語是禪月懷友人詩曰：厚似鐵圍山上鐵，薄似雙成仙體纈。蜀機鳳雛動蹶甓，珊瑚枝枝撐著月。王凱家中藏難氣，顏回飢漢愁天雪。古檜筆直雷不折，雪衣石女蟠桃缺。佩入龍宮步遲遲，繡簾銀箄何參差。即不知驪龍失珠，知不知，巴陵於句中，取一句答吹毛劍，則是快劍刃上吹毛試之，其毛自斷，乃利劍謂之吹毛也。巴陵只就他問處，便答這個話，頭落也不知。頌云：

要平不平（細若蚍蜉，在丈夫漢須是恁麼）。大巧若拙（不動聲色，藏身露影）。或指或掌，看（果然這個是）。倚天照雪（斬，覷著則瞎）。大冶兮磨礱不下（更用鍛鍊作什麼，干將莫能來）。良工兮拂拭未歇（人莫能行，直饒干將出來也倒退三千）。別別，咄（有什麼別處，讚歎有分）。珊瑚枝枝撐著月（三更月落影照寒潭，且道向什麼處去？直得天下太平，醉後郎當愁殺人）。

要平不平，大巧若拙。古有俠客，路見不平，以強凌弱，即飛劍取強者頭，所以宗師守，眉藏寶劍袖持金錘，以斷不平之事。大巧若拙，巴陵答處，要平不平之事，為他語忒殺傷巧，反成拙相似。何故？為他不當面揮來，卻僻地裡，一截暗取人頭，而人不覺。或指或掌，倚天照雪，會得則如倚天長劍凜凜神威。古人道：心月孤圓光呑萬象，光非照境，境亦非存，光境俱亡，復是何物？此寶劍或現在指上，忽現掌中。昔日慶藏主說到這裡，豎手云：還見麼？也不必在手指上也，雪竇借路經過，教樂見古意，且道一切處不可不是吹毛劍也。所以道：三級浪高魚化龍，疾人猶戽夜塘水。《祖庭事苑》載孝子傳一鐵塊，楚王令干將鑄為劍，三年乃成雙劍，一雌一雄。干將密留雄，以雌進於楚王。王秘於匣中，常聞悲鳴，王問群臣，臣曰：劍有雌雄，鳴者憶雄耳。王大怒即收干將殺之，干將知其實應，乃以劍藏屋柱中，因囑妻莫耶曰：日出北戶，南山其松，松生於石，劍在其中。妻後生男，名眉間赤，年十五問母曰：父傾聽在？母乃述前事，久思惟剖柱得劍，日八欲為父報伊。楚王亦募覓其人，宣言：有得眉間赤者厚賞之，眉間赤遂逃。俄有客曰：子得非眉間赤邪？曰然。客曰：吾甑山人也，能為子報父仇。赤曰：父昔無辜，枉被荼毒，君今惠念，何所須邪？客曰：當得子頭並劍，赤乃與劍並頭，管得之進於楚王，王大喜。客曰：願煎油烹之，王遂投於鼎中。客詒於王曰：其首不爛，王方臨視，客於後以劍擬王頭墮鼎中，於是二首相齧尋亦俱爛。川本無此楚王一段，雪竇道：此劍難倚天照雪。尋常道：倚天長劍光能照雪，這些子用處直得大冶兮磨礲不下，任是良工拂拭也未歇。良工即干將是也，故事自顯。雪竇頌了末後顯出道：別別也不妨奇特，別有好處，與尋常劍不同，且道如何是別處？珊瑚枝枝撐著月。可謂光前絕後獨據寰中，列無等匹，畢竟何諸人頭落也？

【按】珊瑚枝枝謂佛性，月謂涅槃本體，佛性映射涅槃之光。「珊瑚枝枝撐著月」，意謂正偏兼帶。兩者謂佛真法身。「**光境俱亡，復是何物？**」此謂殺人刀。到此大死一回脫胎換骨進入涅槃。喻「倚天照雪」之寶劍，涅槃謂「喪身失命」之處。「**珊瑚枝枝撐著月，可謂光前絕後獨據寰中**」，涅槃佛性合成「萬象主」，即謂「前釋迦後彌勒」也。此「不與萬法為侶」，「光前絕後」即謂正偏兼帶，涅槃佛性混居一身，佛真法身也。圓悟克勤提示「雙劍」，皆是「大死一回」後鍛鍊而成。正偏兼帶之意。

【公案】《空谷集》第十一則萬戶俱開

示眾云。大音希聲。大器晚成。雖是停機佇思。未必不是作家。若解剪惑裁疑。到了須逢明鑒。十成一句。試請舉看。

舉雲蓋和尚問石霜。**萬戶俱閉即不問。萬戶俱開時如何**（將身直入裡頭看）。霜云堂中事作麼生（外方誰敢論量）。蓋無對（恰如歪嘴漢吹螺）。經半年方道得。語云。無人接得渠（已犯功勳）。霜云。道則太煞道。只道得八成（半肯半不肯）。蓋云和尚又如何（爭知恁麼來）。霜云無人識得渠（詩爭二字新）。

師云。潭州雲蓋山志元禪師。遊方時問雲居曰。志元不奈何時如何。居曰只為闍黎功業不到。師不禮拜。直造石霜。亦如前問。霜曰。但非闍黎。老僧亦不奈何。師云和尚為甚不奈何。曰。老僧若奈何。拈過汝不奈何。師便禮拜請入室。後石霜上堂。僧問萬戶俱閉則不問。萬戶俱開時如何。曰堂中事作麼生。僧半年方道得云無人接得渠。曰道則太煞道，只道得八成。云和尚又如何。曰無人識得渠。師知乃禮拜請石霜道。霜不與道。師云若不道打和尚去也。霜曰無人識得渠。師於言下有省。翠岩芝云。先行不到。末後太過。林泉道。走的走殺。坐的坐殺。《祖燈錄》中本僧問石霜。非雲蓋問也。此頌古中作雲蓋問。想當時一期編錄之不審也。因辨於斯。學者可委。蓋因聞石霜赤心片片。招撥這僧。故放鵰把飈。赫旁石霜要與他說。若不言下有省。險作凶徒惡黨。還會麼。雖是惡心招善報。更看投子青與宣揚。頌曰。

古殿岩開月鎖松（半遮半掩。稍似參差）。霜凝雪露韻無窮（遠觀有色。近聽無聲）。星前人臥千峰室（農夫何事睡猶濃）。佛祖無因識得渠（貴人難見面。何必謾咨嗟）。

師云。空劫威音外。壺天不夜時。岩花開步帳。松月騁芳姿。馥郁通三界。嬋娟映四維。遊人雖悵望。那許暫時窺。雖是霜凝雪露。須忘一色之功。直教霧斂風停。妙協三玄之旨。七星光彩莫可窺窬。了無前後差殊。不有古今間斷。於千峰影裡萬壑聲中。就籌室枕石眠雲。任昨夢吟風嘯月。本來面目瞻仰無由。未質形名豈容知識。便恁麼會時如何休。百尺竿頭須進步。十方世界是全身。

【按】「堂中事」謂「定境」。石霜問學人禪定境界如何。僧人說「無人接得渠」，涅槃豈是「接得」？涅槃本體不會親近人，涅槃不理不睬人間一切，「霜云無人識得渠」，涅槃無聲無色無形無相，佛祖也不識得。

「古殿岩開月鎖松（半遮半掩。稍似參差）」形容定境。「萬戶俱開」也無人識得。「星前人臥千峰室」比喻涅槃本體。「雖是霜凝雪露。須忘一色之功」意謂不滯有漏涅槃。「本來面目瞻仰無由。未質形名豈容知識。便恁麼會時如何休。百尺竿頭須進步。十方世界是全身」點明主題。「本來面目」不露顏，到此「正位前一色」，長沙景岑云「百尺竿頭須進步。十方世界是全身」，從有漏涅槃需要脫胎換骨命根斷，證入涅槃不居正位，轉身退位佛性出世，則「十方世界是全身」。

【公案】《虛堂集》第十二則夾山不會（門戶）（林泉老人）

示眾云。聲前薦得。分明鷂過新羅。句外承當。已是不快漆桶。待汝開口動舌堪作什麼。還有目擊道存者麼。

舉僧問夾山。會處即不問。不會處請師一言（何不傾話）。

山云。戶掛凋林。影中辨取（暗通一線大小分明）。

師舉洛浦臨終示眾云。今有一事問你諸人。這個若是。即頭上安頭。若不是。即斬頭覓活。時首座云。青山常舉足。白日不挑燈。浦云是什麼時節作這個說話。有彥從上座出云。去此二途。請師不問。浦云。未在。更道。從云某甲道不盡。浦云我不管你道盡道不盡。從云某甲無侍者祇對和尚。至晚喚從上座。你今日祇對甚有來由。合體得先師道。目前無法。意在目前。他不是目前法。非耳目之所到。那句是賓。那句是主。若揀得出。分付缽袋子。從云不會。浦云汝會。從云實不會。浦喝云。苦哉苦哉。僧問和尚尊意如何。浦云**慈舟不棹清波上。劍峽徒勞放木鵝**。萬松道。克賓甘罰饡飯錢。**臨濟故滅正法眼**。玄覺徵云。且道從上座實不會。為復怕缽袋子沾著伊。林泉道。尊鑒不錯。九峰在石霜作侍者。石霜遷化後。眾欲請堂中首座接續住持。峰不肯乃云。待某甲問過。若會先師意。如先師侍奉。遂問。先師道休去歇去。一念萬年去。寒灰枯木去。一條白練去。且道明什麼邊事。座云明一色邊事。峰云恁麼則未會先師意在。座云。你不肯我那。裝香來。座乃焚香云。我若不會先師意。香煙起處脫去不得。言訖便坐脫。峰乃撫其背云。坐脫立亡則不無。先師意未會在。惹得天童道。**月巢鶴作千年夢。雪屋人迷一色功**。此之所謂差之毫釐失之千里。當時首座若奉個吾不如汝。或云師兄還會麼。況石頭和尚云。**衲帔蒙頭萬事休。此時山僧都不會**。林泉論至於此不覺失笑。這僧向不會處欲請一言。安用這一落索。為伊不會作官人。故然且舉旁州例。不須戶掛凋林。試向影中辨取。頌曰。

威音那畔不能行（舉步落危途）。撒手還家懶問程（坐著即不堪）。寢殿無人空寂寂（沒蹤跡）。滿軒唯有月虛明（斷消息）。

師云。空劫以前難話會。威音那畔絕承當。按家樂業休胡走。枉費盤纏漫忖量。不如撒手歸家穩坐。莫問前程可與不可。**肯來袖手伴雲閒。自有知音來斷和**。若論此事應寢其言。若殿宇之深沉。軒窗之窅寞。無人履踐。那許言論。**唯餘皎月當天。不有片雲翳目。正當此時。合向什麼處相見。入廛垂手提攜處。休又妝公佯不秋。**

【按】「戶掛凋林。影中辨取」，此謂涅槃境界，「影」謂佛性。明月比喻涅槃，「千江有水千江月」。人人具有佛性。公案意謂不滯涅槃死水，要佛性出世。佛性與涅槃，父子不離，難兄難弟。

【公案】《空谷集》第五十三則岩頭片帆（林泉老人）

示眾云。**恆居彼岸。唯貪駕險截流。空守澄源。終不隨風倒柂**【貪戀死水，鬼窟裡作活計】。還有悠悠漾漾垂綸擲釣者麼。

舉僧問岩頭。古帆不掛時如何（平生厭風浪。抵死倦舟航）。岩云後園驢吃草（在意放者）。師拈云。寒山睡重。拾得起遲（算來名利不如閒）。

師云。世界未成之際。父母未生已前。無地水之可成褫。無火風之可離散。無諸佛之可歸依。無眾生之可濟度。**向澄源湛水獨纜孤舟【留戀涅槃】**。**不掛片帆。不施短棹。畏風波之險惡。戀荻葦之深藏**。這僧將此大意來問。岩頭雖能及盡今時。大抵少些和氣。不見船子誠禪師囑夾山云。直得藏身處沒蹤跡。沒蹤跡處莫藏身。吾三十年在藥山只明斯事。所以岩頭亦不截斷眾流。亦不隨波逐浪。向不溜處楔一馬杓道。**後園驢吃草。於飽青時慎勿咬嚼**。切恐中結肚脹。料竄灑蹄。**不守繫驢橛**。自然無惹絆。是他投子青優游平易。不滯玄關。忘寵辱。離憂喜。與輕輕拈過道。寒山睡重。拾得起遲【死水淹殺】。他誰管你前園與後園。吃草不吃草。雖然如是。休從長耳咆哮處。蹉過胡笳一韻長。頌曰。

雲暗西岩東嶺明（隱而彌彰）。汀洲南面起笛聲（不容採聽）。天光睡重和衣潤（始覺渾身泥水濕）。鶯囀高枝柳帶春（切忌隨聲逐色）。

師云。交互明中暗。功齊轉覺難。力窮尋進退。金鎖網鞔鞔。其實此事有眼難窺有耳難聽。雲暗西岩月生東嶺。**向半明半暗處**。**似見不見時**。**理圓言偏**。**言生理喪**。不免汀洲南面品起笛聲。蓼岸西頭頻頻側耳。非賞鑒者不達其旨。非知音者莫造其微。此之所謂若將耳聽終難會。眼裡聞聲方得知。其奈天光滴翠。燭影搖紅。**木女魂消**。**石人睡重**。非止幕天席地。其由枕石眠雲。露泣花梢。風鳴樹杪。既潤澤於布衲。合休沐於雲流。普使人人盡皆知有。渾一似春日流鶯。出幽谷遷喬木。衣金縷囀笙篁。恰恰啼時要汝不著聲色。翩翩飛去有誰能曉真如。恁麼會得。方信道。**侵陵雪色還萱草**。**漏泄春光有柳條**。

【按】「**古帆不掛時如何？**」比喻滯在有漏涅槃死水，不肯進步，此謂「枯樁」。「岩云後園驢吃草」，「驢戀青草」而不動，滯在「後園」，故此「向澄源湛水獨纜孤舟。不掛片帆。不施短棹。**畏風波之險惡**。**戀荻葦之深藏**」，留戀涅槃安樂。林泉老人教示「不守繫驢橛。自然無惹絆」，到此不繫驢橛，不守寒岩。雖然「木女魂消。石人睡重」，卻要「鶯囀高枝柳帶春」，畢竟要證入涅槃正位轉身退位證得佛性，才能「無限風光大地春」。

【公案】《請益錄》第七十七則古德道場（萬松老人）

舉古德垂語云。終日拈香擇火（且道為誰）。不知身是道場（當局者迷）。天童拈云。弄精魂漢有什麼限（也不得草草）。玄沙云。終日拈香擇火（是誰教你）。不知真個道場（旁觀者哂）。天童拈云。奇怪（休蝟禍）。八十翁出場屋（前輩風流）。不是小兒戲（後人榜樣）。且道利害在什麼處（料掉沒交涉）。有智無智較三十里（隔絲不灸病）**【內守幽閒】**。

師云。楚人失弓。楚人得之。未若人失弓。而人得之。古德道。身是道場。髑髏前見鬼無數。**玄沙道。真個道場。何方徹底承當。東坡題東林寺道。憶昔懷清賞。神遊杳靄間。**此回不是夢。真個到廬山。南院曾道。我已前如在燈影裡行相似。**光嚴童子問維摩居士。從何處來。士曰。吾從道場來。子云。道場者。何所是。維摩廣說三十餘句。乃至舉足下足。皆是道場。**湛然居士。近於大萬壽寺設水陸會。請萬松小參。舉昔有跨驢人。問眾僧何往。僧云。道場去。人云。何處不是道場。僧以拳毆之云。這漢沒道理。向道場裡跨驢不下。其人無語。人人盡道這漢有頭無尾。能作不能當。殊不知卻是這僧前言不副後語。汝既知舉足下足。皆是道場。何不悟騎驢跨馬。無非佛事。萬松要斷這不平公案。更與花判云。吃拳沒興漢。茆廣杜禪和。早是不克己。那堪錯怪他。道場唯有一。佛法本無多。留與閣黎道。護唵薩哩嚩。萬松道。推過不是好手。天台宗。愛用法華一偈。佛子住此地。則是佛受用。常在於其中。經行及坐臥。天童拈利害示人道。有智無智較三十里。可謂楊修見幼婦。一覽便知妙。

【按】此頌「涅槃前一色」。「身是道場。髑髏前見鬼無數」。玄沙道，真個道場，何妨徹底承當。此處引述蘇東坡題東林寺道：「憶昔懷清賞。神遊杳靄間。此回不是夢。真個到廬山。」南院曾道，「我已前如在燈影裡行相似」，此即內守幽閒境界，可謂騎驢找驢。癩馬繫枯樁，「向道場裡跨驢不下」即謂「內守幽閒」之境。萬松老人指示「何不悟騎驢跨馬。無非佛事」，意謂不可滯於一機一境。「佛子住此地。則是佛受用。常在於其中。經行及坐臥」。「見鬼」無非「前塵影事」，猶如夢境中人事。

【公案】《頌古聯珠》

香嚴因仰山問。聞你近日有省處。試說看。嚴舉擊竹頌曰。一擊忘所知。更不假修持。動容揚古路。不墮悄然機。處處無蹤跡。聲色外威儀。諸方達道者。咸言上上機。山曰。此是夙昔記持。有正悟別說看。嚴曰。去年貧未是貧。今年貧始是貧。去年貧尚有卓錐之地。今年貧錐也無。山曰。如來禪許你會。祖師禪未夢見在。嚴曰。我有一機。瞬目視伊。若人不會。別喚沙彌。山乃對潙山曰。閑師弟會祖師禪也。

【按】香嚴智閑擊竹頌表述證入涅槃的性相，「去年貧未是貧。今年貧始是貧。去年貧尚有卓錐之地。今年貧錐也無」刻畫清淨涅槃「本來無一物」。仰山慧寂肯定香嚴智閑會「如來禪」，卻質疑香嚴智閑是否會「祖師禪」。

香嚴智閑回答將「我」與「伊」分開，表明凡聖分離。意在不滯涅槃而佛性出世。「如來禪」與「祖師禪」的區別在哪裡？我們看入就瑞白禪師法語：

入就瑞白云：

此正是真如。謂之理窟。謂之理障。謂之如來禪。謂之百尺竿頭坐的人。百尺竿頭須用進步。理窟理障如來禪。須用掃去方可**透徹祖師關。不然只在死水裡浸卻。**何能知向上事乎。

有些禪師認為，如來禪以證入涅槃為極則。祖師禪證入涅槃卻不居正位，要轉身退位證得首楞嚴大定。如此佛性出世建立世界。佛性出世大機大用，成立理事無礙法界、事事無礙法界。可謂出神入化變現山河大地。祖師禪最終契合與人無關客觀存在的宇宙絕對本體，這是祖師禪的根本宗旨。

在仰山慧寂質疑下，香嚴智閑說出「我有一機。瞬目視伊。若人不會。別喚沙彌」。「我有一機」自謂佛性本體。「瞬目視伊」的「伊」謂涅槃本體。此句意謂「凡聖分離」。意謂定心出離涅槃佛性出世。重點強調「我」與「伊」之不同。「若人不會。別喚沙彌」。「沙彌」是「出家人」，比喻佛性出世。仰山慧寂聞此則印可香嚴智閑會「祖師禪」。公案主旨在凡聖分離佛性出世，此即祖師禪意旨。

溈山喆云。香嚴可謂上無片瓦。下無卓錐。露裸裸。赤灑灑。沒可把。若不是仰山。幾乎放過。何故。不得雪霜力。焉知松柏操。

【按】「香嚴可謂上無片瓦。下無卓錐。露裸裸。赤灑灑」表示香嚴智閑已證涅槃「本來無一物」的境界。「若不是仰山。幾乎放過」，「不得雪霜力。焉知松柏操」意謂不經過涅槃烹煉，何來佛性（松柏操）？此即點破公案主旨。

寶峰文（真淨文）云。去年富未是富。今年富始是富。去年富惟有一領黑黲布衫。今年添得一條百衲袈裟。歲朝抖擻呈禪眾。實謂風流出當家。

【按】「**去年富惟有一領黑黲布衫**」表示涅槃本體，趙州從諗和尚「七斤布衫」公案意旨也。「**今年添得一條百衲袈裟**」比喻佛性出世建立世界，「百衲袈裟」比喻森羅萬象山河大地，比喻「佛性」。

天寧琦云。香嚴貧未是貧。奈何猶有個渾身。真淨富不是富。家私未免俱呈露。鳳山者裡不說富不說貧。隨家豐儉沒疏親。

【按】「**香嚴貧未是貧。奈何猶有個渾身**」，**點破公案主旨。香嚴智閑表示「我」與「伊」凡聖分離**。此偈表明，涅槃有「**渾身**」（老婆）。**涅槃佛性是「難兄難弟」**，「**兄弟**」、「**道伴**」、「**老婆**」、「**影子**」等等。

涅槃佛性有時「一刀兩斷」，有時「混融一體」，非一非異。佛性出世定心往復。在菩薩境界修證到「正偏兼帶」境界，菩薩捏聚放開。「有時萬象有時空」。「真淨富不是富。家私未免俱呈露」，此處「家私」比喻佛性建立世界。「家私」云云，形容菩薩佛性建立世界畢竟在「心內」。

鈴木大拙在《鈴木大拙禪論集——歷史發展》一書（台灣志文出版社）（頁三二四）講到香嚴智閑開悟時對仰山慧寂講的話：

去年貧，未是貧，
今年貧，始是貧，
去年貧，猶有卓錐之地，
今年貧，錐也無。

鈴木對這句話的解釋為：「譬喻他（香嚴智閑）的貧窮方面，說得比較直接。」他並且引申說：「因此之故，一物不畜，身無長物，甚至連功德與智慧也不顧惜，這才成了佛徒生活的理想境致。」「**世界禪者」鈴木先生對如此簡單的禪理竟然一竅不通，可謂禪宗歷史上的「千古笑話」**。

【公案】《頌古聯珠》世尊拈花。迦葉微笑

西天初祖摩訶迦葉尊者。見世尊在靈山會上。拈起一枝花。以青蓮目普示大眾。百萬聖賢。惟迦葉破顏微笑。**世尊乃曰。吾有正法眼藏涅槃妙心實相無相微妙解脫法門。咐囑於汝。汝當護持流通。無令斷絕。頌曰。**

【按】釋迦喻涅槃，迦葉喻佛性，公案意旨在凡聖分離正偏兼帶。「正法眼藏」即「心印」。靈山會上，世尊拈花，迦葉微笑，此謂正偏兼帶。「前釋迦後彌勒」合成「佛真法身」。我們看禪師頌偈。

佛印了元云：

仙子持來別是春。還將分付與仙人。可憐壞衲曾微笑。有理旁觀不解嗔。

【按】「佛真法身」即是「仙人加仙人」合體法身。「前釋迦後彌勒」共同作用生成山河大地。「花」謂「春意」，涅槃正中有偏，陰中有陽。涅槃寂滅境界暗含春意。涅槃本體「時湧無風匝匝波」，無風起浪，無中生有生成佛性。「迦葉微笑」意謂菩薩奉釋迦正令而行菩薩道。

佛慧法泉云：

霜風刮地埽枯荄。誰覺東君令已回。唯有嶺梅先漏泄。一枝獨向雪中開。

【按】「霜風刮地埽枯荄」形容涅槃境界，「東君令已回」傳送春意，指佛性。此謂正偏兼帶。「唯有嶺梅先漏泄。一枝獨向雪中開」，我們說佛性建立世界，實際上乃是「前釋迦後彌勒」合作成就山河大地。清淨涅槃與佛性，謂為知音，鴛鴦。兩個無孔鐵錘。父子不離，刀斧斫不開。「露裸裸。圓陀陀。直是無稜縫」，形容涅槃佛性混居一身，涅槃本體是「體」，變現幻化大千世界是「用」，「般若智」也是用。但是，禪宗不二辯證法表明：「體即是用用即是體」，「體用相即不一不二」。

圓悟克勤禪師云（引述）：「即此見聞非見聞。無餘聲色可呈君。個中若了全無事。體用何妨分不分。個中見聞是體聲色是用。聲色是體見聞是用。分也得不分也得。所以雲門道。移燈籠向佛殿裡。拈三門向燈籠上。若以衲僧正眼覷之。猶為小事。直得納須彌於芥中。擲大千於方外。也只是個半提。所以盡乾坤大地。都無空闕處。更須知有全提時節。」

華嚴祖覺禪師云：

先要得個入門。方知性海圓澄。萬有俱備。無有一法從外而入。未有一法從內而出。直饒如此。猶是無風匝匝之波。乃至萬緣俱喪。表裡一如。三際十方。坦然平等。聊且得個轉身句子。尚在半途。更須掃蕩玄機。盡卻聖解。即偏而常正。猶如鶴在銀籠。即正而常偏。大似龍銜異寶。**萬年松徑。白雪漫漫**。異草寒岩。未嘗顧戀。尚坐一色。喚作貼肉汗衫。**教中謂之解脫坑。亦名寂滅病**。須是不稟威音佛。透出未生前。不掛萬年衣。不坐空王殿。**視本來人如破草履。見佛祖似生冤家**。不入異類中。不行無間路。雖然恁麼奇特。猶未是渠儂極則處。不見道。不見一色。始是半提。更須知有全提時節始得。我若全提去。法堂前定是草深一丈。盡大地道絕人稀。諸禪德。快須著些精彩。豈可取次承當。他時異日。只成自誤。

宏智正覺云：

示眾舉。仰山夢往彌勒所。居第二座。尊者白云。今日當第二座說法。山起。白槌云。摩訶衍法。離四句絕百非。謹白。仰山舉似溈山。山云。子已登聖位。師云。**玉女依稀夜動機。錦絲歷歷吐梭機。水天湛碧全功墮。雪月寒清一色迷**。諸禪德。全功負墮。一色猶迷。作麼生體悉得恰好相應去。權掛垢衣云是佛。卻裝珍御復名誰【珍御謂涅槃，要出離涅槃佛性出世】。

此謂正位前一色，有漏涅槃。「權掛垢衣云是佛。卻裝珍御復名誰」，須脫胎換骨證得涅槃正位，轉身退位證得首楞嚴佛性後入廛垂手。此是正路。

【公案】《請益錄》第二十三則趙州有無（萬松老人）

舉趙州云。有佛處不得住（帶累平人）【不居正位】。無佛處急走過（恐無利益）。天童拈云。**沉空滯跡（墮坑落塹）**。**犯手傷鋒**（撞頭磕額）。俱未是衲僧去就（一坑埋卻）。直須莫入人行市（怯戰不勝）。坐他床榻（著甚來由）。**正不立玄（恐成贓濫）**。**偏不附物（怕惹官防）**。**方能把住放行（這邊那邊）**。**有自由分（無可不可）**。

師云。無盡燈錄。僧辭趙州。州問什麼處去。僧云。學人擬向南方學佛法去。天童不敘來源。這僧擬往南方學佛法去。責情棒。早合吃三十。所以趙州豎起拂子道。有佛處不得住。又恐怕掉這僧在無事界裡。打淨潔球子。所以又道。無佛處急走過。天童拈到這恰好處便休。本錄更有語在。三千里外。逢人莫得錯舉。萬松道。未發足以前。早已蹉過。僧云。恁麼則不去也。萬松道。是何心行。何不早恁麼道。趙州道。去也由你。不去也由你。得恁麼自由性。所以趙州道。摘楊花。摘楊花。諸方晚進。多以折柳送行人。古樂府意。彷彿趙州。忽若院主問趙州。曾到底吃茶去。不曾到底為甚也吃茶去。趙州呼院主。主應諾。州云。吃茶去。又作麼生彷彿趙州意。天童拈趙州意。先識病證。次設治方。然後但除其病。不除其法。所以道。**沉空滯跡**。**犯手傷鋒**。俱未是衲僧去就。這僧擬往南方學佛法。趙州先診出兩般病。然後對證設藥。**直須不入人行市。不坐他床榻。正不立玄。偏不附物。**所以趙**州道。有佛處不得住。無佛處急走過。雖治其沉空滯寂。立玄附物之病而不除。把定放行。隨流得妙遊戲神通自在之法。**還會麼。為甚如此。病多諳藥性。經效敢傳方。

【按】「有佛處不得住」形容「不居正位」，證入涅槃正位剎那間轉身退位證得首楞嚴佛性。到此「鶴不停機」，此謂「**正不立玄**」。「無佛處急走過」意謂「偏不垂偏」或「**偏不附物**」，意謂不執著。定心入塵要「百花叢裡過，一葉不沾身」。趙州所說兩句合併即正偏兼帶義。「**把定放行。隨流得妙遊戲神通自在之法**」意謂佛性出世，菩薩定心在涅槃佛性之間任意往復，這邊那畔自由自在。這是菩薩修證之法。「到頭霜夜月，任運落前溪」，指肉體遷化，定心契合絕對本體。

【公案】《虛堂集》第七十三則本來父母（省訪）（林泉老人）

示眾云。未生以前不有爺羹娘飯。劫空之際那消私事公酬。怕有疑情未決者莫惜唇皮。

舉僧問護國。如何是本來父母（高著眼看）。**國云頭不白者**（莫錯認）。**僧云將何奉獻**（薄批明月。細切清風）。**國云。般勤無米飯。堂前不問親**（將無作有豈費神思）。

師云。空劫前時未兆身。了無名相寄雙親。非從養育彰玄德。豈假恩憐契本真。莫併乾坤聯世譜。休同考妣敘人倫。**他家久證無生忍。何必區區問正因。**昔有尼禮拜雲岩。岩曰汝爺在否。尼云在。曰年多少。云六十五。曰。汝有個爺非年六十五。汝還知否。云莫是恁麼來者。

曰恁麼來者猶是兒孫。洞山代云。直得不恁麼來者亦是兒孫。林泉道。證父攘羊。當仁不讓。護國雖答這僧頭不白者。大似明來暗謝智起惑亡。不墮偏方唯居正位。這僧不識好惡賣假孝順。又問將何奉獻。國云。**殷勤無米飯。堂前不問親**。佛事人情一時周足。未審丹霞向什麼處相見。頌曰。

出門遍界無知己（眼高四海）。入戶盈眸不見親（旁若無人）。虛室夜寒何所有（淨裸裸赤灑灑）。碧天明月頗為鄰（問道方知）。

師云。相識滿天下。知心有幾人。雖云遍界不曾藏。其奈通身無影像。其由歸家穩坐及盡今時。入戶盈眸二親莫睹。**僧問石霜。咫尺之間為什麼不睹師顏。霜云我道遍界不曾藏。僧復問雪峰。遍界不曾藏意旨如何。峰云什麼處不是石霜**。天童拈云。石霜雪峰相去多少。直是千里萬里。若有人問長蘆。遍界不曾藏意旨如何。但向道什麼處是石霜。恁麼看來。**虛室夜寒更何所有【有漏涅槃】**。**唯餘碧天明月端可為鄰**。到這裡。**清光照眼似迷家。明白轉身還墮位**。

【按】石霜慶諸自謂「佛性本體」，故云「**遍界不曾藏**」。僧人佛眼未開看不見石霜慶諸，謂「**咫尺之間為什麼不睹師顏**」。在理事無礙法界，菩薩「見色無非觀空」。菩薩心內佛性與萬法佛性本體互相感應。塵塵剎剎皆是佛性，雪峰義存故云：「**什麼處不是石霜？**」天童如淨則云：「什麼處是石霜？」然後林泉老人指出：「**虛室夜寒更何所有。唯餘碧天明月端可為鄰**。到這裡。**清光照眼似迷家**。**明白轉身還墮位**。」意謂若以有漏涅槃為境界，則「不見一色」，到此「**明白轉身還墮位**」。要脫胎換骨識陰盡證入正位轉身退位證得佛性，才能「**遍界不曾藏**」。幾位大師以戲劇化的語言教示學人。證到「**虛室夜寒更何所有**」境界，到此脫胎換骨進入「碧天明月」之「涅槃正位」。

【公案】《空谷集》第六十六則瑞岩不出（林泉老人）

示眾云。玄微及盡。妙密難明。至賾幽深。威嚴可尚。未登寶位保養聖胎者。知是何人。舉僧問瑞岩。如何是誕生王子（九重深處但聞名）。岩云深宮引不出（貴人難見面）。師云。洞山設王子五位。喻至尊大寶本來尊貴。眾生心佛亦復如是。雖則人人具足個個圓成。奈無始時來迷真執妄背覺合塵。故以迷悟修證漸次階級而比類之。五位者。一誕生。二朝生。三末生。四化生。五內生。故石霜諸禪師一一頌出。誕生頌曰。天然貴胤本非功。德合乾坤育勢隆。始末一期無別種。宮分六宅不他宗。上和下睦陰陽順。共氣連枝器量同。欲識誕生王子父。鶴騰霄漢出銀籠。朝生曰。苦學情論世莫群。出來凡事已超倫。詩成五字三冬雪。筆落分毫四海雲。萬卷積功彰聖代。一心忠孝輔明君。鹽梅不是生知得。金榜何勞顯至勳。末生曰。久棲岩壑用工夫。草榻柴扉守志孤。十載見聞心自委。一身冬夏衣縑無。澄凝含笑三秋思。清苦高名上哲圖。業就高科酬極志。比來臣相不當途。化生曰。旁分帝命為傳持。萬里山河布政威。紅影日輪凝下界。碧油風冷暑炎時。高低豈廢尊卑奉。五褲蘇途遠近知。妙印手提邊塞靜。當陽那肯露纖機。內生曰。九重深處復何宣。掛弊由來顯妙傳。只奉一人天地貴。從他諸道自分權。紫羅帳合君臣隔。黃合簾垂禁制全。為汝方隅宮屬戀。遂將黃葉止啼錢。這僧依此五位首題為問。今具錄之。瑞岩所答之意不言可曉。平鋪梗概。投子深明的確玄微請參頌意。頌曰。
貴異天然應有時（靡從人得）。六宮春苑少相隨（攀仰不及）。星攢半夜天輪迴（河淡斗垂夜柄）。**燭曉東闈簾靜垂（杳絕視聽）**。
師云。以世諦為論。位及九五。界總三千。享萬乘之名。衍兆民之慶。富有四海。貴為一人。此豈非貴異天然有時而已哉。況我真乘菩提妙種。人人心地莫不包藏。雖黑業荒蕪。儻蒙法雨滋榮。例皆秀拔而已。亦猶積代簪纓本來尊貴。誕質應世必有其時。既處六宮應修萬德。六宮者。阿房。紫微。天一。玄武。長樂。建章。爛遊春苑誰敢相隨。曲為今時權分主伴。星攢半夜月落三更。銀漢橫空天輪孤迴。東闈燭曉北闕香消。垂珠簾不面堯眉。扃玉殿難瞻舜目。正當此時。合作麼生奉重。轉身就父無標的。拈卻華冠不得名。

【按】誕生王子謂有漏涅槃。要脫胎換骨識陰盡，子歸就父證入正位轉身退位。
【按】證入有漏涅槃，須脫胎換骨子歸就父，轉身就父，請參閱以上專章。

【公案】《請益錄》第十三則雲蓋萬戶（萬松老人）

萬松道。長安雖樂。不是久居。有位則必賞成功。是故功成而不處。直須卸下天王甲。拈卻寶華冠。宗中辨的。臣退位以朝君。量外轉機。子全身而合父。永嘉道。抉擇之次如履輕冰。得旨宗師尚道。怎敢喚他作臣。怎敢喚他作君。外紹王種姓。內紹王種名。粗中之細。人牛不見處。正是月明時。細中之細。今年錐也無。豈見錐頭利。且道石霜父子轉側處。與子全身合父。是有交涉沒交涉。

【按】筆者說，當然有交涉。自有漏涅槃脫胎換骨證入正位，即是「子歸就父」之時節。意謂定心與無漏涅槃同質化，剎那轉身退位證得佛性。此際正是父子轉側處。

宏智正覺頌「子歸就父」云：

師云。**玉馬雪行歸半夜。羚羊掛角月沉西**。僧云。可謂是無功之功。轉身就父去也。**師云。正就父時還有消息也無。僧云。古渡風清夜色寒。個時深深不得妙**。師云。拈卻寶華冠。脫盡尊貴垢。師乃云。放卻纏牽。白牛步穩。未登機杼。玉女情閒。冷淡之姿如暮山之雲。清明之量如秋潭之月。能恁麼去也。**便知默中有味。照中有神。是諸佛之所傳。衲僧之本得**。所以道。譬如滄溟上客。夢泛蘭舟。月渚煙波。隨情放曠。諸禪德。個豈不是本來田地子。且作麼生履踐。良久云。冰壺無底至遊人。清澈脾腸毛骨爽。

【公案】《虛堂集》第九則雲岩巾瓶（香燈）（林泉老人）

示眾云。師資緣會。針芥相投。差之毫釐。失之千里。實非心力之可謀也。莫有涉疑者麼。

舉僧問雲岩晟禪師。二十年在百丈巾瓶。為什麼心燈不續（冤有頭債有主）。岩云頭上寶華冠（你試摸索看）。僧云頭上寶華冠意旨如何（果是不知下落）。岩云大唐天子及冥王（早是那堪）。僧問九峰虔禪師。大唐天子及冥王意旨如何（江北江南問王老。一狐疑了一狐疑）。峰云卻憶洞上之言（莫作好話聽）。

師云。潭州雲岩曇晟禪師。生鍾陵建昌王氏。少出家於石門。參百丈海禪師二十年。因緣不契。後嗣藥山。這僧故發此問不妨疑著。其實心燈未嘗間斷。千佛出世亦不曾增。千佛入滅亦未曾減。自是這僧以妄情斟酌狂識較量。分彼此立階差。黨門風。爭人我。滿肚懷疑故來審察。是他雲岩老漢。不用剜身千盞灌滿膏油。索甚箭剔昏燈。暫圖精細。故以頭上寶華冠打發這僧。為復是厚幣甘言。為復是著本圖利。為復是眼裡拔釘。為復是腦後抽楔。向此一轉語下見諦明白。不止頭輕眼明。使汝心神馨快。可憐無價寶。撞著杜波斯。反復又問頭上寶華冠意旨如何。可謂分明極。翻令所得遲。不免雲岩盡情為濟竭力提攜道。**大唐天子及冥王**。雖是婆心太切。焉知愚騃呆癡。奉以明珠認為泥彈。於斯不悟金剛旨。惹得疑情滿世間。而復又問九峰。大唐天子及冥王意旨如何。好笑這僧雖是懵懂卻最志誠。將勤補拙不避人嗤。幸遇慈悲再三撈捷。以洞上之言說似與他。未審洞上有何言句。還知麼。木雞啼子夜。石犬吠天明。頌曰。

玉鞭高舉擊金門（聲聲不絕）。引出珊瑚價莫論（孰能賞鑒）。迥古輪王全意氣（匪從人得）。不彰寶印自然尊（理合如斯）。

師云。門牆岸岸。關鎖重重。不假殷勤何緣得入。所以道。佛語心為宗。無門為法門。**世尊一日見文殊在門外立。乃曰。文殊文殊。何不入門來。文殊曰。我不見一法在門外。何以教我入門。玄覺徵云。為復是門外語門內語**。林泉道。勸君不用分明語。語得分明出轉難。溈山喆代云。吾不如汝。林泉道。是何心行。以此觀來。豈止這僧玉鞭高舉曾擊金門。世尊．文殊．玄覺．溈山拋磚引玉。興亦非淺。雖恁舉似。見人須棄敲門物。知道仍忘堠子名。非唯少分相應。必使就中相見。端的得人一語果勝千金。那引珊瑚而論高價。竊比輪王意氣搖乾蕩坤。**而況無文寶印本來尊貴。何由彰顯而已哉**。還見心燈不昧。智燄恆明處麼。須知迥脫根塵了。一點靈光裂古今【佛性出世凡聖分離】。

【按】雲岩在百丈懷海處當侍者，二十年「心燈不續」，未能得道。回答僧人曰「頭上寶華冠」，意謂未能泯滅最後細微妄識，未能進入「涅槃正位」。「大唐天子及冥王」比喻凡聖分離之佛性與涅槃。世尊一日見文殊，「不見一法」形容有漏涅槃，也是此意。識陰若盡，即「一點靈光裂古今」，凡聖分離佛性出世。以世俗的「天子」比喻佛性，只因「世界」由佛性本體所造成。

《華嚴經．十地品．七地》云：

金剛藏菩薩言：

雖以願力三界受生，而不為世法所染；雖常寂滅，以方便力而還熾然，雖然不燒；雖隨順佛智，而示入聲聞、辟支佛地；雖得佛境界藏，而示住魔境界；雖超魔道，而現行魔法；雖示同外道行，而不捨佛法；雖示隨順一切世間，而常行一切出世間法。

此菩薩摩訶薩亦復如是，住不動地，即捨一切功用行，得無功用法，身、口、意業念務皆息，住於報行。譬如有人，夢中見身墮在大河，為欲渡故，發大勇猛，施大方便；以大勇猛、施方便故，即便覺寤，既覺寤已，所作皆息。菩薩亦爾，見眾生身在四流中，為救度故，發大勇猛，起大精進；以勇猛、精進故，至不動地；既至此已，一切功用靡不皆息，二行、相行悉不現前。佛子！如生梵世，欲界煩惱皆不現前。

二十、黃龍三關

黃龍慧南禪師「黃龍三關」（《禪林類聚》）云：

師室中常問僧曰。人人盡有生緣。上座生緣在何處。正當問答交鋒。卻復伸手曰。我手何似佛手。又問諸方參請宗師所得。卻復垂腳曰。我腳何似驢腳。三十餘年。示此三問。學者莫能契旨。天下叢林目為三關。脫有酬者。師無可否。斂目危坐。人莫涯其意。南州潘興嗣嘗問其故。師曰。已過關者。掉臂徑去。安知有關吏。從關吏問可否。此未透關者也。師自頌曰。生緣有語人皆識。水母何曾離得蝦。但見日頭東畔上。誰能更吃趙州茶。我手佛手兼舉。禪人直下薦取。不動干戈道出。當處超佛越祖。我腳驢腳並行。步步踏著無生。直待雲開日現。方知此道縱橫。總頌曰。生緣斷處伸驢腳。驢腳伸時佛手開。為報正湖參學者。三關一一透將來。

【筆者解說】

第一問：「人人皆有生緣，上座生緣在何處？」

頌：「生緣有語人皆識，水母何曾離著蝦，但見日頭東畔上，誰人更吃趙州茶。」

【按】「生緣在何處？」如果回答即表明自我意識尚在。若回答即意謂「我的生緣」在「那裡」，表明自我意識存在。此與趙州茶公案類似。「水母何曾離著蝦」，水母目蝦，古人以為水母無目以蝦為目，比喻世人以「自我意識」為主人公。「誰人更吃趙州茶」提示趙州茶公案，要學人泯滅自我意識為核心的根本無明。

第二問：「我手何似佛手？」【正偏兼帶】

頌：「我手佛手兼舉。禪人直下薦取，不動干戈道出，當處超佛越祖。」

【按】菩薩在佛性出世後，定心往復最後進入凡聖分離正偏兼帶境界，涅槃佛性一體兩面。「我手佛手兼舉」即謂「正偏兼帶」。《指月錄》謂「最玄最妙」，到此非正非偏，故云「當處超佛越祖」。「正偏兼帶」即謂涅槃佛性混居一身。定心不來不去即理事無礙法界。若「上古今來成一體」，涅槃佛性混融一體則到事事無礙法界。「前釋迦後彌勒」謂「佛真法身」，有謂「釋迦彌勒猶是他奴」。可見「佛真法身」乃「超佛越祖」。

第三問：「我腳何似驢腳？」【佛性出世，建立世界】

頌：「我腳驢腳並行，處處踏著無生，會得雲收日現，方知此道縱橫。」

【按】生緣斷處驢腳伸，此謂脫胎換骨識陰盡，證入無漏涅槃後轉身證得首楞嚴佛性。佛性出世建立世界。「會得雲收日現」意謂佛性作為宇宙本體生成世界。「無生」謂「無生法忍」，菩薩境界。

總頌：生緣斷處伸驢腳。驢腳伸時佛手開。為報五湖參學者。三關一一透將來。

【按】生緣斷處伸驢腳，脫胎換骨識陰盡，轉身退位證得首楞嚴佛性，此喻「驢腳伸時」，佛性出世建立世界。初始定心往復，經過長期修證進入金針雙鎖玉線貫通，鉤鎖連環而證入正偏兼帶境界，即我手佛手之境，黃龍每以此三轉語垂問學者，多不契其旨。而南州居士潘興嗣延之。常問其故。龍云：「已過關者。掉臂徑去。安知有關吏。從關吏問可否。此未透關者。」

黃龍三關涵蓋中國禪宗的重要理路：

一、泯滅以自我意識為核心的根本無明，趙州吃茶公案，趙州關皆謂此意。

二、禪師經歷清淨涅槃佛性出世建立世界，進入凡聖分離正偏兼帶。我手佛手比喻正偏兼帶。

三、禪者大死一回命根斷，脫胎換骨識陰盡證得涅槃。夜明簾外轉身退位，出離涅槃證得首楞嚴大定，正是曹洞宗「正中來」，佛性出世建立世界。故謂「會得雲收日現，方知此道縱橫」。驢腳比喻出離涅槃證得首楞嚴大定，到此證得金剛心。豁開金剛正眼，自此禪師「見處不同」。禪師所謂「擢瞎娘生眼」、「一粒黑豆換了眼睛」，意謂禪師以佛智（般若智）觀照大千世界。轉身入廛垂手，成佛禪師「轉識成智」，這是等覺、普賢境界。佛性出世建立世界，成就萬象主。

四、黃龍的總頌。這裡有修證次第。總頌曰：「生緣斷處伸驢腳。驢腳伸時佛手開。為報五湖參學者。三關一一透將來。」生緣斷處伸驢腳，此謂脫胎換骨識陰盡，轉身退位證得首楞嚴，佛性出世喻驢腳。驢腳伸時佛手開，佛性出世後要經歷修證，金針往復在涅槃與首楞嚴大定之間變換。經過修證「鉤鎖連環」才到「正偏兼帶」，「佛手開」比喻正偏兼帶，這個境界要長期修習，老僧四十年才打成一片。

筆者分析「黃龍三關」：

「生緣」一般指人出生的家鄉、出生日期等（與出生有關的信息）。黃龍慧南訊問來參訪的學人，「你的生緣在何處？」學人只要回答，便落了黃龍慧南的「勘驗自我意識」圈套。因為學人一回答便會說「『我』的生緣在什麼地方」。這樣黃龍慧南就能勘驗出學人是否了悟「自我意識」問題。黃龍慧南這一問與趙州和尚的「趙州茶」公案有異曲同工之妙。「**誰人更吃趙州茶**」則是黃龍慧南禪師暗示「生緣」與趙州茶公案具有異曲同工的玄妙機鋒。

黃龍慧南的頌比較玄妙，該頌的前兩句黃龍說「**生緣有語人皆識，水母何曾離著蝦**」，我們先解釋「水母目蝦」的典故。古代中國以為水母無眼，以蝦為目。晉朝郭璞《江賦》云「**琰蛤腹瀉，水母目蝦**」。南朝沈懷遠《南越志》云：「**捍水母無耳目，故不知避人，常有蝦依隨之。蝦見人即驚，此物（水母）亦隨之而沒**。」形容水母以蝦目為主導，比喻人以自我意識為主人公。唐朝楊濤寫了一篇《水母目蝦賦》與黃龍慧南的「三關」可能有一定的關係，其賦簡述如下：

> 物有相感，動人不濟，**嗟水母之不明，假蝦目以能睨**……固亦兩心之潛契，生雖異稟，趣則同途，**以清明之餘照，導茫昧之微軀**……俾其誠以明之，是同我之身也……否之則昭然發蒙，固無隱也；離之則寂而無睹，豈不默而？既精誠之是達，在終始以相持。我無爾虞，既司明之不替，而為我目，其在暗而無疑，則明知不自守，昧者為偶，**物有察而應心**，功有逾於假手。

他以「水母目蝦」來比喻自我意識主導人的活動。所謂「物有察而應心，功有逾於假手」。筆者猜測，很可能黃龍慧南禪師讀到《水母目蝦頌》而有感於心，發之而為禪史上著名的「黃龍三關」。

黃龍慧南第二問說：「我手何似佛手？」黃龍慧南頌云「我手佛手兼舉」，其意在於提示學人理解菩薩處於凡聖分離**正偏兼帶**的境界。**成佛禪者「凡聖分離正偏兼帶」是禪宗千古奧秘**，《指月錄》謂「最玄最妙」。禪徒苦參終身未必了悟，黃龍慧南故云「不動干戈道出，當處超佛越祖」。「正偏兼帶」即謂涅槃佛性混居一身。「前釋迦後彌勒」謂「佛真法身」，有謂「釋迦彌勒猶是他奴」。可見「佛真法身」乃「超佛越祖」。

黃龍慧南第三句說：「我腳何似驢腳」，禪師證入清淨涅槃大死一回命根斷，泯滅自我意識，定心轉身退位證得首楞嚴大定，佛性出世建立世界。**「驢腳伸開」意謂佛性出世建立世界**。黃龍慧南禪師在頌中說「**我腳驢腳並行，步步踏著無生，會得雲收日現，方知此道縱橫**」。黃龍慧南禪師說「步步踏著無生」，暗示已經證入「無生法忍」。**「會得雲收日現，方知此道縱橫」**意謂佛性出世大機大用，會得雲收日現，佛性建立世界。

「行到水窮處，坐看雲起時」形容證入涅槃（「水窮處」）轉身退位佛性出世，建立世界（「雲起時」）。黃龍慧南所頌乃是同樣的境界。佛性呈現山河大地森羅萬象，可見「雲收日現」。因此黃龍慧南的第三頌含義深遠。黃龍慧南禪師第三關的玄機也就在此處。所謂「佛性出世」即黃龍的「驢腳伸」。黃龍慧南禪師的頌偈云：「**生緣斷處伸驢腳。驢腳伸時佛手開**」。這表明，先要泯滅自我意識，此謂「**生緣斷處**」，到此命根斷處（清淨涅槃），轉身退位證得首楞嚴大定。「驢腳伸」比喻首楞嚴佛性出世。佛性出世建立世界，入廛垂手普度眾生。所謂「回途石馬出紗籠」，經過修證菩薩進入凡聖分離正偏兼帶的境界。

「黃龍三關」在禪史上名動江湖，然而真正理解「黃龍三關」的人卻很少。《指月錄》云「三十餘年。示此三問。學者莫能契旨。天下叢林目為三關」。由此可見，在黃龍慧南禪師所在的宋朝，真正能領會禪宗理路的禪師已經非常少見了。筆者在此解說「黃龍三關」，願為禪宗研究者提供研究參考。

筆者的解釋需要印證，我們來參究黃龍慧南的弟子隆慶慶閑禪師對「黃龍三關」的答語。

隆慶慶閑「黃龍三關」：

問：「如何是汝生緣何處？」對曰：「早晨吃白粥，至今不覺饑。」

又問：「我手何似佛手？」對曰：「月下弄琵琶。」

又問：「我腳何似驢腳？」對曰：「鷺鷥立雪非同色。」

「鷺鷥立雪非同色」（見《十玄談》（同安察）），諸位禪師的理解不同。有謂「佛性」。例如黃龍慧南「藏人不藏照（奪人不奪境）。鷺鷥立雪非同色」。此處隆慶慶閑也以「佛性出世建立世界」類比「我腳何似驢腳」。「生緣斷處伸驢腳。驢腳伸時佛手開」，以「驢腳伸開」比喻佛性出世建立世界，故謂「會得雲收日現，方知此道縱橫」。此與臨濟義玄「奪人不奪境」謂佛性出世建立世界同義。

隆慶慶閑以「早晨吃白粥，至今不覺饑」回答「生緣」問題，其意與趙州從諗「吃粥洗缽」公案同一意旨。我們前面已經解說趙州從諗「吃粥洗缽」公案與「吃茶去」公案皆為勘驗學人「自我意識」。黃龍慧南的「生緣」與「趙州茶」意旨相同。

隆慶慶閑禪師引寒山詩：「鸚鵡花間弄，琵琶月下彈」形容正偏兼帶。以此頌「我手佛手」正偏兼帶。

丹霞子淳云：

上堂云。乾坤之內宇宙之間。中有一寶秘在形山。肇法師恁麼道。只解指蹤話跡。且不能拈示於人。丹霞今日擘開宇宙。打破形山。為諸人拈出。具眼者辨取。以拄杖卓一下曰。還見麼。鷺鷥立雪非同色。明月蘆花不似他。

【按】「擘開宇宙打破形山」，喻為佛性出世，與隆慶慶閑的意思一致。

我們再看黃龍禪師弟子的說法，載於《禪宗頌古聯珠通集》：

東京法雲惟白佛國禪師。熙寧初至南師法席。殆二年。師歸圓寂。然入師室問師道。而師以平生三轉語示天下學徒。得叩於左右。近數見印行語錄者。其間或拈或頌。罔測其旨。噫去世未三十年。謬妄者傳習若此。良可傷哉。因而成頌。知師者可同味焉。

這是黃龍慧南禪師的弟子佛國惟白所寫的話，他表示，「黃龍三關」在黃龍慧南禪師去世未三十年後，天下禪徒即已「謬妄者傳習」，甚至印行這些禪和子的語錄，「或拈或頌。罔測其旨」，這表明「杜撰大師如麻似粟」以致謬種流傳。至今禪宗思想心燈半明半暗。我們在此拈出佛國惟白禪師頌偈進行解釋，來印證筆者的解釋。

佛國惟白禪師頌云：

莫怪相逢不相識。宗師須是辨來端。鄉關風月俱論盡。卻問生緣道卻難。

【按】「鄉關風月俱論盡」的意思即泯滅自我意識，這裡以「鄉關風月」委婉表達自我意識。自我意識從人出生後不久即可形成，然後與「個我」形影不離，如同「鄉關風月」一樣令人夢繞魂牽難以割捨。「卻問生緣道卻難」則揭示黃龍第一關的意旨。

主賓相見展家風。問答分明箭拄鋒。伸手問君如佛手。鐵關金鎖萬千重。

【按】主賓比喻理事關係，即涅槃與佛性。「主賓相見」即謂「正偏兼帶」。否則主是主，賓是賓。「我手佛手」在於揭示「正偏兼帶」的境界。「伸手問君如佛手。鐵關金鎖萬千重」形容佛性出世經歷涅槃，即透過「鐵關金鎖萬千重」。

遍參知識扣玄微。偶爾相逢話道奇。我腳伸為驢腳問。平生見處又生疑。

【按】佛性出世建立世界，世界只在禪者心內，見山不是山見水不是水。與眾生所見不同，尚未與眾生業力所成現象界重合。「平生見處又生疑」，意謂「見山不是山，見水不是水」，此謂菩薩「見處不同」，意謂與「平生見處」即凡夫見處不同。菩薩證到理事無礙法界，見山是山見水是水。

「**遍參知識扣玄微**」指善財童子故事。「我腳伸為驢腳問。平生見處又生疑」在於揭示「平生見處」

與菩薩見處不同，善財童子進入彌勒寶殿，進入事事無礙法界。「重重無有盡，處處現真身」，此「玄微」境界豈是凡夫所見。

「黃龍三關」的禪師頌偈：

圓悟克勤（三首）云：

人人有個生緣。蹲身無地鑽研。若也眼皮迸綻。慮他桶底洞穿。

【按】「人人有個生緣。蹲身無地鑽研」形容自我意識，「若也眼皮迸綻。慮他桶底洞穿」形容泯滅自我意識，所謂「眼皮迸綻」即是「篾破闍梨鐵面皮」之意。「慮他桶底洞穿」即謂「桶底脫落」，這些都是禪師形容泯滅自我意識的經典語句。黑漆桶底脫落，比喻脫胎換骨識陰盡。

我手何似佛手。隨分拈花折柳。忽然摸著蛇頭。未免遭他一口。

【按】「我手佛手」比喻正偏兼帶。「正去偏來無非兼帶」。定心在涅槃與佛性之間往復，進入涅槃「未免遭他一口」。定心往復時時進入涅槃，保持與清淨涅槃同質化。這是菩薩保任之道。菩薩尚有所知障之類妄識。「未免遭他一口」卻是好事。「回爐烹煉」消融妄識。保持與清淨涅槃同質化。

我腳何似驢腳。趙州石橋略彴。忽若築起皮毬。崩倒三山五嶽。

【按】**「驢腳伸出」比喻佛性出世建立世界，「忽若築起皮毬。崩倒三山五嶽」**。趙州從諗和尚在

「度驢度馬」公案裡，學人訪問趙州從諗只見「略彴」不見「石橋」，趙州從諗說：「你只見略彴不見石橋」。這個公案揭示成佛禪者與凡夫的「見處不同」。佛性建立世界只在禪者心內。「忽若築起皮毬。崩倒三山五嶽」，「崩倒三山五嶽」與「雲收日現」有何區別？

正堂明辯（三首）云：

人人有個生緣。從來罪過彌天。不是牽犁拽耙。便是鼎鑊油煎。

【按】「從來罪過彌天」即指「自我意識」即無明。所謂「無明郎主，貪愛魔王。役使身心，策如童僕」。「不是牽犁拽耙。便是鼎鑊油煎」形容自我意識驅使身心營營役役，「牽犁拽耙」的是「身」，「鼎鑊油煎」的是「心」。此詩形象地描述自我意識作為「精魂」，使得眾生在輪迴中吃苦受難。

我手何似佛手。黃龍鼻下無口。當時所見顢頇。至今百拙千醜。

【按】「黃龍鼻下無口」形容佛性出世「無口」的情形，形容凡聖分離正偏兼帶。「當時所見顢頇。至今百拙千醜」，**意謂龍蛇混雜凡聖同居**，「前釋迦後彌勒」。

我腳何似驢腳。文殊親見無著。好個玻璃茶盞。不要當面諱卻。

【按】這裡含有「前三三後三三」的公案典故。

無著遊五台，至中路荒僻處，文殊化一寺，接他宿。遂問：近離甚處？著云：南方。殊云：南方佛法，如何住持？著云：末法比丘，少奉戒律。殊云：多少眾？著云：或三百或五百，無著卻問文殊：此間如何住持？殊云：凡聖同居龍蛇混雜。著云：多少眾？殊云：前三三後三三，卻吃茶。文殊舉起玻璃盞子云：南方還有這個麼？著云：無。殊云：尋常將什麼吃茶，著無語遂辭去，文殊令均提童子，送出門首。

公案裡「前三三後三三」形容凡聖分離正偏兼帶，所謂「凡聖同居龍蛇混雜」「前釋迦後彌勒」意謂「佛真法身」。由「鉤鎖連環血脈不斷」，進入正偏兼帶，若定心不動則證得理事無礙法界，證得「雙眼圓明」。若涅槃佛性混融一體不分彼此，則證入事事無礙法界，到此證得「一心三觀」即「中道」，證得一切種智，即成佛。「好個玻璃茶盞。不要當面諱卻」，佛眼觀照下，「玻璃茶盞」即是佛性本體。佛性出世，菩薩見色無非觀空。驢腳伸出，佛性出世萬法皆空（佛性本體）。

佛心本才（三首）云：

佛手驢腳生緣。落處便是乾坤。重重無限樓閣。彈指入者無門。

【按】正偏兼帶最高次第即事事無礙法界，謂重重無限樓閣。彌勒彈指，善財便見。「**彈指入者無門**」，謂此事事無礙法界沒有門戶，不動步便可進入。頌此境界，已經超越「**佛手驢腳生緣**」，在正偏兼帶極則之事事無礙法界，證得一切種智。

驢腳生緣佛手。打透上頭關捩。脫腳泥水布褌。直下心空及第。

【按】出離涅槃轉身退位佛性出世，此謂「打透上頭關捩」。「脫腳泥水布褌」形容脫胎換骨識陰盡，泯滅細微妄識，「直下心空及第」，驢腳伸出佛性出世。

生緣佛手驢腳。為君一體拈卻。坦然坐致太平。猛將謾誇謀略。

【按】「為君一體拈卻」，意謂泯滅自我意識。「坦然坐致太平」意謂泯滅自我意識脫胎換骨識陰盡，證入涅槃正位，故謂「太平」。

張無垢（三首）云：

我手何似佛手。天下衲僧無口。縱饒撩起便行。也是鬼窟裡走。諱不得。

【按】所謂「**鬼窟裡走**」謂涅槃，證得正偏兼帶之極則事事無礙法界，即一心三觀，即中道，即一切種智，證得那伽定。「**恆納虛空時含法界**」，**故謂「鬼窟裡走」**。

我腳何似驢腳。又被黐膠黏著。反身直上兜率天。已自遭他老鼠藥。吐不得。

【按】**定心不居正位轉身退位，佛性出世建立世界。「又被黐膠黏著」**意謂「**透網金鱗猶滯水」，夜明簾外轉身難**。彌勒居「兜率天」，補處佛位，意謂佛性出世。「老鼠藥」比喻涅槃境界，到此大死一回絕後復蘇。要禪者脫胎換骨命根斷，禪師謂之「荼毒鼓」。證入涅槃正位即「子歸就父」與涅槃同質化，「吐不得」。

人人有個生緣。鐵圍山下幾千年。三災燒到四禪天。者漢猶自在旁邊。殺得工夫。

【按】禪宗理論認為，修習四禪定而得生色界天，或成為色界天中的有情（天人）。**此境界仍有自我意識，故云「者漢猶自在旁邊」**，意謂自我意識猶在心中。若證到「識陰盡」尚需工夫。若脫胎換骨識陰盡才能徹底泯滅自我意識。

二十一、臨濟宗「四料揀」

臨濟宋「四料揀」云：

師（臨濟禪師）云。我有時奪人不奪境。有時奪境不奪人。有時人境俱奪。有時人境俱不奪。師示眾云。如諸方學人來。山僧此間。作三種根器斷。如中下根器來。我便奪其境。而不除其法。或中上根器來。我便境法俱奪。如上上根器來。我便境法人俱不奪。如有出格見解人來。山僧此間。便全體作用。不歷根器。大德到這裡。學人著力處不通風。石火電光即蹉過了也。學人若眼目定動。即沒交涉。

「四料揀」臨濟義玄云（人天眼目）：

僧問。如何是**奪人不奪境**。師云。**煦日發生鋪地錦。嬰兒垂髮白如絲**。

【按】首楞嚴佛性境界，**嬰兒比喻沒有自我意識**，**所謂初生嬰兒**，比喻佛性謂「白如絲」，奪人意味泯滅自我意識，識陰盡轉身退位則見性成佛。證入首楞嚴大定，境即現象界。**佛性顯現建立世界**。**所謂密移一步玄路轉，無限風光大地春**。「境」在。

僧問。如何是**奪境不奪人**。師云。王令已行天下遍。將軍塞外絕煙塵。

【按】處於有漏涅槃，未泯自我，故謂不奪人。絕煙塵。有漏涅槃不見一色。

僧問。如何是**人境俱奪**。師云。**并汾絕信獨處一方**。

【按】形容天地黯黑，脫胎換骨識陰盡證入涅槃正位。暫時不在如同死人。并州、汾州相隔黃河，比喻三界與威音那畔。三界內即世俗世界，并汾絕信獨處一方，比喻禪定意識徹底泯滅無明妄念，證入涅槃正位，實際理地不受一塵。迥脫根塵。「絕信」指謂大定定心從此與人間紅塵隔絕。

僧問。如何是人境俱不奪。師云。王登寶殿。野老謳歌。

【按】此頌正偏兼帶。「王登寶殿」謂涅槃，「野老謳歌」謂佛性。

克符道者頌：

奪人不奪境。緣自帶淆訛。擬欲求玄旨。思量反責麼。驪珠光燦爛。蟾桂影婆娑。覿面無回互。還應滯網羅。

【按】首楞嚴大定乃泯滅自我意識（奪人）證入無漏涅槃，轉身退位佛性出世建立世界，驪珠、蟾桂比喻涅槃本體之「影」，此謂佛性本體。現象界即「境」，屬虛幻之境，故謂「淆訛」。「覿面無回互。還應滯網羅」，理事交參。

奪境不奪人。尋言何處真。問禪禪是妄。究理理非親。日照寒光澹。山遙翠色新。直饒玄會得。也是眼中塵。

【按】有漏涅槃，見風穴頌，亂雲初綻影猶存。

【按】塞外謂三界外，證入有漏涅槃尚未證入正位。雖然不見一色，猶有室內紅塵遣誰掃，法執法愛尚未泯除。「粗中之細，人牛不見處，正是月明時」。需要脫胎換骨證入涅槃。

風穴云。芻草乍分頭腦裂。亂雲初綻影猶存【有漏涅槃】。

人境兩俱奪。從來正令行。不論佛與祖。那說聖凡情。擬犯吹毛劍。還如值目盲。進前求解會。特地斬精靈。

【按】從有漏涅槃脫胎換骨，證入無漏涅槃，天地黯黑正是奪胎換骨識陰盡的境界。謂大死一回。

人境俱不奪。思量意不偏。主賓言不異。問答理俱全。踏破澄潭月。穿開碧落天。不能明妙用。淪溺在無緣。

【按】密移一步，轉身出離涅槃境界，已證得首楞嚴佛性，佛性出世大機大用建立世界。

佛鑒慧懃（四首）云：

甕頭酒熟人皆醉。林上煙濃花正紅。夜半無燈香閣靜。秋千垂在月明中。

【按】佛性出世建立世界，故奪人不奪境。眾生皆醉猶如夢境，此境猶如幻夢。

鶯逢春暖歌聲滑。人遇時平笑臉開。幾度落花隨水去。一聲長笛出雲來。

【按】**奪境不奪人**。「**人遇時平笑臉開**」表明人在。「**落花隨水去**」，奪境也。

堂堂意氣走雷霆。凜凜威風逐霜雪。將軍令下斬荊蠻。神劍一揮千里血。

【按】無漏涅槃境界，脫胎換骨識陰盡，奪人奪境。

聖朝天子坐明堂。四海生靈盡安枕。風流年少倒金樽。滿院桃花紅似錦。

【按】前後兩句皆謂正偏兼帶。風流少年比喻大定定心。

二十二、《十玄談》（《洞上古轍》為霖道霈著語）

心印（提綱云。森羅及萬象。一法之所印。且道把印底是誰。咄。切忌泥裡洗土塊）云：

問君心印作何顏（著語云。君不見）。心印誰人敢授傳（不從他得）。歷劫坦然無變色（春生夏長秋收冬藏）。呼為心印早虛言（此語亦不受）。須知本自靈空性（用知作麼）。將喻紅爐火裡蓮（採得是好手）。莫謂無心便是道（無無亦不是）。無心猶隔一重關（兩重也有）。

【按】心印謂涅槃本體「森羅及萬象。一法之所印」，佛性乃是涅槃在人心的投影。「千江有水千江月」，人人具有佛性，「不從他得」。無始劫來億萬輪迴，山河變遷，宇宙本體之涅槃心印不變。「須知本自靈空性」謂涅槃。「識者知是佛性。不識喚作精魂」，識者謂「靈光獨耀真空不空」。不識則以「精魂」為輪迴主體。佛性經歷涅槃「烹煉」而成。入世不受污染，故「將喻紅爐火裡蓮」。「且道把印底是誰」，佛性來自涅槃本體，「把印底是」卻是宇宙絕對本體。「無心」指涅槃境界，到此尚須轉身退位證得佛性，佛性出世建立世界，枯木生花始與他合。「無心猶隔一重關（兩重也有）」，證入有漏涅槃也可謂「無心」，而「坐著即不堪」，留戀涅槃安樂則「死水淹殺」。

祖意（提綱云。我本來茲土。傳法救迷情。且道法作麼生傳。莫謗祖師好）云：

祖意如空不是空（著語云。是什麼）。玄機爭墮有無功（無人傍得他）。三賢尚未明斯旨

（路上人焉知家裡事）。十聖那能達此宗（直饒到家亦未許渠在）。透網金鱗猶滯水（逃峰赴壑）。回途石馬出紗籠（霜眉雪鬢火中出。堂堂終不落今時）【靈光獨耀，迥脫根塵】。殷勤為說西來意（合取口）。莫問西來及與東（早落西東了也）。

【按】禪宗祖師西來傳「心印」，「祖意如空不是空」即「真空不空」，「空」意謂宇宙本體，涅槃與佛性皆有宇宙本體之性相。「玄機爭墮有無功」，不落有無才是「玄機」。「夜明簾外主，不落偏正方」，非有非無卻無人可以「造到」。

「三賢尚未明斯旨。十聖那能達此宗」，與人間有關的「三賢」、「十聖」只為教化眾生而設。「直饒到家亦未許渠在」，「寶殿無人空侍立」。即使證得正位也不能沉空滯寂，必須轉身退位。「透網金鱗猶滯水（逃峰赴壑）。回途石馬出紗籠（霜眉雪鬢火中出。堂堂終不落今時）。」《禪門諸祖》謂「雖透塵勞之縛。猶坐他一色」，比喻留戀涅槃。「回途石馬出紗籠」形容佛性出世，凡聖分離。佛性出世即謂「霜眉雪鬢火中出。堂堂終不落今時」，即「靈光獨耀迥脫根塵」。「百花叢裡過，一葉不沾身」。今時意謂「紅塵世界」。佛性出世，雖在今時卻不落今時。「堂堂終不落今時」，「不與萬法為侶」。

菩薩「殷勤為說西來意」，菩薩入廛垂手普度眾生。「莫問西來及與東」。「無文寶印」謂清淨涅槃，「印已成文」謂佛性。涅槃佛性父子不離。涅槃空界不是「空無」。證入涅槃正位要轉身退位證得佛性。透網金鱗猶滯水，留戀涅槃安樂，坐他一色指宏智正覺「正位一色」。「回途石馬出紗籠」，此謂「帝命旁分」，一劈華山成兩路，佛性出世。真空妙有，此非頑空。真空之體涅槃本體即精神性的實體，故謂真空不空。「石馬」謂佛性定心。佛性定心與涅槃定心本質相同卻地位不同，乃是父子關係。父子不離，刀斧斫不開。

玄機（提綱云。離生正位。云何有機。理量二智。就位轉位。立玄機之名。不涉功勳一句作麼生。看取下面注腳）云：

迢迢空劫莫能收（著語云。渠不是無）。豈為塵機作繫留（渠豈是有）。妙體本來無處所（二邊莫立中道不居）。通身何更有蹤由（通身是。遍身是。大悲千眼覷莫及）【大定意識無影無蹤】。靈然一句超群像（從來不合伴）。迥出三乘不假修（天真而妙）。撒手那邊千聖外（懸崖撒手自肯承當）【轉入涅槃境界，大死一回】。回程堪作火中牛（絕後再蘇欺君不得）【絕後復蘇進入正位要轉身退位】。

【按】空劫前涅槃境界，無人無佛無眾生，有物先天地，無形本寂寥。「迢迢空劫莫能收（著語云。渠不是無）。豈為塵機作繫留（渠豈是有）。」真空不空，非有非無。「迢迢空劫」真空不變，「紅塵萬丈」無所繫留。

「妙體本來無處所（二邊莫立中道不居）。通身何更有蹤由（通身是。遍身是。大悲千眼覷莫及）」。此謂大定意識無影無蹤，定心這邊那畔信步優游。不居中間與兩頭。牢籠不肯住，呼喚不回頭，祖師不安排，至今無處所，瞻之在前忽焉在後。通身是遍身是，遍界不曾藏，山河與大地，全露法王身。

「撒手那邊千聖外（懸崖撒手自肯承當）。回程堪作火中牛（絕後再蘇欺君不得）。」懸崖撒手大死一回，絕後復蘇欺君不得，進入涅槃正位轉身退位證得佛性，佛性出世。菩薩入廛垂手，喻為「火中牛」。三界火宅中普度眾生。

塵異（提綱云。是法住法位。前是佛殿。後是法堂。法位在什麼處。不得動著）云：

濁者自濁清者清（著語云。長者長法身。短者短法身）。菩提煩惱等空平（一串穿卻）。誰言卞璧無人鑒（衣珠原燦爛）。我道驪珠到處晶（何處不光輝）。萬法泯時全體現（雲開月露）【涅槃】。三乘分處假安名（一不可得三自何來）。丈夫自有沖天志（誰不丈夫）。莫向如來行處行（岩頭語。向自己胸中流出。蓋天蓋地去）。

【按】佛性出世凡聖分離。證到正偏兼帶理事無礙境界，山是山水是水法住法位。「濁者自濁清者清」謂正偏兼帶。「菩提煩惱等空平」意謂「菩提即煩惱」。「誰言卞璧無人鑒。我道驪珠到處晶」謂菩薩打開佛眼，塵塵剎剎皆是「驪珠」。「萬法泯時全體現（雲開月露）。三乘分處假安名」，前句謂涅槃，「不見一色」證入涅槃。「三乘」等皆是「強名」。菩薩說法，要根據學人根器，也有各種教門和「方便設施」。學人不可尋章摘句刻舟求劍。

「丈夫自有沖天志。莫向如來行處行」，如來謂涅槃，祖師禪要不住涅槃轉身退位證得佛性。佛性出世建立世界。岩頭全奯和尚教導雪峰義存，不要坐在寒岩死水，要「從自己胸中流出。蓋天蓋地去」。所謂轉自己歸山河大地，轉山河大地歸自己。佛性本體，撒手懸崖下，分身萬象中。自己即是佛性本體，即是法身佛，而山河大地塵塵剎剎皆是法身。故謂「十方世界是全身」。

演教（提綱云。見月休觀指。指在這裡。月在什麼處。月在這裡。指在什麼處。試辨看）云：

三乘次第演金言（著語云。空谷傳聲）。三世如來亦共宣（同一舌頭）【兩口共一舌】。初說有空人盡執（說有執有說空執空）。後非空有眾皆緣（直饒道個非空非有。亦有扳緣之者）。龍宮滿藏醫方義（因病處方）。鶴樹終談理未玄（機感應生。機亡應息。總不干他事）。真淨界中才一念（真性緣起）。閻浮早已八千年（十世古今始終不離於當念）。

【按】如來也是傳言送語人。「三乘次第演金言」，一人傳虛萬人傳實。「三世如來亦共宣（同一舌頭）」，豈止三世如來，天下千萬老和尚，甚至山河大地森羅萬象，共說佛法，共同演出「一大藏教」。「初說有空人盡執（說有執有說空執空）。後非空有眾皆緣（直饒道個非空非有。亦有扳緣之者）。」這個「空有」對學人乃是一關。要證得大乘中道不二法門。「龍宮滿藏醫方義（因病處方）。鶴樹終談理未玄」，意謂「窮極所談。未契玄旨」，禪機不在言談中。「真淨界中才一念（真性緣起）。閻浮早已八千年（三世古今始終不離於當念）」。「真如自性起念」，前念中念後念，念念際斷。一念千里，一念萬年。禪宗菩薩境界並無時間、空間概念。即謂「三世古今始終不離於當念，十方剎海自他不隔於毫端」。

還鄉曲（提綱云。不墮五音。非關六律。還有和得者麼）云：

勿於中路事空王（著語云。孤村陋店莫掛瓶盂）。策杖應須達本鄉（此去上京不遠）。雲水

隔時君莫住（打作兩橛）。雪山深處我非忘（直饒到清虛一色之地。正墮覺經四相）【有漏涅槃】。尋思去日顏如玉（迷來無始）。嗟歎來時鬢似霜（悟在如今）。撒手到家人不識（正是放身命處）。更無一物獻尊堂（是真供養）。

【按】「勿於中路事空王（著語云。孤村陋店莫掛瓶盂）」，意謂粗細妄識各種執念皆要泯滅。到此有漏涅槃，「策杖應須達本鄉」。枯木岩前岔路多，到此認準正路，要全身入理，證得涅槃正位。定心「子歸就父」與清淨涅槃同質化。

「雲水隔時君莫住（打作兩橛）。雪山深處我非忘（直饒到清虛一色之地。正墮覺經四相）」。此謂證到有漏涅槃還要作功。「清虛一色之地。正墮覺經四相」謂有漏涅槃。到此脫胎換骨識陰盡。消融「室內紅塵」，「細中之細，今年貧錐也無」，才到清淨涅槃。禪者不能沉空滯寂，死水淹殺。禪師進入涅槃，謂之「還鄉」。撒手懸崖大死一回，「撒手到家人不識（正是放身命處）」，進入涅槃，此時萬法皆無玉殿苔生。祖宗之位，寶殿無人空侍立。

「尋思去日顏如玉。嗟歎來時鬢似霜」，證入涅槃脫胎換骨識陰盡，泯滅自我意識等妄識。「吾非昔人也」，到家也是「家破人亡」。

破還鄉曲云：

返本還源事亦差（著語云。差在什麼處。看取下句注腳）。本來無住不名家（無住為真住。非家卻是家）。萬年松徑雪深覆（無人能到）。一帶峰巒雲更遮（佛眼莫覷）【正位】。賓主睦時純是妄（無賓主句拈出了也。還有領話者麼）。君臣合處正中邪（從來不曾離。合個什麼）【兼帶】。還鄉曲調如何唱（金雞啼破夢）。明月堂前枯木花（將謂有多少奇特）【枯木生花】。

【按】既云還鄉又要破還鄉，到正位卻不居正位，鶴不停機，轉身退位證得佛性。「返本還源事亦差」，此謂不能淹留涅槃境界，還要轉入首楞嚴大定，禪師不能久居涅槃境界。到此父子全合，定心與涅槃本體同質，卻不能沉空滯寂，必須轉身退位，此謂夜明簾外轉身回途，「本來無住不名家」，妙體本來無處所，「無住」者，謂大定定心隨流得妙，「應無所住而生其心」。「萬年松徑雪深覆（無人能到）。一帶峰巒雲更遮（佛眼莫覷）」即謂涅槃正位。「賓主睦時純是妄，君臣合處正中邪」，此謂正偏兼帶，涅槃佛性混居一身，「凡聖同居龍蛇混雜」。非正非偏無以名之故謂「邪」。前釋迦後彌勒，正是佛真法身，所謂「釋迦彌勒猶是他奴」。馬祖道一謂「非心非佛」。

「還鄉曲調如何唱。明月堂前枯木花」，此謂枯木生花，即佛性出世建立世界。

轉位云：

涅槃城裡尚猶危（著語云。毒海深廣）。陌路相逢沒定期（翻身那畔出入躊躇）。權掛垢衣云是佛（有願入塵）。卻裝珍御復名誰（怖塵就位）。木人夜半穿靴去（從正垂偏）。石女天明戴帽歸（疾歸正位）。萬古碧潭空界月（夜半正明）。再三撈捷始應知（是虛是實。仔細定當始得）【正偏兼帶，佛真法身】。

【按】涅槃境界涵蓋有漏、無漏涅槃，從「內守幽閒」進入有漏涅槃。此即「法身初立一片清虛」。到此不能獨守寒岩坐卻白雲，否則死水淹殺。澄源湛水尚棹孤舟，金龍豈守於寒潭。百尺竿頭須進步，十方大地是全身。由此脫胎換骨識陰盡，證入涅槃正位就父後轉身退位入首楞嚴大定，此即「夜明簾外轉身」，亦謂劫外翻身。到此轉身回途再入人間，「回途石馬出紗籠」，此謂凡聖分離。禪師證得首楞嚴佛性，枯木花開冰河發燄，佛性建立世界。

「木人夜半穿靴去（從正垂偏）」，形容凡聖分離，比喻佛性出世。

「石女天明戴帽歸（疾歸正位）」，比喻定心往復，回到涅槃。

佛性出世，定心往復這邊那畔，時或佛性出世萬象齊彰，時或獨坐大雄峰孤峰獨宿，兩句合併即謂「正偏兼帶」。所謂「萬古碧潭空界月。再三撈摝始應知」。

回機云：

披毛戴角入廛來。優鉢羅花火裡開。煩惱海中為雨露。無明山上作雲雷。鑊湯爐炭吹教滅。劍樹刀山喝使摧。金鎖玄關留不住。行於異類且輪迴。

【按】「金鎖玄關」即謂涅槃境界。本書「涅槃境界」包含有漏涅槃與清淨涅槃。如果在涅槃境界淹留，則「一死不再活」，宏智正覺謂「正位一色」。無法修成大乘佛果，只能修證小乘羅漢果位，小乘所謂涅槃僅修證到「有漏滅盡定」。禪宗史有個石霜慶諸首座坐脫立亡的公案。禪定進入「有漏涅槃」若是不懂向上突破，即無法解脫輪迴。如果進入「涅槃」而不能泯滅一切細心，無法證成佛果。修證大乘菩薩在因地即發誓願普度眾生，證入有漏涅槃不能在此沉空滯寂。「長安雖好不是久居」。「鶴騰霄漢出銀籠」不僅意味從有漏涅槃脫胎換骨命根斷，證入正位卻不居正位、「鶴不停機」直入「蓮花」，轉身退位證入首楞嚴大定、「踏破澄潭月，穿開碧落天」。夜明簾外轉身退位，佛性出世建立世界，進入凡聖分離的菩薩境界。

菩薩泯滅自我意識，與動物相同，故云「披毛戴角入廛來」，謂「異類行」。「優缽羅花火裡開」形容佛性在三界火宅如同「優缽羅花」，大乘菩薩為了眾生，「煩惱海中為雨露。無明山上作雲雷」。「鑊湯爐炭吹教滅。劍樹刀山喝使摧」形容佛性大機大用。「金鎖玄關留不住。行於異類且輪迴」，「金鎖玄關」謂涅槃，表明菩薩不會滯留涅槃而「自利」，菩薩為了眾生，能入涅槃而不入，甚至自願進入輪迴進行「異類行」，「自利利他」也。

正位前云：

枯木崖前岔路多（著語云。可以東可以西）。行人到此盡蹉跎（多沉毒海）。鷺鷥立雪非同色（類弗齊）。明月蘆花不似他（混不得）。了了了時無可了（亡能所）。玄玄玄處亦須呵（絕影像）**【不見一色】**。殷勤為唱玄中曲（正好掩口）。空裡蟾光撮得麼（住住。恩大難酬）**【正位前一色，有漏涅槃】**。

【按】此頌「正位前一色」有漏涅槃。也形容與清淨涅槃關係。

「枯木崖前岔路多（著語云。可以東可以西）。行人到此盡蹉跎（多沉毒海）」，形容證入涅槃正位前容易迷路，「荊棘林中下腳易，夜明簾外轉身難」。行人多進岔路沉入毒海。

「鷺鶿立雪非同色（類弗齊）。明月蘆花不似他（混不得）」教示學人識別正路。《楞嚴經》講五十種陰魔，有漏涅槃與無漏涅槃相似，「毫釐有差天地懸隔」。

「了了了時無可了（亡能所）。玄玄玄處亦須呵（絕影像）」進入有漏涅槃，「不見一色猶是半提」，到此「了了了時無可了」，「猶有這個在」。「玄玄玄處亦須呵」表明「輪王不戴寶華冠」，「玄來玄去」也要呵斥。「空裡蟾光撮得麼」，有漏涅槃「清光照眼似迷家」，「空裡蟾光」無法把捉。此「正位前一色」、「萬里無寸草」、「黑漆桶」、「黑山鬼窟」、曹洞宗謂之「雪屋迷人」、雲門文偃大師謂「不見一色猶是半提」，宏智正覺謂「證得一片清虛境界，法身初立」。向上即入涅槃滅盡定。證入正位要轉身回途不居正位佛性出世。

【按】此段諸師解釋不同，多數認為形容有漏涅槃。

附錄

禪師形容涅槃正位：

寶殿無人空侍立，不種梧桐免鳳來。

空劫以前，威音那畔。

那邊不住空王殿。

玉殿苔生。

靈鵲不棲無影樹。

妙峰山頂。

大雄峰。

毗盧頂。

父母未生前本來面目。

塵苔豈車碾。

夜明簾外。

兩個無孔鐵錘，就中一個最重。

佛祖位中。

那邊。

夜明簾外。明月堂前。
捏聚。
湛不搖處。
淨裸裸。赤灑灑。
「尊貴之位」。
「那邊更那邊」。
本色住山人。
碧潭。

禪宗奧旨【中卷】
曹洞宗偏正五位述要 ①

作　　者：岳明
副總編輯 / 鄧懿貞
專案主編 / 呂佳真
書稿校對 / 呂佳真
封面設計 / Javick 工作室
版面編排 / 菩薩蠻電腦科技有限公司

出　　版：無限出版／遠足文化事業股份有限公司（讀書共和國出版集團）
地　　址：231 新北市新店區民權路 108 之 2 號 9 樓
郵撥帳號：19504465 遠足文化事業股份有限公司
電　　話：886-2-2218-1417
電子信箱：service@bookrep.com.tw
網　　址：www.bookrep.com.tw

法律顧問 / 華洋法律事務所 蘇文生律師
印　　製 / 沈氏藝術印刷股份有限公司

2023 年 12 月 25 日初版一刷　定價：650 元　　書號：SV0F0002
ISBN：978-986-91082-8-7(平裝)

讀書共和國網路書店 www.bookrep.com.tw

國家圖書館出版品預行編目 (CIP) 資料

禪宗奧旨 . 中卷 , 曹洞宗偏正五位述要 . 1/ 岳明著 . -- 初版 . --
新北市 : 無限出版 , 遠足文化事業股份有限公司 , 2023.12
面； 公分 . -- (禪學研究 ; 2)
ISBN 978-986-91082-8-7(平裝)

1.CST: 禪宗 2.CST: 曹洞宗
226.6　　112020692